Optimales Sportwissen – Lösungsbuch

Das Arbeits- und Lösungsbuch für die 4. und 5. Auflage des Lehrbuchs

Wolfgang Friedrich

Über den Autor:

Dr. Wolfgang Friedrich ist Magister der Sportbiologie und Sportwissenschaft und Diplom-Sportlehrer. Er ist Pädagogischer Leiter und Studienleiter an der Landessportschule Albstadt des Württembergischen Landessportbundes und unterrichtet dort seit über 30 Jahren in der Trainerausbildung. Er verfügt über langjährige Erfahrung in der Lehrerausbildung an den Universitäten Tübingen und Konstanz. Als ehemaliger Tischtennis-Bundesligaspieler war er Bundeslehrwart des DTTB und Mitglied im Science Committee der ITTF. Als Referent hat er zudem in mehreren Spitzenfachverbänden des DOSB Bundesligatrainer ausgebildet.

Optimales Sportwissen – Lösungsbuch

Das Arbeits- und Lösungsbuch für die 4. und 5. Auflage des Lehrbuchs

Wolfgang Friedrich

Spitta GmbH · Ammonitenstraße 1 · 72336 Balingen · www.spitta.de

Korrespondenzadresse:
Dr. Wolfgang Friedrich
Im Brühl 1/2
72144 Dusslingen

Bibliografische Information der Deutschen Bibliothek
Die Deutsche Bibliothek verzeichnet diese Publikation in der Deutschen Nationalbibliografie;
detaillierte bibliografische Daten sind im Internet über http://dnb.dnb.de abrufbar.
ISBN 978-3-947683-93-2

Copyright 2022 by Spitta GmbH
Ammonitenstraße 1, D-72336 Balingen
www.spitta-sport.de

Das Werk ist urheberrechtlich geschützt. Die dadurch begründeten Rechte, insbesondere die der Übersetzung, der Entnahme von Abbildungen, der Funksendung, der Wiedergabe auf fotomechanischem oder ähnlichem Wege und der Speicherung in Datenverarbeitungsanlagen, bleiben, auch bei nur auszugsweiser Verwendung, vorbehalten. Die Wiedergabe von Gebrauchsnamen, Handelsnamen, Warenbezeichnungen usw. in diesem Werk berechtigt auch ohne besondere Kennzeichnung nicht zu der Annahme, dass solche Namen im Sinne der Warenzeichen- und Markenschutz-Gesetzgebung als frei zu betrachten wären und daher von jedermann benutzt werden dürften.

Projektleitung: Christian Koch
Covergestaltung: Michael Schwarte, Balingen
Fotos: Cover Tim Nothdurft, © Thomas Schips
Lektorat: Ingrid Ahnert, Kunreuth
Satz: Satzpunkt Ursula Ewert GmbH, Bayreuth
Printed in Germany

Inhalt

Kapitel 1:	**Theorie und Methodik des Trainings und Trainierens**	17
Frage 1:	Worum geht es im a.) Nachwuchstraining, b.) Hochleistungstraining?	17
Frage 2:	Was spricht für einen langfristigen, geplanten und zielgerichteten Trainingsaufbau?.....	18
Frage 3:	Kann man Ihrer Meinung nach sagen, dass bei Freizeit- und Breitensportlern eine Trainingsplanung unwichtig ist. Was spricht dafür, was spricht gegen diese These?	19
Frage 4:	Was wäre zu erwarten, wenn man auf eine Basisausbildung verzichten würde?	19
Frage 5:	Nennen Sie Gemeinsamkeiten/Unterschiede von Breitensport/Freizeitsport auf der einen Seite und von Leistungssport/Hochleistungssport auf der anderen Seite..........	20
Frage 6:	Analysieren Sie Ihre eigene sportliche Entwicklung oder die eines Ihnen bekannten Sportlers. Wie beurteilen Sie diese vor dem Hintergrund der langfristigen Trainingsplanung?.	21
Frage 7:	Wozu dient die Sportartanalyse? Warum ist sie für Trainer so wichtig?	21
Frage 8:	Erstellen Sie für Ihre eigene Sportart ein Anforderungsprofil (ähnlich wie es in dem Lehrbuchkapitel 1 für die Sportart Tischtennis vorgenommen wurde). Erläutern Sie dies Ihren Mitschüler*innen!...	22
Frage 9:	Welche Vorteile bzw. Nachteile kann es mit sich bringen, die Trainingsmethoden von Meistern (Deutscher Meister, Weltmeister) zu übernehmen?......................	27
Kapitel 2:	**Allgemeine Gesetzmäßigkeiten des Trainings und Trainingsprinzipien**	29
Frage 1:	Welche Adaptationsbereiche sind Ihnen bekannt?...................................	29
Frage 2:	Worum geht es bei den allgemeinen Gesetzmäßigkeiten des Trainings?................	29
Frage 3:	Nennen Sie allgemeine Gesetzmäßigkeiten des Trainings und übertragen Sie diese auf sportpraktische Beispiele.	30
Frage 4:	Nennen Sie die Ihnen bekannten Trainingsprinzipien und übertragen Sie diese auf konkrete praktische Beispiele im Sport.	31
Frage 5:	Ein Fußballtrainer möchte am Abend vor einem entscheidenden Spiel ein erschöpfendes Training zur „Motivationssteigerung" durchführen. Halten Sie dies für sinnvoll? Was spricht für bzw. gegen ein solches Training?	33
Frage 6:	Sehen Sie Unterschiede bei der Anwendung der Gesetzmäßigkeiten des Trainings und der Trainingsprinzipien bei Breiten-/Freizeitsportlern im Vergleich zu Leistungssportlern/Profis?.	34

Frage 7:	Welche Argumente sprechen dafür und welche dagegen, das Prinzip der Superkompensation zum allgemeinen Prinzip zu erklären, nach dem *alle* Anpassungserscheinungen im Sport ablaufen?	35
Frage 8:	Wozu ist eine Kenntnis des Zusammenspiels von Belastung und beanspruchten Systemen im menschlichen Organismus wichtig?	36
Frage 9:	Welche Modulatoren für die Belastung kennen Sie?	36
Frage 10:	Erläutern Sie die Bedeutung der einzelnen Modulatoren in der Trainingspraxis anhand konkreter Beispiele.	37
Frage 11:	Erklären Sie die drei Schritte der Signaltransduktion.	37
Frage 12:	Wie erklärt man durch die Signaltransduktion das Dickenwachstum der Muskultur? Wie erfolgt die Anpassung durch Ausdauertraining? Erläutern Sie, welche Trainingskonsequenzen sich daraus ergeben.	38
Kapitel 3:	**Sportbiologie**	39
Frage 1:	Charakterisieren Sie die aerobe, die anaerob-alaktazide und anaerob-laktazide Energiebereitstellung. Nennen Sie bitte ein eindeutiges Beispiel, bei dem die aerobe Energiebereitstellungsart dominiert, anschließend eines für die anaerob-alaktazide und schließlich eines für die anaeroblaktazide Energiebereitstellung.	39
Frage 2:	Welche Bedeutung kommt dem Laktat bei der Energiebereitstellung zu? Beschreiben Sie seine Stoffwechselwege so genau wie möglich.	40
Frage 3:	Nehmen Sie Stellung zu folgenden Aussagen: „Laktat ist ein Endprodukt des Stoffwechsels und Laktat macht den Muskel sauer"; „Laktat ist für die Ermüdung des Muskels verantwortlich".	41
Frage 4:	Sie sehen eine Laktatkurve eines Ihnen unbekannten Menschen. Sie steigt sehr schnell exponentiell an. Ist die Schlussfolgerung richtig, dass es sich hierbei um die Laktatkurve eines völlig untrainierten Menschen handelt?	41
Frage 5:	Welche Anpassungserscheinungen des Herz-Kreislauf-Systems ergeben sich durch Ausdauertraining? Welche Sportarten führen zu diesen Anpassungserscheinungen?	42
Frage 6:	Welche Blutbestandteile kennen Sie? Welche Unterschiede ergeben sich durch Ausdauertraining im Blut bei einem Ausdauersportler (z. B. Triathlet) im Vergleich zu einem Untrainierten?	42
Frage 7:	Welche Unterschiede ergeben sich durch Ausdauertraining im Atmungssystem bei einem Ausdauersportler (z. B. Triathlet) im Vergleich zu einem Untrainierten?	43
Frage 8:	Wie reagiert das Atmungssystem bei körperlicher Belastung vor allem im Ausdauerbereich?	44
Frage 9:	Welche Gelenke sind in Ihrer eigenen Sportart einer besonders starken Belastung ausgesetzt? Versuchen Sie möglichst genau zu beschreiben, warum dies so ist. Was können Sie vorbeugend gegen die Schädigungen dieser Gelenke unternehmen?	44
Frage 10:	Zwei Freunde haben sich zum Joggen verabredet. Der eine gehört zum D-Kader des Leichtathletikverbandes bei den Ausdauerathleten, der andere hat erst vor 3 Wochen mit dem Joggen begonnen. Vergleichen Sie folgende Situationen: a.) Der Kaderathlet gibt das Lauftempo vor. b.) Der Anfänger gibt das Lauftempo vor.	45

Frage 11:	Nehmen Sie eine Klassifizierung der Muskelfasertypen vor. Ordnen Sie nach folgenden Kriterien: • optische Beobachtung • biomechanische Kriterien • Stoffwechselaspekte	46
Frage 12:	Wie sieht die muskuläre Verteilung bei Sprintern bzw. Langstreckenläufern aus? Welche Faser dominiert bei Radsportlern, Schwimmern, Gewichthebern, Kanuten und Kugelstoßern?	46
Frage 13:	Kann man Typ-I-Fasern zu Typ-II-Fasern umwandeln („vom Esel zum Rennpferd")?	47
Frage 14:	Bestimmen Sie die optimale Muskelfaserzusammensetzung für Spielsportarten Handball, Volleyball, Basketball, Tennis, Tischtennis, Eishockey, Feldhockey.	47
Frage 15:	Welche Anpassungserscheinungen ergeben sich durch Krafttraining bei folgenden Parametern? Der Kontraktionsgeschwindigkeit, den Enzymen, Enzyme der Glykolyse, Enzyme des aeroben Metabolismus und intramuskuläre Speicherkapazitäten.	47
Frage 16:	Welche Anpassungserscheinungen durch Krafttraining ergeben sich hinsichtlich der Hypertrophie, der Hyperplasie, des Fiederungswinkels der Muskulatur, der Kapillargefäße, der Anpassung der Mitochondrien?	48
Frage 17:	Was kann man bei Muskeln durch Inaktivität beobachten?	49
Frage 18:	Welche Anpassungen durch Krafttraining ergeben sich im Nerv-Muskel-System?	49
Frage 19:	Welche Anpassungen durch Krafttraining ergeben sich im Hormonsystem?	49
Frage 20:	Ist es nach dem Prinzip der Signaltransduktion sinnvoll, Krafttraining und Ausdauertraining in unmittelbarer zeitlicher Nähe zu trainieren?	50
Kapitel 4:	**Ausdauertraining**	51
Frage 1:	Beschreiben Sie möglichst genau, was man unter Ausdauer versteht und welche Vorteile eine gute Ausdauer den Sportlern bietet.	53
Frage 2:	Welche Trainingsmethoden der Ausdauer kennen Sie?	54
Frage 3:	Was versteht man unter der Grundlagenausdauer und der azyklischen Spielausdauer? Wo liegen Gemeinsamkeiten, wo bestehen Unterschiede?	54
Frage 4:	Was versteht man unter Ermüdung? Welche Arten der Ermüdung werden unterschieden?	55
Frage 5:	Nennen Sie Sportarten bzw. Disziplinen, in denen die eine bzw. die andere Ermüdungsart dominiert.	56
Frage 6:	Was versteht man unter Regeneration? Welches sind die Ziele der Regeneration? Nennen Sie aktive und passive Regenerationsmaßnahmen.	56
Frage 7:	Charakterisieren Sie das HIT-Training. Welche Vorteile bietet es? Wofür eignet es sich besonders gut, wofür eignet es sich nicht?	57
Frage 8:	Worin liegen die Unterschiede der „Hottenrott-Formel" im Vergleich zu anderen Ihnen bekannten Faustformeln zum Training der Grundlagenausdauer?	57
Frage 9:	Wie stehen Sie zu folgender Aussage? „Grundlagenausdauer sollte man an der anaeroben Schwelle bei 4 mmol/l trainieren, damit es besonders effektiv ist."	58
Frage 10:	Welche 3 Zonen legt *Sperlich* für das Ausdauertraining fest. Beschreiben Sie diese möglichst genau. Wie sieht dabei die prozentuale Verteilung auf die drei Zonen aus?	58

Inhalt

Kapitel 5: Krafttraining 59

Frage 1 u. 2: 1.) Welche Erscheinungsformen der Kraft kennen Sie?
2.) Ordnen Sie den Kraftarten jeweils Sportarten bzw. Disziplinen zu, bei denen diese von Bedeutung sind. 62

Frage 3: Welche kraftbestimmenden Faktoren kennen Sie? Welche sind trainierbar? Welche sind schwierig bzw. sogar nicht trainierbar?. 62

Frage 4: Ein Freikletterer und ein Schwimmer unterhalten sich. Beide sagen: „Ich benötige in meiner Sportart Kraft." Wo liegen Gemeinsamkeiten? Wo die Unterschiede? 63

Frage 5: Nach welcher Trainingsmethode sollte ein Hochspringer Maximalkraft trainieren, nach welcher ein Gewichtheber? 64

Frage 6: Wäre es für einen Diskuswerfer der Weltklasse in Ordnung, nach einer Bodybuildingmethode sein Krafttraining durchzuführen? 65

Frage 7: Beschreiben Sie das methodische Vorgehen beim Einwiederholungsmaximum-Test. Für welche Sportler eignet sich dieser Test ganz besonders? 65

Frage 8: Beschreiben Sie das methodische Vorgehen beim Mehrwiederholungsmaximum-Test. Bei welchen Sportlern eignet sich dieser Test besonders? 66

Frage 9: Für welche Personen eignet sich besonders das Einsatztraining im Krafttraining bzw. das Mehrsatztraining? 67

Frage 10: Was ist bei der methodischen Planung des Krafttrainings bei Anfängern, Fortgeschrittenen und Leistungssportlern zu berücksichtigen? 67

Kapitel 6: Schnelligkeit 69

Frage 1: In welche Arten unterteilt sich die Schnelligkeit? Welche Arten der Schnelligkeit benötigt ein TT-Spieler, welche ein 100-m-Sprinter? 69

Frage 2: Nennen Sie die schnelligkeitsbestimmenden Faktoren. Welche können durch Training beeinflusst werden?. 69

Frage 3: Könnte ein 100-m-Sprinter sein Schnelligkeitstraining nach der HIT-Methode durchführen? Was spräche dafür, was dagegen? 70

Frage 4: In der Talentsichtung hört man häufig folgende Aussagen: „Zum Sprinter wird man geboren" und „Aus einem Esel macht man kein Rennpferd". Nehmen Sie dazu Stellung. .. 71

Frage 5: Ein Trainer eines Erstligaklubs in einer Mannschaftssportart lässt ein Schnelligkeitstraining mit 75-prozentiger Intensität durchführen. Wie beurteilen Sie diese Trainingsmethodik? 71

Frage 6: Welche beiden Reaktionsarten gibt es? Nennen Sie Sportarten, in denen diese vorkommen. Wie gut können diese beiden Reaktionsarten jeweils trainiert werden? 71

Frage 7: Nennen Sie die beiden Trainingsmethoden für das Training der jeweiligen Reaktionsfähigkeit mit dem dazugehörigen Belastungsgefüge. 72

Frage 8: Was versteht man unter der Geschwindigkeitsbarriere und wie kann man diese durch Training verbessern? 72

Kapitel 7: Beweglichkeitstraining und Dehnung 75

Frage 1: Welche Faktoren, die Einfluss auf die normale Beweglichkeit haben, sind Ihnen bekannt? 75

Frage 2:	Nennen Sie Trainingsziele des Beweglichkeitstrainings und die dazugehörige Trainingsmethode bzw. Dehnmethode. Was ist dabei zu beachten?	75
Frage 3:	Welche Erscheinungsformen der Beweglichkeit kennen Sie? In welchen Sportarten/Disziplinen werden sie schwerpunktmäßig benötigt? Erläutern Sie!	76
Frage 4:	Welche Unterschiede zwischen kurzfristigem und mehrwöchigem Training durch Dehnen sind Ihnen bekannt?	77
Frage 5:	Man kann zum Stundenbeginn, im Hauptteil oder im Schlussteil dehnen. Welche Ziele werden jeweils damit verfolgt?	78
Frage 6:	Welche praktischen Empfehlungen sind Ihnen im Zusammenhang mit dem Dehnen bekannt?	78
Frage 7:	Welche Dehnungsmethoden kennen Sie? Wofür eignen sie sich im Besonderen?	79
Frage 8:	Welche Ziele verfolgt das Faszientraining?	79
Frage 9:	Welche Wirkungen kann man durch das Ausrollen mit einer Black Roll® erreichen?	80
Frage 10:	Welche Zusammenhänge bzw. Wechselwirkungen bestehen zwischen den beiden konditionellen Fähigkeiten Kraft und Ausdauer?	80
Frage 11:	Was ist im Hinblick auf den Trainingszustand eines Sportlers zu beachten?	81
Frage 12:	Welchen Effekt kann Krafttraining zusätzlich bei Untrainierten haben?	81
Frage 13:	Kann man Kraft und Ausdauer im Breitensport zusammen trainieren? Wie sieht es damit im Leistungssport aus?	81
Frage 14:	Welche Ergebnisse bei der Untersuchung von Fußballbundesligamannschaften ergaben sich bei den Zusammenhängen zwischen Kniebeuge- und Sprintleistung sowie zwischen Sprung- und Sprintleistung?	81
Frage 15:	Nennen Sie Beispiele von sportartspezifischen Bewegungen und dazugehörigem sportartgerichtetem Krafttraining.	82
Frage 16:	Was spricht für ein Aufwärmen/Dehnen vor dem Sporttreiben? Kann man es generell und für alle Leistungsniveaus empfehlen?	82
Frage 17:	Nennen und erläutern Sie folgende Tests: Fußtapping- und Handtapping-Test, 2-km-Walkingtest, Shuttle-Run-Test, Jump-and-Reach-Test.	83
Frage 18:	Welche Funktionen kommen den sportmotorischen Tests zu? Wozu dienen sie dem Trainer?	84
Frage 19:	Nennen und erläutern Sie die drei Hauptgütekriterien eines Tests.	85
Frage 20:	Was versteht man unter Normierung und Testökonomie?	86
Frage 21:	Nennen Sie exemplarisch Sportarten/Disziplinen und das dazugehörige Testverfahren.	86
Kapitel 8:	**Koordinationstraining**	87
Frage 1 u. 2:	1.) Welche koordinativen Fähigkeiten kennen Sie? 2.) Bestimmen Sie bei unterschiedlichen Sportarten/Disziplinen, welche koordinativen Fähigkeiten jeweils dominieren.	87
Frage 3:	Es gibt Fotos des deutschen Skirennläufers Felix Neureuther, auf denen er während des Fahrens mit Bällen jongliert. Wozu dient dieses Training? Fallen Ihnen weitere mehr oder weniger prominente Beispiele von Spitzensportlern ein, die so oder so ähnlich trainieren?	87

Frage 4:	Wo liegen Gemeinsamkeiten, wo Unterschiede im koordinativen Anforderungsprofil folgender Sportartengruppen? • Handball, Fußball, Basketball, Volleyball • Tischtennis, Tennis, Badminton, Squash • Skifahren, Inline-Skating, Eiskunstlauf, Wellenreiten (Surfen) • Kugelstoßen, Speerwurf, Hammerwurf, Diskuswurf	88
Frage 5:	Beschreiben Sie das Analysemodell von *Neumaier*. Was sind seine besonderen Kennzeichen?	88
Frage 6:	Analysieren Sie die Sportarten/Disziplinen aus Frage 4 mit dem Raster von *Neumaier*.	89
Frage 7:	Ein Bundestrainer forderte von seinen Sportlern, auch im Nachwuchstraining nur diejenigen koordinativen Fähigkeiten zu trainieren, die in seiner Sportart benötigt werden. Was spricht dafür, was dagegen?	90

Kapitel 9: Training im Freizeitsport – Fitnesstraining 91

Frage 1:	Was versteht man unter Fitness? Welche Ziele und Inhalte von Fitnesstraining kennen Sie?	91
Frage 2:	Was ist das Ziel des Ausdauertrainings im Fitnessbereich? Mit welchen Trainingsmethoden kann Ausdauertraining im Fitnessbereich trainiert werden?	91
Frage 3:	Was sagen Sie zu der Aussage „Im Fitnessbereich immer schön langsam und gleichmäßig laufen"? Was spricht dafür, was dagegen?	92
Frage 4:	Ein 64-jähriger Radsportler fährt 24 000 km Rad im Jahr. Er sagt: „Ich bin Breitensportler." Wie stehen Sie zu dieser Aussage?	92

Kapitel 10: Gesundheitssport 93

Frage 1:	Was versteht man unter Primär-, Sekundär- und Tertiärprävention?	93
Frage 2:	Nennen und erläutern Sie die 6 Kernziele des Gesundheitssports.	93
Frage 3:	Nennen und erläutern Sie die Gesundheitssportmodelle so genau wie möglich.	95
Frage 4:	Nennen und erläutern Sie Krankheiten/Erkrankungen und den Effekt bzw. die Wirksamkeit von Sport und Bewegung auf diese!	100
Frage 5:	Welche Effekte hat Sport bei Diabetes mellitus Typ 2?	101
Frage 6:	Was versteht man unter der Waist-to-Hip-Ratio?	102
Frage 7:	Erläutern Sie den Zusammenhang von Ausdauertraining im Gesundheitssport so genau wie möglich. Gehen Sie dabei auch auf einzelne Sportarten ein.	103
Frage 8:	Was versteht man unter der Run-Walk-Run-Methode nach *Galloway*? Für wen eignet sich diese ganz besonders?	104
Frage 9:	Wie funktioniert Ausdauertraining nach der Borg-Skala? Beschreiben Sie möglichst genau.	106
Frage 10:	Worin bestehen die präventiven Ziele des Krafttrainings im Gesundheitssport?	108
Frage 11:	Was versteht man unter sanftem Krafttraining? Erläutern Sie möglichst genau! Welche Vorteile bringt es mit sich? Wie kann man Krafttraining nach der Borg-Skala betreiben?	108
Frage 12:	Welche Bedeutung hat das Koordinationstraining im Gesundheitssport?	110

Frage 13:	Welche Bedeutung spielen Stress und Entspannung im Zusammenhang mit der Gesundheit bzw. dem Gesundheitssport?	111
Frage 14:	Welche Möglichkeiten hat der einzelne Mensch zur individuellen Gesunderhaltung?	112
Frage 15:	Nennen Sie die zentralen Ergebnisse der Paffenbargerstudien. Welche Ergebnisse hatte die Syguschstudie? Was zeigt die Syguschstudie im Hinblick auf den Energieaufwand pro Woche?	113
Frage 16:	Beschreiben Sie so genau wie möglich die Möglichkeiten einer gesunden Lebensführung im Jugendalter.	114

Kapitel 11: Aufwärmen im Sport ... 117

Frage 4:	Welche Ziele werden im allgemeinen Aufwärmen verfolgt?	117
Frage 5:	Welche Ziele werden im speziellen Aufwärmen verfolgt?	118

Kapitel 12: Ernährung im Sport ... 119

Frage 1:	Welche Folgen kann eine „schlechte Sporternährung" für die Sportler nach sich ziehen?	119
Frage 2:	Was versteht man unter dem Grundumsatz? a. Nach welcher Faustformel wird er berechnet? b. Was versteht man unter dem Gesamtumsatz?.	119
Frage 3:	Von welchen Faktoren hängt der Energiebedarf im Sport ab?	120
Frage 4:	Wie hoch ist der Energiegehalt pro Gramm der Hauptnährstoffe?	121
Frage 5:	Wie sieht die prozentuale Aufteilung der Nährstoffe bei Nichtsportlern bzw. bei Sportlern aus?	121
Frage 6:	Welche Bedeutung haben Kohlenhydrate bei sportlichen Belastungen von bis zu zwei Stunden Dauer?	121
Frage 7:	Warum ist es wichtig, innerhalb der ersten 45 Minuten nach Belastungsende Kohlenhydrate zu sich zu nehmen?	122
Frage 8:	Welche Bedeutung haben Fette in der Sporternährung?	122
Frage 9:	Welche Bedeutung haben Proteine in der Sporternährung?	122
Frage 10:	Welche Bedeutung hat der Flüssigkeits- und Elektrolythaushalt beim Sport?	123
Frage 11:	Von welchen Faktoren hängt die Schweißbildung beim Menschen ab? Wozu dient sie beim Sporttreiben?	124
Frage 12:	Ein Sportler sagt, dass er colaartige Getränke für die optimalen Getränke beim Sporttreiben hält. Was spricht dafür, was dagegen?	124
Frage 13:	Kann man es mit der Bedeutung der Sporternährung übertreiben?	125

Kapitel 13: Psychologie im Sport ... 127

Frage 1:	Welche Anforderungen stellt Ihre Sportart an die Psyche des Sportlers? In welchen Situationen kommt dies besonders deutlich zum Ausdruck?	127
Frage 2:	Welche selbst erlebten Situationen im Sport haben Sie als psychologisch belastend empfunden? Wie hat sich das auf Sie selbst ausgewirkt, was haben Sie gespürt?	128

Frage 3:	Finden Sie für die einzelnen Begriffe Angst, Stress, Motivation und Konzentration entsprechende Sportarten/Situationen, in denen diese deutlich zu erkennen sind. Was kennzeichnet diese Sportarten/Situationen?	128
Frage 4:	Wie sieht es in Ihrer eigenen Sportart mit der Konzentration aus? Welche Bedeutung kommt ihr zu? Welche Möglichkeit sehen Sie, diese gezielt zu verbessern?	129
Frage 5:	Welche Dimensionen der Konzentration sind in Ihrer eigenen Sportart wichtig? Verändert sich die Konzentration oder bleibt sie gleich? Finden Sie weitere Beispiele für Konzentrationsrichtungen in anderen Sportarten/Disziplinen.	129
Frage 6:	Was versteht man unter einem Motiv? Was unter Motivierung bzw. Motivation?	129
Frage 7:	Welche Motive im Sport kennen Sie?	130
Frage 8:	Welche Motivgruppen im Sport gibt es? Erläutern Sie, was man darunter versteht.	130
Frage 9:	Was versteht man in der Psychologie unter Angst? Wo kann sie im Sport auftreten?	130
Frage 10:	Erläutern Sie das Machtmotiv, das Altruismusmotiv und das Neugiermotiv.	131
Frage 11:	Was versteht man unter der Leistungsmotivation im Sport?	131
Frage 12:	Was versteht man unter Hoffnung auf Erfolg bzw. Angst vor Misserfolg bzw. Erfolgsmotivierten und Misserfolgsmotivierten im Sport?	132
Frage 13:	Was versteht man unter Attribution bzw. Kausalattribution? Geben Sie dazu Beispiele aus dem Sport.	133
Frage 14:	Was versteht man unter „Flow" bzw. dem Flow-Konzept? Geben Sie dazu Beispiele aus dem Sport.	133
Frage 15:	Was versteht man unter Kognition? Was sind Kognitionen?	134

Kapitel 14: Sportverletzungen 135

Frage 1 u. 2:	1. Welche Verletzungsarten kommen in Ihrer Sportart/Disziplin am häufigsten vor? Was können Sie vorbeugend dagegen unternehmen? 2. Welche Verletzungsursachen sind in Ihrer Sportart/Disziplin zu berücksichtigen? Zu welchen vorbeugenden Maßnahmen muss das beim Trainer bzw. Übungsleiter führen?	135
Frage 3:	Welche extrinsischen bzw. intrinsischen Ursachen für Sportverletzungen sind Ihnen bekannt?	137
Frage 4:	Was versteht man unter der PECH-Regel? Erläutern Sie diese möglichst genau.	138
Frage 5:	Was versteht man unter Überlastungsschäden?	139
Frage 6:	Welche Ursachen können für Überlastungsschäden eines Langzeittrainings verantwortlich sein?	139
Frage 7:	Welche Symptome kann man bei einem Langzeitübertraining mit Krankheitswert beobachten?	140
Frage 8:	Welche Verletzungen und Probleme können beim Laufen auftreten?	141
Frage 9:	Was zählt zur „female athletes triad"?	141
Frage 10:	Welche gesundheitlichen Probleme können beim Krafttraining auftreten?	142
Frage 11:	Was versteht man unter den fünf Säulen des gesunden Laufens? Erläutern Sie möglichst genau!	143
Frage 12:	Welche Rolle kann die Psychologie bei Sportverletzungen spielen?	145

Frage 13:	Was versteht man unter einer Sportsuchtgefährdung?	145
Frage 14:	Welche Rolle spielt der Einsatz von Schmerzmitteln im Sport?	146
Frage 15:	Was versteht man unter der „willingness to play hurt"?	146

Kapitel 15: Doping 149

Frage 1:	Welche Folgen kann Doping für einen betroffenen Sportler haben? Beschreiben Sie bitte möglichst genau.	149
Frage 2:	Was hat sich seit dem 01.01.2016 an der rechtlichen Situation im Doping verändert? Wer ist in Deutschland für Dopingkontrollen zuständig, wer im internationalen Sport?	150
Frage 3:	Ist Doping lediglich eine Erscheinung der letzten 50 Jahre? Wie hat sich Doping geschichtlich entwickelt?	150
Frage 4:	Ist Doping lediglich eine Erscheinung des modernen Leistungssports?	150
Frage 5:	Nennen Sie die gesundheitlichen Nebenwirkungen der bekanntesten Dopingmittel.	151
Frage 6:	Welche Testpools gibt es? Wird nur im Wettkampf getestet?	151
Frage 7:	Nennen Sie Argumente, die für eine Dopingfreigabe sprechen.	152
Frage 8:	Was versteht man im Zusammenhang mit Doping unter der „Operation Aderlass?".	154
Frage 9:	Wie lauten die drei Hauptargumente für das Dopingverbot? Erläutern Sie möglichst genau!	154
Frage 10:	Erläutern Sie externe und interne Gründe für Doping. Wie kann es zu einer Dopingmentalität bei Sportlern kommen?	155
Frage 11:	Wie sind Sportler durch das Coping biografischer Risiken gefährdet?	156
Frage 12:	Was versteht man unter der Nachteilsvermeidung durch Unterstellung des Dopings bei anderen?	156
Frage 13:	Welche Möglichkeiten bzw. präventive Maßnahmen gegen Doping im Sport kennen Sie? Erläutern Sie!	157

Kapitel 16: Sportsoziologische Aspekte des Sporttreibens – Werte – Fairness 159

Frage 1:	Mit welcher Thematik beschäftigt sich die Soziologie im Sport?	159
Frage 2:	Welche drei Gesellschaftssysteme unterscheidet *Luhmann*? Erläutern Sie diese so genau wie möglich.	160
Frage 3:	Wie gliedert sich der heutige Sportmarkt auf?	161
Frage 4:	Was versteht man unter dem „Magischen Dreieck?"	161
Frage 5:	Welche Rolle spielen heute die Medien im Sport? Was hat sich seit 1984 in Deutschland diesbezüglich geändert?	162
Frage 6:	Nennen Sie die Ziele des Sponsoring-Werbeengagements im Sport.	163
Frage 7:	Welche Rechte können Vereine oder Verbände im Sponsoring verkaufen?	163
Frage 8:	Profitiert nur der Sport von Großveranstaltungen bzw. Events?	164
Frage 9:	Welches sind die Kennzeichen bzw. Merkmale von Vereinen in Deutschland?	165
Frage 10:	Welche Rolle spielt das Ehrenamt im deutschen Sport?	166
Frage 11:	Was versteht man unter den Werten im Sport? Welche vier Wertdimensionen kennen Sie?	166

Frage 12:	Was versteht man unter Normen im Sport? Was versteht man unter konstitutiven Regeln im Sport?...	167
Frage 13:	Was versteht man unter strategischen Regeln im Sport?........................	168
Frage 14:	Was versteht man im Sport unter ethisch-moralischen Regeln?.................	169
Frage 15:	Was versteht man unter Fairness im Sport? Geben Sie Beispiele zu fairem Verhalten im Sport..	170
Frage 16:	Wie unterscheiden sich Männer und Frauen im Hinblick auf Muskulatur und Krafttraining? Worin liegt der Hauptunterschied? Erläutern Sie dies möglichst genau.....	171
Frage 17:	Wie unterscheiden sich Männer und Frauen im Hinblick auf kardiopulmonale Leistung und Ausdauertraining? Worin liegt der Hauptunterschied? Erläutern Sie dies möglichst genau......................................	172
Frage 18:	Nennen Sie Werte des Herz-Kreislauf-Systems sowie des Atmungssystems bei Männern und Frauen..	173
Frage 19:	Welche Leistungsunterschiede im Bereich der Leichtathletik sind Ihnen bekannt? Welche beim Schwimmen?...	173
Frage 20:	Was versteht man unter Gender? Was unter Gender-Mainstream?................	174
Frage 21:	Welche Phasen der Teamentwicklung gibt es? Erläutern Sie möglichst genau.	175
Frage 22:	Was versteht man unter dem Aufgabenzusammenhalt? Was unter der Gruppenkohäsion? Wie hängen die beiden miteinander zusammen? Erläutern Sie dies möglichst genau..	177
Frage 23:	Nennen Sie Beispiele aus dem Sportbereich zu additiven Teams, summativen Teams und interaktiven Teams. Wie kommt die Leistung dort jeweils zustande?................	178
Frage 24:	Was können einzelne Sportler für die Kohäsion in einem Team tun? Erläutern Sie die einzelnen Aspekte..	179
Frage 25:	Was kann ein Trainer tun, um die Kohäsion zu fördern? Erläutern Sie die einzelnen Aspekte..	181
Frage 26:	Was versteht man unter Teamkillern. Erläutern Sie die einzelnen Aspekte.............	183
Frage 27:	Erläutern Sie das Vier-Ohren-Modell von *Schulz von Thun* möglichst genau.	184
Frage 28:	Welche triebtheoretischen Ansätze der Aggressionsforschung gibt es nach *Gabler*?	186
Frage 29:	Beschreiben Sie möglichst genau, was man unter Aggression und aggressivem Verhalten im Zusammenhang mit dem Sport verstehen kann..........................	186
Frage 30:	Was versteht man unter „Lernen am Modell"?.....................................	187
Frage 31:	Welche vier Prozesse steuern das Modelllernen?..................................	188
Frage 32:	Was versteht man unter dem Desintegrationsansatz?	190

Kapitel 17: Bewegungslehre des Sports 191

Frage 1:	Beurteilen Sie anhand der „Merkmale von sportlichen Bewegungen" den e-Sport. Handelt es sich hier Ihrer Meinung nach um Sport? Begründen Sie bitte Ihre Entscheidung. Lesen Sie dazu bitte die beiden nachfolgenden Artikel von Prof. Dr. Ansgar Thiel (Uni Tübingen) und Prof.*in Dr. Carmen Borggrefe (Uni Stuffgart).....................	191
Frage 2:	Beschreiben Sie die morphologische Betrachtungsweise der sportlichen Bewegungen. ..	194

Frage 3:	Was versteht man unter Bewegungsrhythmus und Antizipation? Geben Sie dazu Beispiele aus der Praxis!.	195
Frage 4:	Beschreiben Sie die empirische Betrachtungsweise der sportlichen Bewegungen.	196
Frage 5:	Beschreiben Sie die biomechanische Betrachtungsweise der sportlichen Bewegungen.	197
Frage 6:	Beschreiben Sie die funktionale Betrachtungsweise der sportlichen Bewegungen.	197
Frage 7:	Was versteht man unter dem Phasenmodell von *Meinel/Schnabel*?	198
Frage 8:	Was versteht man unter ablaufrelevanten Bezugsgrundlagen?	199
Frage 8:	Erstellen Sie für eine Ihnen bekannte sportliche Bewegung eine Aktionsskizze.	201
Frage 9:	Stellen Sie für eine Ihnen bekannte sportliche Bewegung eine aktionsorientierte Funktionsphasenanalyse.	201
Frage 10:	Was versteht man unter Translation, was unter Rotation in der Biomechanik?	201
Frage 11:	Beschreiben Sie die drei *Newtonschen Axiome* mit Praxisbeispielen.	202
Frage 12:	Was versteht man unter dem Körperschwerpunkt? Welche Bedeutung kommt ihm bei sportlichen Bewegungen zu?	204
Frage 13:	Erläutern Sie die biomechanischen Prinzipien nach *Hochmuth*.	205
Frage 14:	Was versteht man unter dem Prinzip der Anfangskraft?	206
Frage 15:	Was versteht man unter dem Prinzip des optimalen Beschleunigungswegs?	206
Frage 16:	Was versteht man unter dem Go- and-Stop-Prinzip bei sportlichen Bewegungen?	207

Arbeitsmaterialien zum Lehrbuch Optimales Sportwissen

Ergänzend zu den Lösungen bieten Vorlagen zur Bearbeitung eine weitere Option für Unterricht oder Selbststudium.

Mit der Eingabe des unten angegebenen Links oder dem Scannen des abgebildeten QR-Codes erhalten Sie eine PDF mit Arbeitsblättern zum Einsatz im Unterricht.

Link: https://www.spitta.de/opt-sportwissen-loesungen-download

Inhalt

Theorie und Methodik des Trainings und Trainierens 1

Frage 1:
Worum geht es im a.) Nachwuchstraining, b.) Hochleistungstraining?

a.) Das Ziel des Nachwuchstrainings liegt hauptsächlich in der Erkennung der spezifischen Eignung und Aufdeckung der individuellen Entwicklungspotenziale.
Es unterteilt sich in: 1. Grundlagentraining, 2. Aufbautraining, 3. Anschlusstraining

zu 1. Grundlagentraining:
- Fortsetzung der sportartgerichteten Grundausbildung
- allgemeine Trainingsinhalte- und -methoden
- Weiterentwicklung der Grundtechniken bzw. Anlage einer breiten motorischen Basis
- sportartgerichtetes Koordinationstraining

zu 2. Aufbautraining:
- Weiterführung des Grundlagentrainings
- stärker sportartbetontes Training
- zunehmende Spezialisierung der Trainingsmethoden
- Steigerung von Belastungsumfang und -intensität
- verstärkt sportartspezifisches Koordinationstraining

zu 3. Anschlusstraining:
- ist die wichtige Übergangsphase zum Hochleistungstraining
- dauert ca. 2–4 Jahre
- weitere Belastungssteigerung
- Periodisierung, Zyklisierung
- Zunahme der Wettkampfhäufigkeit
- Zusammenhang Belastung/Erholung wird wichtiger
- noch mehr spezifische Trainingsmethode
- verstärkter Einsatz von Leistungstests, Leistungsdiagnosen und Wettkampfanalysen

b.) Das Hochleistungstraining führt den Athleten an die individuelle Höchstleistung heran.
- höchstmögliche Steigerung von Trainingsumfang und -intensität
- weitere Spezifizierung von Trainingsmethoden und -inhalten
- Perfektionierung der sportartspezifischen Technik
- Leistungsstabilisierung über einen möglichst langen Zeitraum

Frage 2:
Was spricht für einen langfristigen, geplanten und zielgerichteten Trainingsaufbau?

Ziele des langfristigen Trainingsprozesses sind eine langsame und allmähliche Steigerung der Trainingsanforderungen und Trainingsbelastung sowie die kontinuierliche Verbesserung der sportlichen Leistungsfähigkeit. Wenn Training langfristig erfolgreich sein soll, muss es sich auch an der langfristigen Trainingsplanung orientieren. Die individuelle sportliche Leistungsfähigkeit steht dabei in Abhängigkeit zu dem physischen, psychischen, technisch-taktischen und dem intellektuellen Leistungsvermögen. Wenn ein möglichst hohes Leistungsniveau erreicht werden soll, bedarf es einer sorgfältigen perspektivischen Planung des gesamten Trainingsprozesses.

Die Erfahrung in der Trainingslehre hat gezeigt, dass die Entwicklung vom Anfänger zum Könner in den meisten Sportarten /Disziplinen einen zeitlich und strukturell ähnlichen Verlauf resp. Prozess hat. Dieser Verlauf kann zwar unterbrochen, aber nicht umgekehrt werden. Einzelne Phasen können nicht übersprungen werden. In der Trainingsplanung werden dazu Trainingsziele festgelegt. Dem Training im Kinder- und Jugendbereich kommt dabei eine besondere Bedeutung zu. Dies beginnt bereits mit der Basisausbildung bzw. allgemeinen Grundausbildung. Hier werden die Fundamente für die spätere Leistungsentwicklung gelegt. Training ist per Definition ein systematischer und geplanter Prozess. Daran schließt sich das Nachwuchstraining und schließlich das Hochleistungstraining an. Entscheidend für die Entwicklung der sportlichen Leistung sind der Aufbau perspektivischer Leistungsvoraussetzungen in diesem langfristigen Trainingsaufbau sowie die Sicherung der notwendigen Zeitstrukturen und Rahmenbedingungen.

In den meisten Sportarten wird dieser gesamte Trainingsaufbau im sog. Rahmentrainingsplan schriftlich formuliert. Es handelt sich dabei um Vorgaben eines Sportverbandes zur Gestaltung des Trainings für mehrere Alters- oder Leistungsklassen.

Der Rahmentrainingsplan wird aus der trainingsmethodischen Grundkonzeption eines Sportverbandes abgeleitet. Er hat meist eine Gültigkeitsdauer von 1–2 Jahren. Gestützt auf Analysen zur Trainings- und Leistungsentwicklung der jeweiligen Alters- oder Leistungsklassen und unter Nutzung neuester Erkenntnisse werden Rahmentrainingspläne von Expertengremien der jeweiligen Sportverbände ausgearbeitet. Der Rahmentrainingsplan bietet demzufolge ein idealtypisches Trainingskonzept an, aus dem der Trainer jeweils die Jahrestrainingspläne und die individuellen Trainingspläne unter Beachtung des Leistungs- und Entwicklungsstandes seiner Sportler ableiten kann (vgl. http://spolex.de/lexikon/rahmentrainingsplan/).

> **Frage 3:**
> Kann man Ihrer Meinung nach sagen, dass bei Freizeit- und Breitensportlern eine Trainingsplanung unwichtig ist. Was spricht dafür, was spricht gegen diese These?

Da es insbesondere bei den Mannschaftssportarten wie Handball, Fußball, Volleyball oder Basketball einen wettkampfgebundenen Bereich gibt, muss dort, wenn man erfolgreich sein möchte, zielgerichtet, geplant und strukturiert trainiert werden. Der Wettkampf – und damit auch der Wettkampferfolg – sind für Sportler dieser Sportarten das entscheidende Trainingsmotiv. Hierzu zählen auch Tischtennis, Tennis, Badminton und Squash, Hockey und weitere Sportarten. Wer dazu noch an Freizeitwettkämpfen (MTB/Rennrad/Triathlon/Laufen) teilnehmen möchte, kommt um eine exakte Trainingsplanung nicht herum. Sie trägt entscheidend zum Wettkampferfolg bei. Da das Zeitbudget für das Training in der Regel begrenzt ist, ist es umso wichtiger, dass die Qualität der wenigen Trainingseinheiten so optimal wie möglich ist.

Auf der anderen Seite gibt es Freizeit- und Breitensportler, bei denen z. B. der Spaßfaktor als Hauptmotiv dient, oder sie mögen den geselligen Aspekt des Sporttreibens. Der Sport bestimmt für sie nicht ihr Leben. Sie wollen zum Teil keine oder eine nur eingeschränkte Wettkampfteilnahme. Man kann an die Sportler, die aus solchen Motiven heraus den Sport betreiben, von außen nicht dieselben Anforderungen stellen wie an wettkampforientierte Sportler; dies kann zu Konflikten führen. Von der Einhaltung bestimmter Trainingsmethoden kann man diese Sportler jedoch nicht befreien. Das Gesundheitsmotiv spielt bei allen eine mehr oder weniger große Rolle. Und insbesondere der Gesundheitssport setzt eine sehr genaue Kenntnis der Trainingsmethodik und der Trainingsplanung voraus. Dies zu ignorieren wäre ein großer trainingsmethodischer Fehler (siehe Kapitel 10 Gesundheitssport in diesem Buch).

> **Frage 4:**
> Was wäre zu erwarten, wenn man auf eine Basisausbildung verzichten würde?

Die Basisausbildung oder das motorische Basistraining bildet das Fundament des spitzensportorientierten Trainings. Auf dieses Training bauen die weiteren Trainingsstufen auf; es ist unverzichtbar. Dort sollen die Grundvoraussetzungen für ein nachfolgendes, eher sportartspezifisches Training erfolgen und gleichzeitig die Voraussetzungen dafür verbessert werden. Im Techniktraining sollen die Zieltechniken in der Grundstruktur erlernt werden, die konditionellen, koordinativen und psychischen Grundlagen geschaffen werden. Es findet noch keine zu starke und einseitige Spezialisierung des Trainings auf die Sportart/Disziplin ausgerichtet statt, sondern z. B. eine allgemeine Verbesserung der aeroben Kapazität oder der allgemeine Aufbau der Muskelkraft. Krafttraining trägt mit Beweglichkeitstraining, Ausdauertraining und Koordinationstraining auch zur Verletzungsprophylaxe bei. Der sportartübergreifende, allgemeine Teil des Trainings nimmt ca. 30 (–40) % der Trainingszeit einer Trainingseinheit in Anspruch. Eine besonders hohe Bedeutung kommt dabei dem Training der koordinativen Fähigkeiten zu, welches allgemein ausgerichtet sein sollte. In manchen Sportarten hat es sich durchgesetzt und als hilfreich erwiesen, wenn im allgemeinen Koordinationstraining bereits sportartgerichtete Spiel- und Übungsformen angewendet werden.

> **Frage 5:**
> Nennen Sie Gemeinsamkeiten/Unterschiede von Breitensport/Freizeitsport auf der einen Seite und von Leistungssport/Hochleistungssport auf der anderen Seite.

Leistungssport	Breitensport/Freizeitsport
hoher wöchentlicher Trainingsaufwand (15–40 Stunden/Woche)	sehr geringer wöchentlicher Trainingsaufwand (variabel, ca. 1,5–4,5 Stunden)
mehrjähriger, periodisierter und zyklisierter Trainingsprozess	mehrjähriger Trainingsprozess, z. T. mit längeren Unterbrechungen
hohes Pensum an: Trainingsumfang, Trainingshäufigkeit und Trainingsintensität	geringes Pensum an: Trainingsumfang, Trainingshäufigkeit und Trainingsintensität (aber: variabel bei Wettkampfteilnahme)
Beeinflusst wesentliche Lebensumstände des Sportlers und stellt hohe zeitliche, motivationale, psychische, gesundheitliche und ernährungsbezogene Anforderungen: **Der Sport bestimmt das Leben.**	Beeinflusst das Leben des Sportlers in der Regel nicht; geht in Urlaub, auch in der WK-Runde; Ernährung spielt keine oder eine untergeordnete Rolle; keine hohen zeitlichen oder motivationalen bzw. gesundheitlichen Anforderungen: **Das Leben bestimmt den Sport.**
Weltspitzenleistungen setzen ein ca. 10- bis 15-jähriges Leistungstraining voraus (Disziplin- und sportartabhängig variabel).	Sportler ist an seiner eigenen Leistung interessiert, möchte diese aber in der Regel nicht maximieren.
wichtige Komponenten: Trainingsplanung, Trainingsdurchführung, Trainingsdiagnostik sowie Leistungs- und Wettkampfstruktur der Sportart sowie leistungsunterstützende Ernährung	In der Regel findet keine Trainingsdiagnostik statt, leistungsunterstützende Ernährung spielt keine oder eine untergeordnete Rolle.
Sportliche Ziele sind nur erreichbar, wenn der Sportler hoch belastbar und gesundheitlich stabil ist. Das Training darf keine Erkrankungen provozieren, die zur Belastungsunterbrechung führen.	Auch hier darf das Training nicht zu Erkrankungen führen bzw. diese provozieren. Die Sportler müssen im Rahmen ihrer Leistungsanforderungen, die ihre Sportausübung an sie stellt, belastbar sein.
Die ökonomischen Interessen der Sportler sind in den letzten Jahren kontinuierlich gestiegen (Druck auf Sportler).	spielen keine bis geringe Rolle
Die sportwissenschaftliche Forschung ist weit gefasst und verändert sich permanent entsprechend der aktuellen Erkenntnisse und der gegebenen Rahmenbedingungen.	Sportwissenschaftliche Erkenntnisse gelangen nur unzureichend in diesen Sportbereich; eventuell über lizenzierte Trainer.
Das Forschungsprogramm des DOSB und des Bundesinstituts für Sportwissenschaft umfasst 5 Forschungsfelder: Trainings- und Wettkampfqualität, Wissenstransfer, Trainerqualität, Trainings- und Wettkampftechnologie sowie Nachwuchsleistungssport.	Das Forschungsprogramm ist für diese Bereiche relativ unzugänglich; evtl. über lizenzierte Trainer.

Frage 6:
Analysieren Sie Ihre eigene sportliche Entwicklung oder die eines Ihnen bekannten Sportlers. Wie beurteilen Sie diese vor dem Hintergrund der langfristigen Trainingsplanung?

Wichtig wäre hierbei der Vergleich mit den relevanten Aspekten, z. B. der Gliederung in die Phasen der langfristigen Trainingsplanung mit den entsprechenden Trainingsinhalten und der zeitlichen Dauer. Idealerweise liegt dies in schriftlicher Form eines Rahmentrainingsplanes des Spitzenverbandes vor und der Trainer verfügt über eine entsprechende Trainerlizenz. Er sollte in der Lage sein, den Trainingsplan seinen Schützlingen zu erläutern sowie Übungsauswahl oder Spielauswahl auf Nachfrage auch zu begründen.

Frage 7:
Wozu dient die Sportartanalyse? Warum ist sie für Trainer so wichtig?

Training ist ein geplanter und strukturierter Prozess, der auf ein Ziel hin ausgerichtet ist. Die Trainingszeit ist begrenzt, weshalb eine Eingrenzung auf bestimmte Trainingsinhalte, die für die Sportart essentiell sind, für einen Trainer unerlässlich ist. Entsprechend muss für jede Sportart/Disziplin zuvor festgelegt werden, welche Komponenten deren (nämlich der Sportart/Disziplin) Leistungsstruktur bestimmen, damit man weiß, welche es zielgerichtet zu trainieren gilt. Die systematische Analyse des Anforderungsprofils ist neben der Modellierung der Leistungsstruktur und der Eingangsdiagnose eine wichtige Voraussetzung für die effektive Trainingssteuerung in einer Sportart. Je spezifischer eine Trainingsplanung gestaltet werden soll, umso detaillierter müssen die Kenntnisse über die Leistungsstruktur in der jeweiligen Sportart/Disziplin sein. Für diese Zielplanung ist die Sportartanalyse die wichtigste theoretische Wissensgrundlage des Trainers. Durch sie werden Kenntnisse zu den aktuellen Ausprägungen von Leistungsvoraussetzungen und Leistungsbedingungen sowie deren interne Beziehungsgefüge vermittelt. Es ist daher die Hauptaufgabe der Trainingswissenschaft, sportart-, geschlechts-, alters- und niveauspezifische Belastungs- und Anforderungsprofile zu erarbeiten.

Diese Anforderungsprofile, die über sog. Leistungsstrukturmodelle dargestellt werden, haben zwei Ziele:
1. Sie dienen der Darstellung der Zusammenhänge von Leistungsvoraussetzungen in Bezug auf die sportliche Leistung im Allgemeinen.
2. Ein Leistungsstrukturmodell kann die bestimmenden Faktoren der sportlichen Leistungen einer Sportart/Disziplin im Speziellen abbilden.

Hinweis:
Bitte lesen Sie hierzu auch S. 19 ff. im Lehrbuch „Optimales Sportwissen". Auf Seite 19 ist ein einfaches Modell dargestellt.

In der Sportwissenschaft existiert nicht das eine Leistungsstrukturmodell, vielmehr haben sich verschiedene allgemeingültige Modelle entwickelt (vgl. *Heering* 2019).

Die einzelnen Faktoren haben sehr vielfältige Wechselbeziehungen untereinander und können deshalb nicht ohne weiteres isoliert oder additiv betrachtet werden. Es herrscht Übereinstimmung in der Sportwissenschaft darin, dass die

- konstitutionellen,
- konditionellen,
- sporttechnisch-koordinativen,
- kognitiv-taktischen und
- personalen Leistungsvoraussetzungen

als bestimmende Faktoren zu sehen sind (vgl. *Hoffmann, Seidel, Stein* 2016). Durch die Erstellung eines Anforderungsprofils einer Sportart/Disziplin lässt sich die Trainingseffizienz erheblich steigern. Dies ist für den Trainer eine Grundvoraussetzung für sein zielgerichtetes Training. Diese Erkenntnisse geben dem Trainer die jeweiligen Trainingsziele für seine Trainingsplanung vor.

> **Frage 8:**
> Erstellen Sie für Ihre eigene Sportart ein Anforderungsprofil (ähnlich wie es in dem Lehrbuchkapitel 1 für die Sportart Tischtennis vorgenommen wurde).
> Erläutern Sie dies Ihren Mitschüler*innen!

Praxisbeispiel 1:
Leistungsstrukturmodell im alpinen Skirennsport

> Der alpine Skirennsport verlangt von seinen Fahrern aufgrund seines Anforderungsprofils eine Vielzahl an sportmotorischen Fähigkeiten und Fertigkeiten. Die sportliche Leistung des alpinen Skirennläufers besteht darin, einen aus Toren gesetzten Kurs schnellstmöglich zu bewältigen. Man unterscheidet 4 Disziplinen: Slalom, Riesenslalom, Super-G und Abfahrt. Beim Riesenslalom und Slalom gibt es 2 Rennen mit einer Pause von 2–4 Stunden zwischen den Durchgängen. Super-G und Abfahrt bestehen aus einem Rennen. Belastungszeiten: Riesenslalom und Slalom: ca. 1 Minute, Super-G: ca. 1,45 Minuten, Abfahrt: rund 2 Minuten. Bei den Damenrennen liegen die Laufzeiten in der Regel 10 % darunter.
>
> Bei der folgenden Beschreibung stehen Riesenslalom und Slalom der U 14 im Fokus. Leistungsbestimmende Faktoren sind:
> - anspruchsvolle Skitechnik
> - konditionelle Fähigkeiten

Kraftfähigkeiten	Schnelligkeitsfähigkeiten	Ausdauerfähigkeiten	Beweglichkeit
Maximalkraft	Reaktionsschnelligkeit	Kurzzeitausdauer	Gelenkbeweglichkeit
Schnellkraft	Beschleunigungsfähigkeit	Mittelzeitausdauer	
Kraftausdauer	Bewegungsschnelligkeit	Langzeitausdauer	Dehnungsfähigkeit
Reaktivkraft			

Konditionelle Fähigkeiten des sportmotorischen Anforderungsprofils im alpinen Skirennlauf (mod. nach *Heering*, D. Leistungsstrukturmodell im alpinen Skirennlauf. In: Leistungssport 4/2019, S. 35–38).

Aufgrund der speziellen Skitechnik (Carving) ergeben sich entsprechend hohe konditionelle Anforderungen an den Rennläufer. Anforderungen im Kraftbereich: Es treten erhebliche Kräfte bei der Bein- und Rumpfmuskulatur durch die unterschiedlich zu fahrenden Schwungradien auf. Dadurch werden die Maximalkraft- und Schnellkraftfähigkeiten des Skirennläufers angesprochen. Die Läufe von ca. 1 Minute Dauer verlangen zudem eine sehr gute Kraftausdauer. Die Beweglichkeit hat im alpinen Skirennlauf zwei Funktionen: Sie ermöglich es im Bereich der unteren Extremitäten und im Rumpfbereich, die Skitechnik auch in Extremsituationen zu beherrschen. Sie trägt zur Verletzungsprophylaxe bei. Das Befahren von z. T. sehr unterschiedlichem Untergrund stellt permanent sehr hohe Anforderungen an die Koordination über die sieben koordinativen Fähigkeiten. Eine solide Grundlagenausdauer ist die Basis für die Bewältigung der Wettkämpfe und Spitzenleistungen im alpinen Skirennsport. Weiterhin spielen die Umweltbedingungen und die Handlungskompetenz des Athleten eine Rolle. Ein Skirennläufer sollte eine hohe Motivation sowie Kenntnisse und Erfahrungen im Rennsport mitbringen.

Vereinfachtes Leistungsstrukturmodell im alpinen Skirennsport (mod. nach *Heering*, 2019):

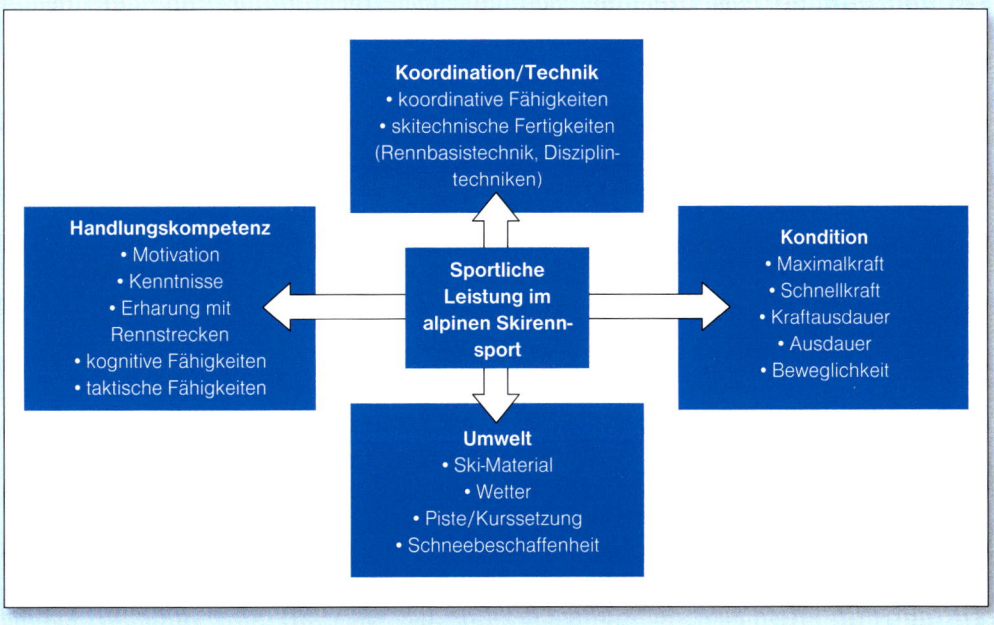

Betont wird, dass insbesondere die koordinativen Fähigkeiten eine wichtige Basis bilden, da es zum Gleichgewichtserhalt in Situationen notwendig ist, die Kraft in Verbindung mit Ausdauerfähigkeit ökonomisch einzusetzen und um die Skitechnik an die sich geänderten Geländebedingungen optimal anpassen zu können. Wichtig in der Startphase ist zudem die Kraft im Oberkörper und in den Armen sowie dem Schultermuskulaturbereich. Die im Schwungverlauf auftretenden Zentrifugalkräfte wirken auf Bein- und Rumpfmuskulatur und zeigen die Bedeutung von Maximalkraft und Schnellkraft auf (vgl. *Heering*, Leistungsstrukturmodell im alpinen Skirennlauf. In: Leistungssport 4/2019, S. 35–38).

Praxisbeispiel 2:
Leistungsstrukturmodell im Olympischen Boxen

Boxen ist eine Vollkontaktsportart und zählt zu den ältesten Kampfsportarten der Welt. Bei den letzten Olympischen Spielen (2012 und 2016) betrug die Kampfzeit bei den Männern 3 × 3 Minuten und bei den Frauen 4 × 2 Minuten. Die Pausenzeit zwischen den Runden beträgt immer 1 Minute. Sportlich ausgerichtete Boxkämpfe sind durch eine hochintensive intermittierende Belastung während der Runden charakterisiert, während in den Pausen keine vollständige Regeneration möglich ist.

Für eine erfolgreiche sportliche Leistung im Boxen ist eine ausgewogene Kombination der konditionellen Fähigkeiten Kraft, Schnelligkeit und Ausdauer sowie Koordination und Beweglichkeit wichtig.

Im Bereich der Kraft sind die Formen Schnellkraft, Kraftausdauer sowie Schnellkraftausdauer wichtig. Aus der Kombination von Schnelligkeit, Koordination, Beweglichkeit und Schnellkraft resultiert die für das Boxen wichtige Handlungsschnelligkeit.

Ausgangspunkt für die metabolische Analyse der Sportart Boxen ist die Wettkampfdauer. Eine Studie (2017) an 60 männlichen Elite-Amateurboxern ergab, dass diese pro Minute durchschnittlich 21 Angriffsschläge, 4 Defensivaktionen und 56 vertikale Hüftaktionen ausführten. Die Aktivitätsrate pro Sekunde lag bei 1,5. Das Verhältnis Aktion zu Pause (Schiedsrichterunterbrechung/Klammern) lag zwischen 3:1 und 16:1. Im Elitebereich ist die Aktion-Pause-Relation (18:1) doppelt so hoch wie im Anfängerbereich (9:1), nimmt aber bei beiden signifikant über die Runden ab: erste Runde: 16:1, zweite Runde: 8:1, dritte Runde, 6:1. Aufgrund dieses intermittierenden Aktivitätsprofils mit kurz andauernder, aber hochintensiver explosiver Aktivität spielen die anaeroben Energiebereitstellungsprozesse im Boxsport eine wichtige Rolle. Verschiedene Studien zur aeroben Ausdauer zeigen eine durchschnittliche maximale Sauerstoffaufnahmekapazität (VO_2max) von 49–65 ml/kg/min bei den Männern und 44–52 ml/kg/min bei den Frauen. Man nimmt an, dass diese Laborwerte im Wettkampf höher liegen könnten. Mit einem mobilen Spiroergometriegerät lagen die VO_2max-Werte bei männlichen Boxern über 3 × 2 Minuten Kampfzeit zwischen 61 und 66 ml/kg/min.

Die metabolische Gesamtenergie entsprach dabei 118 % der vorher ermittelten VO_2max und ist ein Hinweis auf die hohe energetische Beanspruchung während eines Boxkampfes. Analysen der einzelnen Energiebereitstellungsprozesse an der Gesamtenergiebereitstellung zeigten Folgendes in der Verteilung:

- aerobe Energiebereitstellung: 72–86 %
- anaerob-alaktazide Energiebereitstellung: 10–23 %
- anaerob-laktazide Energiebereitstellung: 4–5 %

Diese Verteilung ist über den gesamten Rundenverlauf weitgehend konstant. Die aerobe Energiebreitstellung hat somit eine sehr große Bedeutung, sie dominiert über den gesamten Kampfverlauf, jedoch nie isoliert von den anderen beiden Prozessen. Vor allem sportartspezifische und leistungsentscheidende Techniken werden über den ATP-Kreatinphosphat-Zyklus, also die anaerob-alaktazide Energiegewinnung generiert.

Im Hinblick auf die muskulären Beanspruchungen im Boxen weisen Studien darauf hin, dass eine gut ausgebildete Schnellkraft der Beinstreckmuskulatur positiv mit einer sportartspezifischen Schlagkraft assoziiert ist. Weiterhin wurde festgestellt, dass Folgendes für die Schlagkraft essentiell ist: 1. zielgerichteter Einsatz der Arm- und Schultermuskulatur, 2. Oberkörperrotation, 3. effiziente Beinarbeit. Zusammengenommen weisen die Studien und Untersuchungen darauf hin, dass Boxen als eine Ganzkörpersportart verstanden werden muss und ein insgesamt gut ausgebildetes Muskelkorsett für den Leistungsvollzug erforderlich ist.

Für die Schlagkraftwirkung können insbesondere die Armstrecker, Rotatorenmanschette der Schulter, Brustmuskulatur, Rumpfrotatoren, Gesäßmuskulatur, Knieextensoren und Plantarflexoren als vortriebswirksame Muskelgruppen betrachtet werden. Gelenkstabilisierend wirken Armbeuger, Rückenstrecker und ischiokrurale Muskulatur. Intramuskuläres Krafttraining wird dem Hypertrophietraining vorgezogen, vor allem wegen der mit der Hypertrophie verbundenen Gewichtszunahme, welche für die Gewichtsklasseneinteilung nicht vorteilhaft erscheint (vgl. *Schmelcher* et al. Systematische Analyse des konditionellen Anforderungsprofils im Olympischen Boxen. In: Leistungssport 4/2018, S. 19–24).

Praxisbeispiel 3:
Leistungsstrukturmodell im Triathlon

Triathlon setzt sich aus den klassischen Ausdauersportarten Schwimmen, Radfahren und Laufen zusammen. Die Wechsel zwischen den Disziplinen werte man als 4. Disziplin, da die Zeitnahme dabei weiterläuft. Es existieren mittlerweile 4 offizielle Streckenlängen: 1. Sprintdistanz 2. Kurzdistanz 3. Mitteldistanz 4. Langdistanz (besser bekannt als Ironman). Im Spitzenbereich werden ca. 1500 Trainingsstunden pro Jahr absolviert.

Die im Folgenden aufgeführten Untersuchungen umfassen eine Stichprobe von 617 Triathleten (90 Frauen und 527 Männer). Folgende Werte wurden erfasst:

- Körpergröße: 167,85 bzw. 179,23 cm
- Körpergewicht: 58,85 bzw. 73,25 kg

Nachfolgend dargestellt ist die relative maximale Sauerstoffaufnahme (Angaben in ml/min/kg) von Männern und Frauen in den drei Disziplinen des Triathlons (vgl. *Hoffmann*, *Seidel*, *Stein* 2016).

	Schwimmen	Radfahren	Laufen
Männer	49,9–61,2	56,5–75,9	58,2–78,5
Frauen	38,1–39,7	48,2–61,6	50,7–68,2

In den ersten Studien konnte eine körperliche Ähnlichkeit zu Profiradfahrern aufgezeigt werden. Von der Körperstatur her werden Triathleten als großgewachsen, normal bis leichtgewichtig mit einem geringen Körperfettanteil beschrieben. Der Schwerpunkt der bisherigen Studien lag auf der Bestimmung der maximalen Sauerstoffaufnahmefähigkeit. Es konnte weiterhin in Studien nachgewiesen werden, dass die relativen VO_2max-Werte am ehesten denen von Schwimmern entsprechen bzw. unter denen der jeweiligen Spezialisten der Einzeldisziplinen liegen. Die Disziplinen Schwimmen und Radfahren besitzen für Triathleten eine Voraussetzungsfunktion, während der Laufleistung häufig eine siegentscheidende Funktion zukommt. Aufgrund des Ausdauercharakters der Sportart üben insbesondere die Leistungsvoraussetzungen Kraft und Ausdauer einen entscheidenden Einfluss aus.

Im Schwimmen werden durchgehend die niedrigsten relativen VO_2max-Werte gemessen, während man beim Laufen die höchsten misst. Die Werte im Radfahren liegen in der Mitte mit eindeutiger Tendenz zum Laufen. Der geringere Schwimmwert lässt sich dadurch erklären, dass ein wesentlich geringerer Anteil an Muskelmasse aktiv ist, da der Antrieb überwiegend durch die oberen Extremitäten gewährleistet wird. Beim Radfahren ergeben sich die niedrigeren Werte durch die Sitzposition, da dadurch das Körpergewicht nicht vollständig vom Athleten getragen werden muss. Die Herzfrequenz ist beim Radfahren um 5–10 Schläge/min niedriger als beim Laufen.

Triathleten weisen Trainingsumfänge von 2–4 Stunden Schwimmen, 6–8 Stunden Radfahren und 4–5 Stunden Laufen pro Woche auf. Sie liegen damit also zwischen 12 und 17 Stunden Training pro Woche (vgl. *Hoffmann, Seidel, Stein*: Aspekte der Leistungsstruktur in der Sportart Triathlon. In: Leistungssport, 5/2016, S. 9–13).

Vereinfachtes Strukturmodell der individuellen Wettkampfleistung im Triathlon (mod. nach *Hoffmann, Seidel, Stein* 2016):

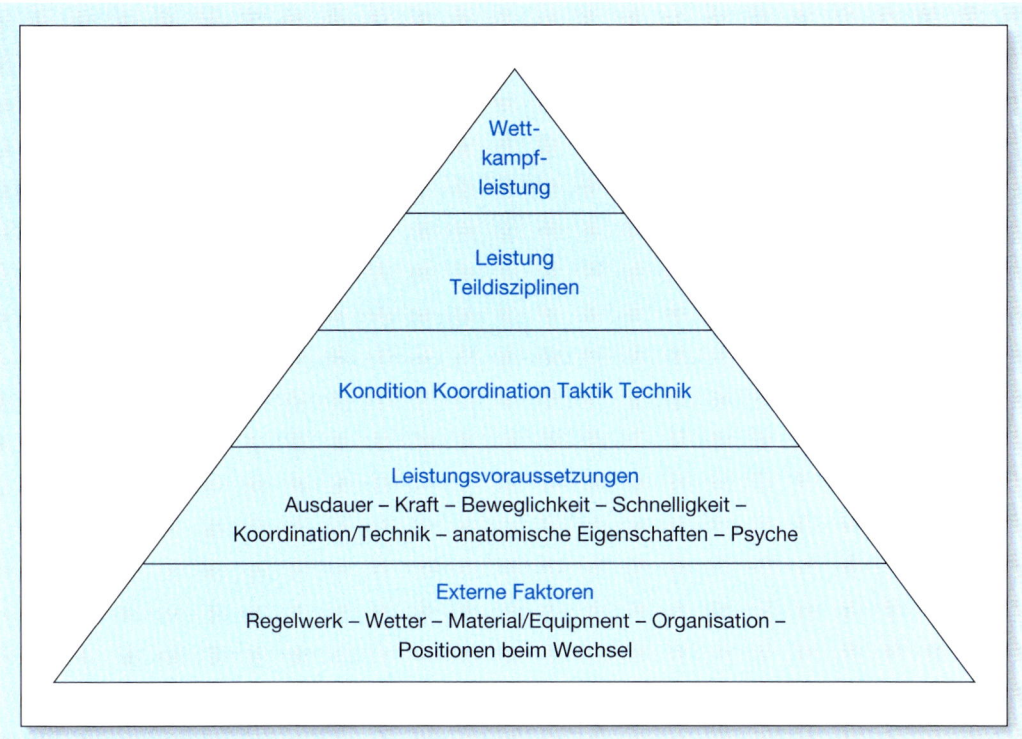

Frage 9:
Welche Vorteile bzw. Nachteile kann es mit sich bringen, die Trainingsmethoden von Meistern (Deutscher Meister, Weltmeister) zu übernehmen?

Grundsätzlich erscheint es auf den ersten Blick plausibel so zu trainieren wie die Welt- oder Europameister. Um diese Erfolge erzielen zu können, müssen diese sehr viel auf dem Weg dorthin trainingsmethodisch richtig gemacht haben. Historisch gesehen war die Fragestellung für die Meisterlehren sehr praxisorientiert. Viele Erkenntnisse wurden über „Versuch und Irrtum" gewonnen. Mit Sportwissenschaft hatte dies zu Beginn nichts zu tun – es gab sie schlicht und ergreifend noch nicht. Die Meisterlehren waren quasi die Vorläufer der modernen Trainingslehre. Es begann zunächst mit den „Konditionssportarten" wie Rudern, Schwimmen, Leicht- und Schwerathletik. Die Meisterlehren waren, wie der Name schon sagt, sehr stark personenbezogen, bekannt durch Namen wie *Holmer* (Fartlek), *Pikhala* (Nurmi) und *Zatopek* (Intervalltraining). Es handelte sich um eine Phase des Ausprobierens und Kopierens ohne Beschreibungs-, Erklärungs- oder Prognosemodelle. Die Praxis verlangt keine wissenschaftliche Hilfestellung, da die kaum real existierende Wissenschaft sich(noch) nicht für den Sport interessierte. Die Meisterlehren entstanden um 1930 und erst weit nach dem 2. Weltkrieg, in den 1960er-Jahren, wurden sie immer mehr verfeinert und durch Erkenntnisse aus der Wissenschaft weiterentwickelt. Die Meisterlehren waren damit die Vorläufer der heutigen Trainingslehre.

Wie sich aus den Meisterlehren wissenschaftliche Theorien entwickelten, kann am Intervalltraining aufgezeigt werden. *Emil Zatopek* war vierfacher Olympiasieger in London 1948 und in Helsinki 1952. Er hatte zunächst wie alle anderen Langstreckler sein Training ausschließlich mit Dauerläufen bestritten. Er variierte diese dann so, dass er über lange Strecken abwechselnd 200 m schneller und langsamer gelaufen ist, was man als die Geburtsstunde des Intervalltrainings bezeichnen kann. Der deutsche Leichtathletiktrainer *Woldemar Gerschler* in Freiburg hat frühzeitig (etwa um 1930) diese Trainingsmethode übernommen. Viele Ausdauersportler begaben sich nach Freiburg, um dort nach der Intervallmethode zu trainieren. In Zusammenarbeit mit dem renommierten Freiburger Sportmediziner *Herbert Reindell* gelang es ihm, diese Methode zu verfeinern. So entstand mit physiologischer Begründung die Theorie des Intervalltrainings. Die Methode wurde von den Ruderern (Trainer: *Kurt Adam*) sowie den Schwimmern übernommen, da man feststellte, dass sie ebenfalls für die Dauerleistung in anderen Sportarten angewendet werden konnte. Aus der Meisterlehre entwickelte sich eine spezielle Trainingslehre (Sportart: Laufen), dann eine allgemeine Trainingslehre und letztendlich eine trainingswissenschaftliche Theorie.

Hauptproblem, dies heute noch zu tun, sind die unterschiedlichen Voraussetzungen, welche die Sportler in ihre Sportart mitbringen. Es liegen eventuell sehr unterschiedliche genetische Veranlagungen vor. Weitere Faktoren spielen dabei eine Rolle, wie z. B. Trainingsbedingungen, Lebensumstände des Sportlers, Ernährungssituation, Klima und Umwelt, psychische Faktoren und physiologische Unterschiede, persönliche Präferenzen der Trainingsgestaltung, Belastungsverträglichkeit sowie Regenerationsfähigkeit. Training muss individuell auf den Sportler zugeschnitten sein. Einfach unreflektiert die Trainingsmethoden eines Weltmeisters zu übernehmen, macht noch lange keinen Weltmeister. Fortschritte der Trainingswissenschaft bleiben ebenfalls zum Großteil oder sogar gänzlich unberücksichtigt.

Allgemeine Gesetzmäßigkeiten des Trainings und Trainingsprinzipien

Frage 1:
Welche Adaptationsbereiche sind Ihnen bekannt?

- morphologische Adaptation: z. B. Vergrößerung der Energiespeicher, Zunahme des Muskelquerschnitts
- metabolische Adaptation: Zunahme von Enzymen und Strukturproteinen z. B. Zytokine (Botenstoffe des Immunsystems)
- endokrine Anpassungen: im Hormonsystem, z. B. körpereigene Endorphine oder Katecholamine (Adrenalin/Noradrenalin)
- kognitive Adaptation: Denken, Gedächtnis, Sprache, Entscheiden, Wahrnehmung, Aufmerksamkeit und Konzentration
- neuronale Adaptation: Verbesserung der Ansteuerung der Muskeln, verbesserte Frequenzierung und Rekrutierung; Erlernen einer sportlichen Technik

Frage 2:
Worum geht es bei den allgemeinen Gesetzmäßigkeiten des Trainings?

Um die Effektivität eines Trainings zu erhöhen, sind zur Realisierung Kenntnisse über die allgemeinen Steuerungsinstrumente, die sog. allgemeinen Gesetzmäßigkeiten des Trainings, notwendig. Sie bestehen quasi aus verallgemeinerten Aussagen zu zum Training und sind für Steuerung, Planung und Gestaltung der praktischen Trainings wichtig. Sie sind sehr allgemein gehalten, geben quasi eine grobe Handlungsorientierung. Die präzise Trainingssteuerung geschieht durch die entsprechenden Trainingsmethoden. Die allgemeinen Gesetzmäßigkeiten haben gegenüber den Trainingsprinzipien eine übergeordnete Bedeutung.

> **Frage 3:**
> Nennen Sie allgemeine Gesetzmäßigkeiten des Trainings und übertragen Sie diese auf sportpraktische Beispiele.

Qualitätsgesetz: Es ist ein übergeordnetes biologisches Gesetz. Wenn man Krafttraining macht, erlaubt es die aktuelle Kraftleistung des Muskels, ein bestimmtes Gewicht anzuheben. Die Form (= der Querschnitt des Muskels) bestimmt also die damit mögliche Funktion (= Kraftleistung des Muskels). Das Herz-Kreislauf-System (HKS) erlaubt eine bestimmte Ausdauerleistung zu Trainingsbeginn. Durch Anpassung des HKS (z. B. Herzvergrößerung) wird sich nach ein paar Wochen Ausdauertraining die Ausdauerleistungsfähigkeit verbessern.

Reizschwellengesetz: Ein Leistungssportler im Ausdauerbereich und ein Anfänger wollen zusammen laufen. Wenn der Leistungssportler das für ihn effektive Lauftempo vorgibt, ist der Anfänger durch den überschwelligen, zu starken Reiz überlastet. Er könnte Kreislaufprobleme oder Probleme orthopädischer Art bekommen. Würde der Anfänger das für ihn effektivste Tempo vorgeben, würden sich beim Leistungssportler durch den unterschwelligen Reiz (unter seiner wirksamen Reizschwelle liegend) keine Anpassungserscheinungen ergeben.

Gesetz der Anpassungsfestigkeit: Es besagt, dass sich ein schnell erarbeitetes Leistungsniveau als weniger stabil und recht störanfällig erweist. Ein über einen längeren Zeitraum antrainiertes Leistungsniveau zeichnet sich durch eine wesentlich höhere Trainingsfestigkeit (Stabilität) aus. Eine über Jahre hinweg antrainierte und durch regelmäßiges Training stabilisierte Fitness ist wesentlich stabiler als eine nur über 4–6 Wochen antrainierte Fitness für die bevorstehende Skisaison. Aber: Dieses Ski-Fitnesstraining ist wesentlich wertvoller und wichtiger als gar kein Training. Ziel bleibt auch für Teilnehmer an einer Skigymnastik eine regelmäßige konstante Trainingsteilnahme.

Gesetz der Homöostase und Superkompensation: Der menschliche Organismus befindet sich vor einer körperlichen Belastung (Sport) in einem Zustand des Fließgleichgewichts, der sog. Homöostase. Nach dem Roux-Prinzip versucht der menschliche Organismus Störungen der Funktion (Heterostase) aktiv zu kompensieren, um seinen Ausgangszustand wiederherzustellen.

Die Superkompensation wurde ursprünglich für die überschießende Anpassungsreaktion der Glykogenvorräte konzipiert. Bei Trainierten und Untrainierten laufen Anpassungserscheinungen aber nicht gleich ab. Die Genetik bleibt bei diesem Modell völlig unbeachtet. Beim Erlernen einer Technik findet z. B. keine Ermüdung statt. Man zeigt als Trainer einem Kind oder einem Jugendlichen eine Bewegung und diese kann ohne irgendwelche Ermüdungserscheinungen nachvollzogen werden. Gleiches gilt für das Erlernen einer sportlichen Taktik. Hier gibt es keine Ermüdung, wenn diese vom Trainer erläutert und erklärt wird. Nicht jede Art von Belastung bewirkt eine Ermüdung. Dies trifft zum Beispiel auf die kognitive Adaptation nicht zu. Dass Regenerationsmaßnahmen den Erholungsprozess in seinem Verlauf stark beeinflussen können, und zwar positiv wie negativ, wird außerdem nicht erkannt. Es ist daher grundsätzlich falsch, von einem grundlegenden Modell für alle Trainingsprozesse zu sprechen.

Es kann mit mehr oder weniger starken Eingrenzungen für niedrigklassige Mannschaftssportarten pauschal herangezogen werden. Ein Fußball-Landesligateam trainiert 2- bis 3-mal pro Woche. Nach jedem Training sind die Spieler mehr oder weniger stark ermüdet. Im Ausdauerbereich sowie im Krafttrainingsbereich kann man mit Einschränkungen davon sprechen.

Gesetz zum Verlauf der Leistungsentwicklung: Je mehr sich ein Sportler seiner optimalen Form nähert, desto geringer sind seine Entwicklungsfortschritte. Die individuelle maximale Funktionskapazität begrenzt bei jedem Menschen seine Entwicklungsmöglichkeiten. Jeder Sportler macht zu Beginn seiner Sportlerlaufbahn die größten Fortschritte in der Leistungsentwicklung. Über die Jahre hinweg werden diese Fortschritte immer kleiner ausfallen und zwar je näher er seiner optimalen Leistung kommt. Im Leistungssport oder Hochleistungssportbereich reicht auch aufwändiges Training häufig nur noch dazu, die sportliche Form zu stabilisieren. Die menschliche Leistungsfähigkeit wird mehr oder weniger stark genetisch mitbestimmt, sodass z. B. nicht alle Sportler die gleiche Leistungsfähigkeit erreichen können. Gesetz der Trainierbarkeit: Wenn Training optimal gestaltet werden soll, muss man während des langfristigen Trainings auf die altersgemäße und auf das biologische Alter abgestimmte Trainingsbelastung achten. Die Zielsetzungen und Inhalte des Trainings müssen sich den geschlechts- und altersspezifischen Besonderheiten anpassen. Ein Kinder- und Jugendtraining ist kein reduziertes Erwachsenentraining. Auch die Psyche muss berücksichtigt werden, auch im Hinblick auf die Motivation des Sporttreibens, sowie die kognitive Entwicklung der Heranwachsenden.

Frage 4:
Nennen Sie die Ihnen bekannten Trainingsprinzipien und übertragen Sie diese auf konkrete praktische Beispiele im Sport.

Trainingsprinzipien werden unterteilt in:

1. Trainingsprinzipien zur Auslösung von Anpassungsprozessen
2. Trainingsprinzipien zur Festigung der Anpassung
3. Trainingsprinzipien zur Steuerung der Anpassung

Prinzip der progressiven Belastungssteigerung: Nach der Reizstufenregel muss sich der Belastungsreiz dem Trainingszustand des Sportlers anpassen. Bleiben die Trainingsreize immer gleich, verlieren sie mit der Zeit ihre Wirkung im Hinblick auf die Leistungsverbesserung. Die Belastung muss immer wieder nachjustiert werden. Die Belastung muss progressiv (= ansteigend) sein und stets im richtigen Verhältnis zur erreichten Leistungsfähigkeit stehen. Dafür gibt es folgende Möglichkeiten:

- Steigerung von Belastungsumfang, -intensität, -dauer und -dichte
- Steigerung der Anforderungen an die Bewegungskoordination
- Steigerung der Anzahl bzw. des Anforderungsniveaus der Wettkämpfe

Die Art der Belastungssteigerung kann verändert werden durch:
- allmähliche Belastungssteigerung
- sprunghafte Belastungssteigerung

Zuerst erhöht man die Anzahl der Trainingseinheiten, dann die Intensität der Belastung. Je höherklassig die Wettkämpfe werden, umso mehr wird der Athlet psychisch und physisch gefordert (u.U. auch kognitiv – im Hinblick auf die Taktik).

Prinzip der Variation der Trainingsbelastung: Hierbei geht es um den gezielten Wechsel von:
- Trainingszielen
- Trainingsinhalten
- Trainingsmethoden
- Trainingsmitteln

Die Trainingsziele können aus den Bereichen Kraft, Schnelligkeit Ausdauer, Beweglichkeit oder Koordination und Technik kommen, aus der dem Bereich der Kognition also dem taktischen Bereich oder dem affektiven Bereich, der Psychologie.

Die Trainingsinhalte richten sich nach dem Trainingsziel. Das Trainingsziel Ausdauer wird durch den Trainingsinhalt Grundlagenausdauertraining trainiert.

Trainingsmethoden sind die planmäßigen Verfahren zur Verwirklichung der gesetzten Trainingsziele. Das Trainingsziel Verbesserung der Grundlagenausdauer kann z.B. durch die Dauermethode trainiert werden.

Trainingsmittel sind Mittel und Maßnahmen, die den Trainingsprozess unterstützen sollen: Matten, Kästen, Power-Ladders etc. Vor allem bei hoher Trainingshäufigkeit ist eine Variation der Trainingsbelastung von Bedeutung, um einer gewissen Monotonie entgegenzuwirken. Zum Beispiel kann ein Basketballteam einen Konditionstrainer einer Fußballmannschaft für das Konditionstraining engagieren. Dieser wird andere Übungen und Trainingsmethoden verwenden als es die Spieler bisher gewohnt waren.

Prinzip der Wiederholung und Kontinuität: Ein wirksamer Trainingsreiz für den menschlichen Organismus muss über einen längeren Zeitraum und mit Regelmäßigkeit erfolgen, wenn eine Leistungssteigerung erzielt werden soll. Bleiben die Reize aus oder verlängert sich z.B. die Zeit zwischen den Trainingseinheiten, entwickelt sich die Form in negativer Weise. Dies kann auch bewusst provoziert werden, wenn man ein Detraining (Abtrainieren) am Karriereende macht oder in der Übergangsperiode weniger trainiert. Wird zu häufig und ohne entsprechende Pause bzw. Regeneration trainiert, wirkt sich dies ebenfalls negativ auf die sportliche Form aus. Es gilt: „Use it or loose it."

Prinzip der Periodisierung und Zyklisierung: Die sportliche Form eines Athleten kann nicht das ganze Jahr über auf demselben Niveau bleiben. Sie wird ganz gezielt und bewusst einem Wandel unterworfen. Im Wettkampfbereich werden drei Perioden unterschieden:
1. Vorbereitungsperiode mit dem Ziel der Entwicklung allgemeiner Leistungsvoraussetzungen und hoher allgemeiner Belastbarkeit

2. Wettkampfperiode mit dem Ziel der Ausprägung der komplexen Wettkampfleistung durch die Teilnahme an Wettkämpfen
3. Übergangsperiode mit dem Ziel der psychischen und physischen Regeneration

Neben den Trainingseinheiten als kleinstem zeitlichem Faktor hat sich des Weiteren eine Unterteilung in Mikro- und Makrozyklen bewährt, um den Anforderungen einer individuellen Planung optimal zu entsprechen.

Prinzip der zunehmenden Spezialisierung: Wenn in einer Sportart/Disziplin eine sehr hohe Leistungsfähigkeit angestrebt wird, muss dazu rechtzeitig ein sportartgerichtetes und in der Folge ein sportartspezifisches Training durchgeführt werden. Das allgemeine oder sportartübergreifende Training wird im Verlauf der Trainingsjahre sukzessive auf Kosten des sportartspezifischen Trainings reduziert.

Prinzip des optimalen Verhältnisses zwischen Belastung und Regeneration: Um die nächste Belastung im Training oder Wettkampf optimal bestreiten zu können, muss sich der Sportler in der dazwischen liegenden Zeit optimal erholen können. Wird dieses Prinzip ignoriert, können Leistungseinbrüche bis hin zu einem Burn-out die Folge sein. Dieses Prinzip findet bei der Theorie der Superkompensation „keinerlei Beachtung". Regeneration umfasst sowohl die Psyche als auch die Physis des Sportlers. Ziel ist die schnelle Wiederherstellung der körperlichen und geistigen Leistungsfähigkeit. Man führt sie je nach Umfang und Intensität der vorausgegangenen Belastung immer im Cool-down am Ende der Trainingseinheit durch, unter Umständen auch als eigene Regenerationstrainingseinheit. Hochleistungssportler benötigen eine intensivere Regeneration als Breiten- und Freizeitsportler.

Frage 5:
Ein Fußballtrainer möchte am Abend vor einem entscheidenden Spiel ein erschöpfendes Training zur „Motivationssteigerung" durchführen. Halten Sie dies für sinnvoll? Was spricht für bzw. gegen ein solches Training?

Eigentlich spricht nichts für ein solches Training, es handelt sich um einen trainingsmethodischen Fehler. Die Regenerationszeit ist bei einem „erschöpfenden" Training zu kurz, um sich bis am nächsten Tag wieder komplett zu erholen. Je niedriger die Spielklasse, umso weniger erholt sind die Spieler am nächsten Tag, da die Regenerationsfähigkeit entsprechend eingeschränkt ist. Dies ist darauf zurückzuführen, dass die entscheidende konditionelle Fähigkeit für die Regeneration – die aerobe Grundlagenausdauer – in der Regel bei niedrigklassigen Spielern weniger gut ausgebildet ist als bei höherklassigen. Spätestens in der zweiten Halbzeit und vor allem gegen Ende des Spiels – die Zeit, in der im Fußball die meisten Tore fallen – würde sich die Ermüdung sehr stark bemerkbar machen. Die fußballspezifischen Techniken werden mit zunehmender Ermüdung im Spiel am nächsten Tag darunter leiden. Wer im Kopf nicht mehr ganz frisch ist, bekommt auch im kognitiven Bereich Schwierigkeiten. Ein solches Training birgt zusätzlich ein hohes Verletzungsrisiko. Fallen wichtige Spieler aus, kann dies die gesamte Mannschaftstaktik negativ beeinflussen.

Zudem kann sich solches Training auch negativ auf die Motivation einzelner Spieler auswirken. Ein Team bewusst bis zur Erschöpfung zu trainieren, damit es am nächsten Tag besonders motiviert auf den Platz geht, ist also psychologisch sehr ungeschickt.

Praxisbeispiel 4:
Motivationssteigerung

> Vor einer TT-Schwerpunktfachveranstaltung des Buchautors an der Universität Tübingen lag ein Teilnehmer, der in der Bundesliga Fußball spielte, freitags um 13 Uhr auf der Sitzbank vor der Sporthalle. Auf die Frage, warum er so erschöpft sei, sagte er: Das Team habe am Freitagvormittag 2 Stunden „normales" Fußballtraining absolviert, danach jedoch noch 60 (sechzig) Sprints über den halben Fußballplatz laufen müssen. Er wisse nicht, wie er bis am nächsten Nachmittag wieder fit werden solle. In der abendlichen „Sportschau" der ARD am nächsten Tag bemerkte der Kommentator, dass das Team des Sportstudenten auf „unerklärliche Weise" in der 2. Halbzeit konditionell stark nachgelassen hätte. Das Spiel wurde verloren.

Frage 6:
Sehen Sie Unterschiede bei der Anwendung der Gesetzmäßigkeiten des Trainings und der Trainingsprinzipien bei Breiten-/Freizeitsportlern im Vergleich zu Leistungssportlern/Profis?

Reizschwellengesetz	kein Unterschied
Anpassungsfestigkeit	kein Unterschied
Homöostase und Superkompensation	kein Unterschied
Verlauf der Leistungsentwicklung	Prinzipiell gleich, aber im Breiten- und Freizeitsport steht die individuelle Höchstleistung nicht im Mittelpunkt.
Trainierbarkeit	kein Unterschied
progressive Belastungssteigerung	Prinzipiell gleich, wobei eine ständige Steigerung aufgrund der unterschiedlichen Ziele nicht im Sinne des Breiten-/Freizeitsports ist.
Variation der Trainingsbelastung	Spielt im Breiten-/Freizeitsport keine mit dem Leistungssport vergleichbare Rolle; das Training im Breiten-/Freizeitsport kann aber davon profitieren.
Wiederholung und Kontinuität	kein Unterschied
Periodisierung und Zyklisierung	Spielt im Breiten-/Freizeitsport eine untergeordnete bis keine Rolle.

zunehmende Spezialisierung	Sollte prinzipiell ähnlich verlaufen; vielleicht sollte im Breiten-/Freizeitsport das sportartspezifische Training aus motivationalen Gründen etwas favorisiert werden.
optimales Verhältnis von Belastung und Regeneration	prinzipiell gleich; umfangreicher und intensiver im Leistungssport
Prinzip der wechselnden Belastung	Spielt im Breiten-/Freizeitsport keine so große Rolle wie beim Leistungssport; eine Orientierung daran wäre aber im Breiten-/Freizeitsport hilfreich für ein effektiveres Training.
Prinzip der optimalen Relation von allgemeiner und spezieller Ausbildung	Prinzipiell keine großen Unterscheidungen; da in vielen Bereichen des Leistungssports das Konditionstraining wichtiger Bestandteil ist, hat es eine wesentlich wichtigere Bedeutung.
Prinzip der Individualität und Altersgemäßheit (Entwicklungsgemäßheit)	Prinzipiell kein Unterschied, hat jedoch im Leistungssport aufgrund des Ziels der individuellen Leistungsoptimierung bei einzelnen Aspekten größere Bedeutung

Frage 7:
Welche Argumente sprechen dafür und welche dagegen, das Prinzip der Superkompensation zum allgemeinen Prinzip zu erklären, nach dem *alle* Anpassungserscheinungen im Sport ablaufen?

Das Prinzip der Superkompensation wurde von *Jakowlev* speziell für die Glykogenvorräte entwickelt. Es war nie seine Absicht, dies zu einem grundlegenden Modell der Trainingslehre zu machen. Es gilt demnach beim Carboloading. Das Modell hat nur eine begrenzte Aussagefähigkeit. Zeitliche Aussagen zu treffen, ist schwer möglich, vor allem nicht in der Präzision, mit der es manche Autoren tun. Es gilt nicht für die Bereiche Schnelligkeit oder Koordination, da bei beiden die Ermüdung keine Voraussetzung für eine Anpassung ist. Bei der Beweglichkeit ist Ermüdung ebenfalls keine Voraussetzung für eine positive Anpassungserscheinung. Auch im Bereich der Kognitionen spielt die Superkompensation keine Rolle. Wenn ein Trainer einem Sportler eine Bewegung zeigt und dieser sie sofort nachvollziehen kann, muss er dazu nicht ermüdet worden sein. Gleiches gilt für das Erlernen einer neuen Mannschafts- oder Einzeltaktik. Auch hier spielt Ermüdung für den Anpassungserfolg keine Rolle. Die Superkompensation unterscheidet nicht zwischen verschiedenen Altersstufen, wobei es offensichtlich ist, dass ein 18-jähriger Bundesligaspieler im Fußball schneller regeneriert als ein 71-jähriger Seniorensportler. Zwischen den Geschlechtern wird auch nicht differenziert. Die Periodisierung und Zyklisierung wird nicht beachtet. Es macht aber einen großen Unterschied, ob jemand zu Beginn der Vorbereitungsperiode oder mitten in der Wettkampfperiode belastet wird. Regenerationsmaßnahmen werden überhaupt nicht berücksichtigt. Mehrere Systeme nehmen zum Beispiel nach einer Belastung nicht ab, sondern einzelne Parameter steigen an. Ein wesentlicher Faktor für die Anpassung, nämlich die Ernährung, wird ebenfalls komplett ignoriert. Dabei ist es erwiesen, dass eine optimale Ernährung die Anpassungsprozesse sowie die Regeneration stark unterstützen kann. Für Leistungssportler ist das Modell so nicht zutreffend. Es hat für sie keine Bedeutung. Was bleibt, sind begrenzte Aussagen für niedrigklassige Sportler vor allem in Mannschaftsspielen. Ein Ausdauertraining kann nicht ohne Ermüdung durchgeführt werden, auch bei einem Krafttraining ist das nicht möglich.

Es ist somit nicht mehr zulässig von einem grundlegenden Modell für alle Prozesse des Trainings zu sprechen. Dazu sind die Einschränkungen und Vorbehalte seit mehreren Jahren in der Sportwissenschaft viel zu groß.

Frage 8:
Wozu ist eine Kenntnis des Zusammenspiels von Belastung und beanspruchten Systemen im menschlichen Organismus wichtig?

Training ist aus Sicht der Sportbiologie ein ständiger Adaptationsprozess als Folge von Belastung. Das Zusammenspiel von Belastung und Beanspruchung wird von einer Vielzahl von Einflussgrößen bestimmt. Die Belastungsnormative wie Umfang, Dauer, Intensität, Dichte, Häufigkeit, Bewegungskomplexität und Bewegungsausführung beeinflussen die beanspruchten Funktionssysteme des menschlichen Organismus wie Herz-Kreislauf-System, Atmungssystem, Stoffwechselsystem, Wasser- und Elektrolythaushalt, Hormonsystem, Immunsystem, Nervensystem und Muskel-Skelett-System. Die Kenntnis darüber ist für eine exakte Trainingssteuerung über die gezielte Auswahl der Trainingsmethoden wichtig. Ohne diese Kenntnisse, auch über gegenseitige Beeinflussungen und Zusammenhänge, ist eine genaue Trainingsplanung nicht möglich.

Frage 9:
Welche Modulatoren für die Belastung kennen Sie?

Während des Trainings wirken auf den Organismus zahlreiche Einflussgrößen ein und bedingen so eine zusätzliche psycho-physische Beanspruchung beim Sportler. Des Weiteren muss man im Training sog. Modulatoren (Einflussfaktoren) beachten, damit Fehlbelastungen (Überbeanspruchung) vermieden werden können. Die Beanspruchung wird im Training von vielen exogenen und endogenen Faktoren moduliert:
- Alter, Geschlecht, Genetik, Anthropometrie, Leistungsvoraussetzungen, Belastbarkeit, Leistungsfähigkeit, Ermüdung, Ernährung, Bewegungsausführung, Sportausrüstung (Geräte, Böden),
- Umweltbedingungen, Psyche (Emotionen, Motivation), Bewältigungsstrategie von Belastungsanforderungen

Frage 10:
Erläutern Sie die Bedeutung der einzelnen Modulatoren in der Trainingspraxis anhand konkreter Beispiele.

Modulatoren	Bedeutung in der Praxis
Alter	• Kinder sind keine kleinen Erwachsenen; das Training muss sich am Kindsein orientieren. • Senioren dürfen nicht wie Leistungssportler belastet werden.
Geschlecht	• Vor allem im Kraftbereich muss man zwischen den Geschlechtern differenzieren. • Im Ausdauertraining sind die Unterschiede nur unbedeutend.
Ernährung	• Bei sehr hohen Außentemperaturen und großen Schweißverlusten muss bereits während der Belastung (Training oder Wettkampf) getrunken werden. • Ernährung spielt bei der Anpassung und Regeneration eine wichtige Rolle (Kohlenhydrate nach der Belastung, eiweißbetonte Ernährung).
Umweltbedingungen	• Lange Ausdauerbelastungen bei großer Hitze sind anders einzuschätzen als bei Kälte im Winter. • Höhentraining stellt besondere Anforderungen an die Ausdauertrainingsplanung.
Sportausrüstung	• Bei der Planung eines Trainingslagers muss die dortige Ausstattung mitberücksichtigt werden.
Leistungsvoraussetzungen	• Training ist so individuell wie möglich zu planen; Leistungsschwache können nicht ständig mit Leistungsstarken zusammen trainieren.

Frage 11:
Erklären Sie die drei Schritte der Signaltransduktion.

Reihenfolge der Signaltransduktion

1. **Im ersten Schritt** messen die Sensormoleküle (Calmodium, Adenosinmonophosphatkinase, Insulinrezeptor) spezifische Signale (z. B. Kalzium, AMP, Glykogen, Sauerstoff, mechanische Muskelspannung und Hormonkonzentrationen). Die sportlichen Belastungen verändern in den beanspruchten Muskeln die Signalstärke und starten die Regulation der Anpassung.

2. **Im zweiten Schritt** werden weitere Signaltransduktionsmoleküle aktiv, die Informationen weiterleiten, verstärken und analysieren. Die Informationsübertragung geschieht dadurch, dass sich Signaltransduktionsmoleküle verbinden.

3. **Im dritten Schritt** aktivieren die Signaltransduktionsmoleküle die Signaltransduktionswege und damit die Anpassungsregulation. Diese Gene können an- und ausschalten, die Proteinsynthese erhöhen und so das Zellwachstum anregen oder eine Zellteilung bewirken.

> **Frage 12:**
> Wie erklärt man durch die Signaltransduktion das Dickenwachstum der Muskultur? Wie erfolgt die Anpassung durch Ausdauertraining? Erläutern Sie, welche Trainingskonsequenzen sich daraus ergeben.

Das Prinzip der Signaltransduktion ist für die Bereiche Krafttraining und Ausdauertraining sensibel. Die von den Sensormolekülen aufgefangenen Signale aus dem Krafttraining oder Ausdauertraining werden auf Signaltransduktionsmoleküle übertragen. Diese Signale werden an Adaptationsregulatoren weitergeleitet. Diese regulieren und aktivieren die Gentranskription, das heißt das Aus- oder Anschalten von Genen, die Translation oder die Proteinsynthese, den Proteinabbau oder andere Prozesse.

Beim Krafttraining des Muskels erfolgt das Dickenwachstum (Hypertrophie) vor allem durch die Aktivierung der Proteinsynthese durch Translation. Beim Ausdauertraining erfolgt die muskuläre Anpassung über die Regulation der Transkription (das An- und Abschalten belastungsspezifischer Gene).

Die Trainingskonsequenz besteht darin, Ausdauer- und Krafttraining nicht unmittelbar zu kombinieren; sie sollten zeitlich voneinander getrennt werden. In der Trainingslehre wird von einem Splitting (Aufteilung) der Trainingsinhalte gesprochen.

Sportbiologie

3

Frage 1:
Charakterisieren Sie die aerobe, die anaerob-alaktazide und anaerob-laktazide Energiebereitstellung. Nennen Sie bitte ein eindeutiges Beispiel, bei dem die aerobe Energiebereitstellungsart dominiert, anschließend eines für die anaerob-alaktazide und schließlich eines für die anaeroblaktazide Energiebereitstellung.

aerobe Energiebereitstellung	anaerob-alaktazide Energiebereitstellung	anaerob-laktazide Energiebereitstellung
mit Sauerstoff	ohne Sauerstoff	ohne Sauerstoff
36 mol ATP/mol Glukose	liefert sofort Energie über ATP und KP	3 mol ATP/mol Glukose
keine Laktatbildung	keine Laktatbildung	Laktatbildung
findet in den Mitochondrien statt	findet im Zytoplasma der Zelle statt	findet im Zytoplasma der Zelle statt
Energiebereitstellung erfolgt relativ langsam	Energiebereitstellung erfolgt sehr schnell	Energiebereitstellung erfolgt schnell
sehr große gespeicherte Gesamtenergiemenge im Organismus	sehr kleine Gesamtenergiemenge; energiereiche Phosphate ATP und CP, schnelle ATP-Resynthese, reicht nur ca. 6–8 Sekunden)	sehr kleine Gesamtenergiemenge; schnelle ATP-Resynthese; nach 40–60 Sekunden wird der Prozess durch zu viel Wasserstoffionen gebremst
Speicher: Glykogen in Muskel/Leber, Fett in Muskel/Leber	ATP und KP in der Muskelzelle	Muskelglykogen
typische Sportart: Marathonlauf	**typische Sportart:** Hochsprung	**typische Sportart:** 400m-Lauf

> **Frage 2:**
> Welche Bedeutung kommt dem Laktat bei der Energiebereitstellung zu? Beschreiben Sie seine Stoffwechselwege so genau wie möglich.

Laktat ist ein Zwischenprodukt des anaerob-laktaziden Energiestoffwechsels und die Laktatbildung ist das Hauptcharakteristikum dieser Energiebereitstellung. Die anaerob-laktazide Energiebereitstellung ist eine von drei möglichen Wegen der ATP-Resynthese des menschlichen Organismus. Wenn nach ca. 4–6 Sekunden der anaerob-alaktazide Speicher leer ist und die Pyruvatproduktion den Bedarf übersteigt, wird Pyruvat reduziert und Laktat gebildet. Laktat ist das Salz der Milchsäure. Die Milchsäure gibt Wasserstoff-Ionen (H^+), also Protonen, ab. Dadurch entsteht aus der Milchsäure Laktat.

Wenn eine hochintensive Belastung länger als ca. 10–15 Sekunden andauert, schaltet der Organismus um auf den Abbau von Kohlenhydraten (Glukose, Glykogen). Hierbei werden die Kohlenhydrate ohne Verwendung von Sauerstoff über mehrere Zwischenschritte bis hin zum Pyruvat (Brenztraubensäure) abgebaut und dieses bei Überschuss zu Laktat reduziert. Die Laktatruhewerte können im Blut ca. 0,8–1,5 mmol/l betragen.

Laktat ist ein Stoffwechselprodukt, das zwischen Zellen, Organen und Geweben aktiv hin und her transportiert wird. Es kann oxidativ weiterverwendet werden und ist ein wichtiger Energieträger der oxidativen Energiebereitstellung. Laktat ist kein Abfallprodukt oder ein Stoffwechselendprodukt. Im menschlichen Organismus fällt ständig Laktat an, das ständig eliminiert wird. Dem Laktat kommt eine Steuerungsfunktion und regulierende Funktion bei Anpassungsprozessen als Pseudohormon oder Lactormon zu. Laktat trägt zur Blutgefäßneubildung und trägt damit zu einer verbesserten Kapillarisierung bei. Es bewirkt eine Gefäßweitstellung und verbessert dadurch die Sauerstoffversorgung der arbeitenden Muskulatur. Es kann an folgenden Orten verstoffwechselt werden:

- am Bildungsort selbst
- in benachbarten Zellen, z. B. Muskelzellen
- in anderen Geweben: Herz, Gehirn, Nieren

Laktat wird über ein spezielles Transportersystem (Laktat-Shuttle, MCT*) zwischen den glykolytischen und oxidativen Fasern innerhalb der aktiven Muskeln ausgetauscht oder über die Blutbahn zum Herz, Gehirn oder zur Leber (dort Aufbau zu Glykogen). Laktat, das Produkt des anaeroben Stoffwechsels, ist gleichzeitig eine wichtige Substanz für den aeroben Stoffwechsel. Die Laktatdehydrogenase ist das entscheidende Enzym für die Umwandlung von Laktat in Pyruvat. Durch Ausdauertraining kann man die Enzymkapazität der Laktatdehydrogenase steigern. Die Muskelfasern unterscheiden sich in ihrer Laktataufnahme und Laktatverwertung.

Typ-I-Fasern (Ausdauerfasern) wechseln bei Blutlaktatkonzentrationen von 1–2 mmol/l von einer Laktatabgabe zu einer Laktataufnahme.

Typ-II-Muskelfasern (schnelle Fasern) wechseln bei Blutlaktatkonzentrationen von 3–4 mmol/l von einer Laktatabgabe zu einer Laktataufnahme.

Die meisten dieser Erkenntnisse (auch das HIT) sind nicht „neu", also z. B. erst in den letzten 2–3 Jahren bekannt geworden, sondern in der Medizin schon seit ca. 15–20 Jahren bekannt.

* Beim Laktat-Shuttle wird zwischen einem „Zell-Zell-Laktat-Shuttle" und einem „intrazellulären Laktat-Shuttle" unterschieden. Beispiel für Zell-Zell-Shuttle ist der Austausch von Laktat zwischen glykolytischen und oxydativen Fasern (innerhalb der aktiven Muskulatur) oder der Austausch zwischen aktiver Muskulatur und dem Herzen über das Blut. Beim intrazellulären Shuttle geht es um die Laktataufnahme durch die Mitochondrien und den Pyruvat-Laktat-Austausch in Peroxisomen (Peroxisomen sind Zellorganelle, die dem Abbau verschiedener zellulärer Stoffwechselendprodukte dienen). Das Laktat wird mittels sog. Monocarboxylat-Transporter (MCT) zusammen mit H^+-Ion zwischen den unterschiedlichen Kompartimenten und Geweben transportiert.

Frage 3:
Nehmen Sie Stellung zu folgenden Aussagen: „Laktat ist ein Endprodukt des Stoffwechsels und Laktat macht den Muskel sauer"; „Laktat ist für die Ermüdung des Muskels verantwortlich"

Laktat, das Salz der Milchsäure, ist kein Endprodukt, sondern ein Zwischenprodukt des Stoffwechsels. Für die Übersäuerung ist es nur indirekt verantwortlich. Verantwortlich für die Übersäuerung der Muskulatur ist die Protonenkonzentration, welche durch die Laktatbildung ansteigt. Nach heutigen Erkenntnissen ist Laktat nicht für die Ermüdung des Muskels verantwortlich. Die Muskelfunktion wird durch die H^+-Ionen gehemmt.

Frage 4:
Sie sehen eine Laktatkurve eines Ihnen unbekannten Menschen. Sie steigt sehr schnell exponentiell an. Ist die Schlussfolgerung richtig, dass es sich hierbei um die Laktatkurve eines völlig untrainierten Menschen handelt?

Nein, diese Schlussfolgerung ist nicht zulässig. Es muss definiert werden, an welchem Maßstab dies gemessen werden soll. Weltklasseathleten aus den Bereichen Kugelstoßen, Diskuswerfen bzw. Speerwerfen oder auch ein 100-m-Sprinter können eine solche Laktatkurve aufweisen. Man kann aber damit nicht behaupten, dass diese Menschen aufgrund des Verlaufs der Laktatkurve „untrainiert" sind. Eine Laktatkurve hat bei diesen Athleten keine bedeutsame Aussagekraft dafür, ob sie trainiert sind oder nicht (Problem der Validität eines Laktatstufentests).

Kapitel 3: Sportbiologie

> **Frage 5:**
> Welche Anpassungserscheinungen des Herz-Kreislauf-Systems ergeben sich durch Ausdauertraining? Welche Sportarten führen zu diesen Anpassungserscheinungen?

- Abnahme der HF in Ruhe (Trainingsbradykardie)
- Zunahme von Schlagvolumen, Herzminutenvolumen
- Verringerung der Herzfrequenz bei submaximalen Belastungsstufen
- harmonische Erweiterung aller 4 Herzhohlräume (regulative Dilatation)
- Anstieg des maximalen Sauerstoffaufnahmevermögens (VO_2max)
- Senkung der Viskosität des Blutes, es wird dünnflüssiger
- Zunahme der Blutmenge um ca. 1–1,5 Liter
- verbesserte Muskeldurchblutung
- hormonelle Regulation: Verminderung des Sympathikuseinflusses (Reduktion der Stresshormone Adrenalin und Noradrenalin)
- Steigerung der Insulinsensitivität der Zellen (Diabetesprophylaxe)
- Verringerung des Blutdrucks
- Muskulatur: Zunahme von Zahl und Größe der Mitochondrien, Zunahme der aeroben Enzymaktivität, des Myoglobins und des intramuskulären Glykogendepots, verbesserte Kapillarisierung und Arterialisierung
- Fettstoffwechselverbesserungen: Anstieg HDL, Senkung LDL, Senkung des Gesamtcholesterins
- Verbesserung der Immunabwehr
- zusätzlich positive Auswirkungen auf Psyche, Wohlbefinden und Lebensqualität

> **Frage 6:**
> Welche Blutbestandteile kennen Sie? Welche Unterschiede ergeben sich durch Ausdauertraining im Blut bei einem Ausdauersportler (z.B. Triathlet) im Vergleich zu einem Untrainierten?

Blutbestandteile:
- Erythrozyten (rote Blutzellen)
- Leukozyten (weiße Blutzellen)
- Thrombozyten (Blutplättchen)
- Blutplasma

Anpassungserscheinungen des Blutes durch Ausdauertraining:

Trainiert	Untrainiert
• Vergrößerung des Blutvolumens (Zunahme des Plasmavolumens) • Blutvolumen (ml/kg): 95 (+25 %)	• Blutvolumen: 76 ml/kg
• Blutvolumenzunahme von ca. 25%, davon 2/3 Plasmavolumen und 1/3 Erythrozytenvolumen • Plasmavolumen: 55 ml/kg (+31 %) • Zellvolumen: 40 ml/kg (+18)	• Plasmavolumen: 42 ml/kg • Zellvolumen: 34 ml/kg
• dadurch sinkender Hämatokrit: 42 ml/kg	• Hämatokrit: 45
• zunehmendes Gesamtvolumen der roten Blutzellen	
• Sauerstofftransportkapazität des Blutes steigt an durch erhöhte Erythrozytenanzahl (Hämoglobinanstieg)	
• angestiegenes Plasmavolumen stellt eine Wasserreserve für die Körperkühlung durch Schwitzen dar	
• erhöhte Pufferkapazität des Blutes	

> **Frage 7:**
> Welche Unterschiede ergeben sich durch Ausdauertraining im Atmungssystem bei einem Ausdauersportler (z.B. Triathlet) im Vergleich zu einem Untrainierten?

Training führt zu einer Ökonomisierung der Atmung. Ein Trainierter steigert das Atemminutenvolumen mehr über eine Zunahme des Atemzugvolumens als über die Atemfrequenz. Es kommt dadurch zu einer Energieersparnis. Das Atemminutenvolumen und das Atemäquivalent (Indikator der Atemökonomie) verringern sich signifikant im Bereich mittlerer und submaximaler Belastungsstufen. Ein ausdauertrainierter Leistungssportler (VO_2max von 5-6 l/min) kann bei einer Sauerstoffaufnahme von 3 l/min (Maximum des Untrainierten) ein Atemäquivalent von 25 aufweisen. Der Untrainierte hat dann bereits ein Atemäquivalent von 30-40. Nach der körperlichen Belastung kommt es bei einem Ausdauertrainierten zu einer schnelleren Normalisierung der Atmung zum Ruheausgangswert hin. Bei jüngeren Sportlern ist dies schneller der Fall als bei älteren.

Ausdauertraining bewirkt eine Hypertrophie der Atemmuskulatur. Dies betrifft sowohl Muskeln für die Zwerchfellatmung als auch Muskeln für die Bauchatmung. Das Zwerchfell wird durch Ausdauertraining ermüdungsresistenter. Ausdauertraining führt zu einer Ökonomisierung des Energiebedarfs, der für hohe bzw. maximale Ventilationsleistungen erforderlich ist; ein Ausdauertrainierter hat dadurch einen geringeren Sauerstoffbedarf. Im Grenzbereich der menschlichen Ausdauerleistung stellt die Resistenz der Atemmuskulatur gegenüber Ermüdung einen zusätzlichen leistungsbegrenzenden Faktor dar. Trainierte bekommen wesentlich seltener „Seitenstechen".

Ausdauertrainierte sind durch ihre verbesserte Umstellungsfähigkeit auf die Belastung, ihre ökonomischere Atmung und ihre Atmungsreserven zu einer insgesamt höheren Leistung des Atmungssystems fähig und können dadurch Engpässen in der Sauerstoffversorgung in wesentlich wirksamerer Weise begegnen als Untrainierte (vgl. *Weineck.* Sportbiologie, Spitta, 2010, S. 265–268).

> **Frage 8:**
> Wie reagiert das Atmungssystem bei körperlicher Belastung vor allem im Ausdauerbereich?

Bei einer Ausdauerbelastung benötigt der Organismus mehr Sauerstoff primär zur aeroben Energiebereitstellung. Die Ventilation steigt beim Ausdauertraining an. Die Atemfrequenz sowie das Atemzugvolumen und damit das Atemminutenvolumen steigen an und folglich die alveoläre Frischluftzufuhr. An dieser Ventilationssteigerung sind blutchemische Werte und nervös-reflektorische Faktoren beteiligt, deren Zusammenwirken die Ventilationssteigerung bewirkt. Zu Beginn einer sportlichen Belastung sollen vorwiegend die Mitinnervation des Atemzentrums und zunehmend auch die nervöse Rückmeldung aus den arbeitenden Muskeln für die schnelle Steigerung der Atmung verantwortlich sein. Bei leichter sportlicher Betätigung lassen sich 30–50 % der Ventilationssteigerung über den Einfluss der blutchemischen Faktoren erklären. Für die restlichen 50–70 % macht man die nervöse Rückmeldung aus der Muskulatur verantwortlich. Für das Nachatmen am Belastungsende werden blutchemische Faktoren (u. a. pH-Wert des Blutes) diskutiert. Ein ausdauertrainierter Sportler erreicht zu Beginn der Belastung schneller ein größeres Atemzugvolumen. Mit steigender Belastung nimmt die Diffusionskapazität zu, da nun Gefäßgebiete in der Lunge durchblutet werden (die Lungenkapillaren), die in Ruhe geschlossen waren. Der Ausdauertrainierte weist eine erhöhte Sauerstoffausschöpfung bei starker körperlicher Belastung auf, was eine größere Sauerstoffbeladung des Blutes ermöglicht. Dadurch kann die aerobe Energiegewinnung gesteigert werden.

> **Frage 9:**
> Welche Gelenke sind in Ihrer eigenen Sportart einer besonders starken Belastung ausgesetzt? Versuchen Sie möglichst genau zu beschreiben, warum dies so ist. Was können Sie vorbeugend gegen die Schädigungen dieser Gelenke unternehmen?

exemplarisch für die Sportart Tischtennis:

Gelenk	Belastung
Schultergelenk	Es ist das mit Abstand am stärksten belastete Gelenk im TT, vor allem bei VH-Schlägen mit hoher Wucht, wie ein VH-Topspin oder VH-Schuss (Schmetterschlag).
Kniegelenk	Ein sehr stark belastetes Gelenk im TT. Es macht sämtliche Beinarbeitsbewegungen mit, tiefe Kniebeugen, Drehungen etc.; Grundstellung von 135–90 Grad möglich (Ballerwartungshaltung).

Gelenk	Belastung
Sprunggelenke	Genauso stark belastet wie das Kniegelenk; sämtliche Sprünge, Drehbewegungen, Stopps, Umspringen, Belastung des Körpergewichts auf dem Vorderfuß; 70–80 % der Beinarbeit im TT sind Sprünge und keine Laufbewegungen.
Ellbogengelenk	Dreh-Scharnier-Gelenk, Schlägerblattstellung wird sehr stark über das Ellbogengelenk gesteuert. Schläge sind ohne das Ellbogengelenk nicht möglich; es wird stark beansprucht bei besonders dynamischen Schlägen.
Wirbelsäule	Durch ständige Belastung beim Spielen stark belastet; einseitige Belastung, vor allem da TT eine Sportart ist, die einseitig den Körper stark muskulär auf der Schlagarmseite fordert; durch Grundstellung am Tisch häufig Probleme im Lendenwirbelsäulenbereich.
Handgelenk	Bei jedem Schlag mitbeteiligt, Feinsteuerung der Schläge über das Handgelenk, neue Techniken (*Banane* erfordert wie der RH-Topspin sehr starken Handgelenkeinsatz); viele Techniken, die vor 20 Jahren noch ohne Handgelenkeinsatz gespielt wurden, werden heute mit zusätzlichem Handgelenkeinsatz gespielt.

Zur Vorbeugung von Schädigungen empfiehlt es sich, kräftigende Übungen für das jeweilige Gelenk auszuführen. Zum einen geht es um die Rumpfmuskulatur, also die schräge Rumpf-, Rücken- sowie Bauchmuskulatur. Stützende Übungen kräftigen zum anderen den Bereich der Arm- und Schultermuskulatur. Gleichzeitig muss die Muskulatur dehnfähig gehalten werden. Für die Beinmuskulatur empfehlen sich Sprungkraftübungen sowie Übungen aus der Propriozeption.

> **Frage 10:**
> Zwei Freunde haben sich zum Joggen verabredet. Der eine gehört zum D-Kader des Leichtathletikverbandes bei den Ausdauerathleten, der andere hat erst vor 3 Wochen mit dem Joggen begonnen. Vergleichen Sie folgende Situationen:
> a.) Der Kaderathlet gibt das Lauftempo vor.
> b.) Der Anfänger gibt das Lauftempo vor.

a.) Der Anfänger ist mehr oder weniger stark überfordert, kann sich verletzen oder Kreislaufprobleme bekommen. Eine positive Anpassung findet nicht statt. Es kann sich negativ auf seine Motivation auswirken, weiter zu laufen; Reizschwellengesetz: zu starker, überschwelliger Reiz.

b.) Der Kaderathlet wäre mehr oder weniger stark unterfordert. Der Reiz löst bei ihm keine positive Anpassung aus; Reizschwellengesetz: unter der wirksamen Reizschwelle.

Frage 11:
Nehmen Sie eine Klassifizierung der Muskelfasertypen vor. Ordnen Sie nach folgenden Kriterien:
- optische Beobachtung
- biomechanische Kriterien
- Stoffwechselaspekte

optische Beobachtung	biomechanische Kriterien	Stoffwechselaspekte
rote Fasern • hoher Myoglobingehalt	ST (Slow Twitch) • langsam zuckende Muskelfasern • Kraftanstieg weniger steil • langsamere Ermüdung • niedrige ATPase-Aktivität (daher langsame ATP-Spaltung) • motorische Einheiten vom S-Typ	primär *oxidativer* Typ • oxidativer Enzymgehalt
weiße Fasern • geringer Myoglobingehalt	FT (Fast Twitch): schnell zuckende Muskelfasern • steilerer Kraftanstieg • schnellere Ermüdung • relativ hohe ATPase-Aktivität (IIa/IIx); daher schnelle ATP-Spaltung • motorische Einheiten vom Typ IIa (FR-Typ), Typ IIx (FF-Typ)	primär *glykolytischer* Typ • glykolytischer Enzymgehalt

Frage 12:
Wie sieht die muskuläre Verteilung bei Sprintern bzw. Langstreckenläufern aus? Welche Faser dominiert bei Radsportlern, Schwimmern, Gewichthebern, Kanuten und Kugelstoßern?

Sportart/Disziplin	Faserverteilung und dominanter Fasertyp
Sprinter	Fast-Twitch-Fasern: FT-Typ II a/x
Langstreckenläufer	Slow-Twitch-Fasern: ca. 80 % Typ I und ca. 20 % Typ II
Radsportler (Straße)	Slow-Twitch-Fasern: ca. 80 % Typ I und ca. 20 % Typ II
Schwimmer	Slow-Twitch-Fasern: ST-Typ I
Gewichtheber	Fast-Twitch-Fasern: FT-Typ II a/x
Kanute	Slow-Twitch-Fasern: ST-Typ I
Kugelstoßer	Fast-Twitch-Fasern: FT-Typ II a/x

Frage 13:
Kann man Typ-I-Fasern zu Typ-II-Fasern umwandeln („vom Esel zum Rennpferd")?

Nach bisherigem Kenntnisstand kann man keinen Sportler auf natürliche Weise vom „Esel zum Rennpferd" machen; völlig eindeutig ist die Datenlage dazu allerdings nicht. Dabei ist zu berücksichtigen, dass die dazu notwendigen Muskelbiopsien gesundheitlich bedenklich sind. Das bedeutet, dass durch Training keine Umwandlung der Typ-I-Fasern in Typ-II-Fasern möglich ist.

Frage 14:
Bestimmen Sie die optimale Muskelfaserzusammensetzung für Spielsportarten Handball, Volleyball, Basketball, Tennis, Tischtennis, Eishockey, Feldhockey.

Bei den aufgeführten Spielsportarten sind nur wenige bioptische Werte bekannt. Dies kann damit zusammenhängen, dass die Bedeutung der Muskelfaserzusammensetzung keine dominante Rolle für die Leistungsstruktur einnimmt wie beispielsweise bei den reinen Ausdauersportarten oder im Sprintbereich.

Handball, Basketball, Tennis, Eishockey, Feldhockey und Fußball stellen hohe Anforderungen an den Ausdauerbereich und gleichzeitig an die Schnelligkeit. Der Typ II wird demnach dominieren, mit einem Anteil von 30–40 % Typ-II-Fasern.

Volleyball und Tischtennis stellen weniger hohe Anforderungen an den Ausdauerbereich, sodass hier der Anteil der Typ-I-Fasern etwas geringer ausfallen dürfte. Die Verteilung hängt aber auch davon ab, wie intensiv und umfangreich z. B. die Ausdauer trainiert wird. Im TT findet man bei den männlichen deutschen Weltklassespielern ein maximales Sauerstoffaufnahmevermögen von über 60 ml/kg Körpergewicht.

Frage 15:
Welche Anpassungserscheinungen ergeben sich durch Krafttraining bei folgenden Parametern? Der Kontraktionsgeschwindigkeit, den Enzymen, Enzymen der Glykolyse, Enzyme des aeroben Metabolismus und intramuskuläre Speicherkapazitäten.

physiologisches System/Parameter	Anpassungen an Krafttraining
Mitochondrien • Volumen • Dichte	 • Abnahme des Volumens • Abnahme der Dichte
Kontraktionsgeschwindigkeit	• Zunahme

physiologisches System/Parameter	Anpassungen an Krafttraining
Enzymen • Kreatinphosphokinase • Myokinase	• Zunahme • Zunahme
Enzymen der Glykolyse • Phosphofruktokinase • Laktatdehydrogenase	• Zunahme • keine Veränderungen
Enzyme des aeroben Metabolismus	• Zunahme • unbekannt
intramuskuläre Speicherkapazitäten • Adenosintriphosphat (ATP) • Phosphokreatin (KP) • Glykogen • Triglyzeride	• Zunahme • Zunahme • Zunahme • unbekannt

Frage 16:
Welche Anpassungserscheinungen durch Krafttraining ergeben sich hinsichtlich der Hypertrophie, der Hyperplasie, des Fiederungswinkels der Muskulatur, der Kapillargefäße, der Anpassung der Mitochondrien?

Krafttraining	Anpassungen und Auswirkungen
Hypertrophie	Massenzunahme der Muskulatur durch Vergrößerung des Myofibrillenquerschnitts und Zunahme der Myofibrillenzahl
Hyperplasie	Datenlage uneinheitlich, maximaler Anteil am gesamten Muskelwachstum zwischen 3 und 5 %
Fiederungswinkel der Muskulatur	Beim Musculus quadriceps femoris (Oberschenkelvorderseite) kommt es zu einer Vergrößerung des Fiederungswinkels. Dadurch können mehr Myofibrillen an einer größeren Fläche der Sehne ansetzen.
Kapillargefäße	keine Zunahme
Anpassung der Mitochondrien	• Zunahme der Volumendichte und Oberfläche der Membranen • Kombiniertes Kraft- und Ausdauertraining führen zu einem geringen Anstieg.
Anpassung des Faserspektrums an Kraft- und Ausdauertraining	• Es kommt zur Hypertrophie in erster Linie der FTa- und FTx-schnellkräftigen Fasern. • Es kommt zur Umwandlung von schnellzuckenden und schnell ermüdbaren Typ-IIx-Fasern in langsamere Muskelfasern.

Frage 17:
Was kann man bei Muskeln durch Inaktivität beobachten?

Eine Trainingspause und Immobilisation (Inaktivität) führen zu einer Umwandlung von langsameren ST-Typ-I-Fasern zu schnellen Typ-IIx-Fasern. Die Muskulatur atrophiert, bildet sich also stark zurück.

Frage 18:
Welche Anpassungen durch Krafttraining ergeben sich im Nerv-Muskel-System?

Anpassungen des Nerv-Muskel-Systems	• Die nervöse Ansteuerung wird verändert, was eine Voraussetzung zur Anpassung der Muskeln durch Veränderungen der kontraktilen und metabolischen Eigenschaften des Muskels darstellt. • Die Eigenschaften eines Muskels werden fast ausschließlich durch Innervation bestimmt: „Der Nerv erzieht den Muskel."
Anpassungen des Nerv-Muskel-Systems im zeitlichen Verlauf	• Bei Untrainierten führt KT in kürzester Zeit zu einer Steigerung der Kraftfähigkeiten. • Der Großteil beruht auf neuronalen Veränderungen (Frequenzierung, Rekrutierung, intra- und intermuskuläre Koordination) und nicht auf Hypertrophie.
Anpassung des Nerv-Muskel-Systems an Inaktivität und Schädigungen	• Durch Inaktivität (ausbleibende Reize, reduzierte Aktivität) kommt es zu einer Abnahme der Muskelmasse (Atrophie). • Es kommt zu einer tendenziellen Umwandlung von ST-Fasern zu Typ-IIa-Fasern und Typ-IIx-Fasern. • Durch orthopädische Schädigungen kommt es zu einer Atrophie, aber nicht zur Umwandlung von ST-Fasern in Typ-IIa- oder Typ-IIx-Fasern.

Frage 19:
Welche Anpassungen durch Krafttraining ergeben sich im Hormonsystem?

Anpassungen und Reaktionen des Hormonsystems	• Peptidhormone (Wachstumshormon, Insulin, EPO) • Steroidhormone (Kortisol, Testosteron) • Tyrosinderivate (Adrenalin, Noradrenalin) • Zytokine (z. B. Myostatin, begrenzt das Muskelwachstum)
anabole Hormone	• **Testosteron**: reguliert den Proteinstoffwechsel, sexuelle oder kognitive Funktionen • Der Mann produziert mehr als die Frau. • Testosteron-Supplementierung führt zu Kraftanstieg und Muskelhypertrophie (Doping!).

Kapitel 3: Sportbiologie

	• Insulin: reguliert die Blutzuckerkonzentration im Blut
	• Im Krafttraining ist die stimulierende Wirkung von Insulin auf den Proteinstoffwechsel von besonderer Bedeutung.
	• Verringert den Proteinabbau und fördert die Proteinsynthese. Dies sollte in der Ernährung beachtet werden (Doping!).
	• Wachstumshormon (Somatotropin): KT verstärkt die Ausschüttung
	• hat Auswirkungen auf das Muskelwachstum
	• weitere vielfältige Wirkungen im Stoffwechsel
katabole Hormone	• Kortisol („Stresshormon"): Kortisolausschüttung führt zu verstärktem Proteinabbau.
	• Neben dem psychischen Stress (Wut, Angst, Stress) verstärkt das Krafttraining die Ausschüttung von Kortisol.
	• Hemmung der Lipolyse
	• Während des Krafttrainings dominiert die Ausschüttung anaerober Hormone.

Frage 20:
Ist es nach dem Prinzip der Signaltransduktion sinnvoll, Krafttraining und Ausdauertraining in unmittelbarer zeitlicher Nähe zu trainieren?

Nein, dies ist nach dem Prinzip der Signaltransduktion nicht sinnvoll. Die einzelnen Muskelfasertypen sind in der Lage, sich an bestimmte Trainingsbelastungen mehr oder weniger stark anzupassen. Daher ist es vor Trainingsbeginn wichtig, das Ziel festzulegen, welches man mit dem Krafttraining resp. Ausdauertraining verfolgen möchte. Durch die angewendete Trainingsmethode wird dann bestimmt, in welche Richtung die Muskelanpassung durch das Training erfolgen wird.

Ausdauertraining 4

Lösungen zu den Aufgaben der Seiten 179/180: Squash/Tischtennis

Beispiel A: Sportmedizinisch wird Squash wie folgt definiert: Dauer der Spiele bei durchschnittlich 5 Sätzen: ca. 60 Minuten, durchschnittlicher Laktatspielgel: ca. 6,3 mmol/l, Herzfrequenz: ca. 180–185 Schläge/min

Fragen:
- Wozu benötigt der Squashspieler Grundlagenausdauer?
- Wozu benötigt der Squashspieler spezielle Ausdauer?
- Wie sollte der Squashspieler seine Grundlagenausdauer trainieren (Trainingsmethoden, Belastungsgefüge)?

Antworten:

Ein Squasher benötigt die allgemeine aerobe Grundlagenausdauer und die azyklische Spielausdauer. Bei einer durchschnittlichen Spieldauer von ca. 57 Minuten bei einer mittleren Satzdauer von 9 Minuten dominiert die Kohlenhydratverbrennung gegenüber der Fettverbrennung. Der Belastungsanteil an der Gesamtspielzeit nimmt dabei nach Untersuchungen von *Weber* (1987) einen Anteil von 62 % bei Leistungsspielern und 38 % bei Freizeitspieler ein. Innerhalb eines 9-minütigen Satzes wurde eine Gesamtpausenlänge von 3–4 Minuten ermittelt. Die Ballwechseldauer beträgt durchschnittlich ca. 30 Sekunden. Die hohe Belastungsintensität kann man auch an den hohen Pulsfrequenzen erkennen. Es kommt zu durchschnittlichen Laktatwerten von 6,3 mmol/l (vgl. www.spomedial.de).

Der Squasher benötigt die allgemeine aerobe Grundlagenausdauer als Basis für seine azyklische Spielausdauer. Bei über 4 mmol/l liegenden Belastungen trägt sie dazu bei, den Anteil des aeroben Stoffwechsels zu erhöhen. Eine gut entwickelte aerobe Grundlagenausdauer ist die Basis zur Leistungssteigerung im Squash und kann Folgendes bewirken:
- Erhöhung der körperlichen Leistungsfähigkeit
- Optimierung der Erholungsfähigkeit (dafür die Basis)
- Verletzungsreduzierung
- bessere psychische Belastbarkeit

Kapitel 4: Ausdauertraining

- relativ konstante Reaktions- und Handlungsschnelligkeit
- relativ konstante Qualität der sportlichen Technik
- bessere kognitive Leistungen (Denken, Wahrnehmen, Taktik)

Die spezielle Ausdauer oder azyklische Spielausdauer kommt zum Tragen, da das Squashspiel sich durch einen intervallartigen Charakter auszeichnet. Mehr oder weniger lange Phasen mit hochintensiver Belastung wechseln sich intervallartig mit Phasen geringer oder mittlerer Belastungsintensität ab. Die Grundlage zur azyklischen (Spiel-)Ausdauer wird durch ein umfangreiches und intensives sportartspezifisches Training gewährleistet. Dabei wirken die aerobe Grundlagenausdauer und die azyklische (Spiel-)Ausdauer synergistisch. Eine hohe aerobe Kapazität bildet für eine gute Ermüdungswiderstandsfähigkeit im Squash eine wichtige Basisfähigkeit. Je besser sie trainiert ist, umso mehr profitiert seine azyklische (Spiel-)Ausdauer davon.

Als Trainingsmethode kommen die intensive Intervallmethode, das HIT-Training oder die Wettkampfsimulation in Frage. Dies kann mit HIT-Training sowohl sportartspezifisch mit entsprechenden Ralleys (Ballwechsel) als auch durch HIT-Sprinttraining erfolgen. Ungefähr 70 % des Trainings für Squasher sollte HVT sein (High-Volume-Training nach der extensiven oder intensiven Dauermethode) und ca. 30 % durch HIT-Training erfolgen. Unmittelbar vor einem Wettkampftag sollte dieses Training unterbleiben.

Beispiel B: Tischtennis

Nachfolgend ist die Herzfrequenzkurve eines 15-jährigen Tischtennisspielers (D-Kader Landesverband) dargestellt. Dauer des Spiels bei durchschnittlich 5 Sätzen: ca. 35 Minuten, durchschnittlicher Laktatspielgel: ca. 1,7 mmol/l.

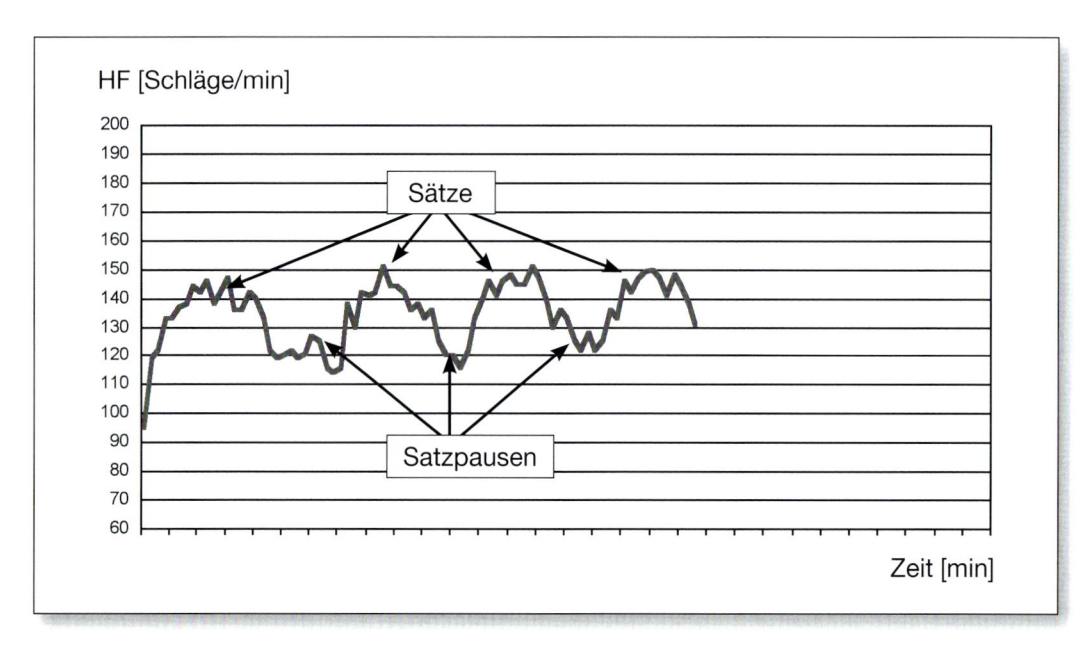

Kapitel 4: Ausdauertraining

Fragen:
1. Was kann man bei der durchschnittlichen HF während der Sätze erkennen?
2. In der Satzpause fallen die Pulswerte ab. Auf welche Werte fallen sie durchschnittlich ab?
3. Welcher Belastungsform entspricht ein Tischtennisspiel?
4. Welche Schlussfolgerungen kann man im Hinblick auf das Grundlagenausdauertraining daraus ziehen?
5. Ein Trainer ordnet für die TT-Spieler ein Schnelligkeitsausdauertraining an. Kommentieren Sie dies im Hinblick auf die tatsächliche Belastung im Spiel.

Antworten:
1. Die durchschnittliche Herzfrequenz pro Satz liegt zwischen 140 und 150 Schlägen/Minute.
2. Während der Satzpausen fällt die Herzfrequenz auf Werte um ca. 120 Schläge/Minute ab.
3. Ähnlich wie beim Squash handelt es sich auch beim Tischtennis um eine intervallartige Belastung niedriger bis mittlerer Intensität; die Ballwechseldauer liegt zwischen 3 und 5 Sekunden und ist damit deutlich kürzer als im Squash.
4. Ähnlich wie der Squasher benötigt der TT-Spieler sowohl die aerobe Grundlagenausdauer als auch die azyklische Spielausdauer. Er kann 70 % Grundlagenausdauer durch das HVT trainieren und 30 % über das HIT-Training, dies vor allem am Balleimer (Trainingsmethode, bei der der Trainer aus einem Balleimer dem Spieler Bälle zuspielt).
5. Das wäre im Hinblick auf z. T. zeitlich deutlich längere Ballwechsel sinnvoll. Es sollte nach der HIT-Methode erfolgen. Man kann dadurch die aerobe Grundlagenausdauer und die Schnelligkeit verbessern.

> **Frage 1:**
> Beschreiben Sie möglichst genau, was man unter Ausdauer versteht und welche Vorteile eine gute Ausdauer den Sportlern bietet.

Unter Ausdauer versteht man die psychische und physische Ermüdungswiderstandsfähigkeit des Sportlers. Sie schließt die Erholungsfähigkeit mit ein. Beim Ausdauertraining bieten sich folgende Vorteile:
- Man kann eine Belastungsintensität relativ lange aufrechterhalten.
- Die Verluste der Belastungsintensität können über die Dauer der Belastung geringgehalten werden.
- Die sportliche Technik kann über einen längeren Zeitraum stabil gehalten werden.
- Eine hohe Qualität der Taktik und der Konzentration kann relativ lange gewährleistet werden (Kognitionen).

Kapitel 4: Ausdauertraining

Eine gut trainierte Ausdauer ermöglicht es Sportlern (hier: Mannschaftssportarten/Spielsportarten wie Fußball, Handball, Basketball, Hockey, Tischtennis oder Tennis), ein umfangreiches und intensives Training, ohne große Leistungsverluste zu absolvieren. Eine gut trainierte Grundlagenausdauer ist für die Sportler der oben genannten Sportarten die entscheidende Basis für ihre Regenerationsfähigkeit.

> **Hinweis:**
> weitere Vorteile siehe in Kapitel 10 „Gesundheitssport"

> **Frage 2:**
> Welche Trainingsmethoden der Ausdauer kennen Sie?

- extensive Dauermethode
- intensive Dauermethode
- variable Dauermethode
- Fahrtspielmethode
- intensive Intervallmethoden mit Kurzzeitintervallen (Variante I und II)
- extensive Intervallmethode mit Langzeitintervallen
- extensive Intervallmethode mit Mittelzeitintervallen
- Wiederholungsmethode
- HIT/HIIT

> **Frage 3:**
> Was versteht man unter der Grundlagenausdauer und der azyklischen Spielausdauer? Wo liegen Gemeinsamkeiten, wo bestehen Unterschiede?

Die Grundlagenausdauer bezeichnet man auch als allgemeine aerobe dynamische Ausdauer. Sie ermöglicht es dem Sportler, möglichst hohe Ausdauerbelastungsintensitäten bei überwiegend aerober Stoffwechsellage längere Zeit durchzustehen. Bei über 4 mmol/l liegenden Belastungen trägt sie dazu bei, den Anteil des aeroben Stoffwechsels zu erhöhen. Eine gut entwickelte aerobe Grundlagenausdauer ist die Basis zur Leistungssteigerung in vielen Sportarten (vor allem Mannschaftssportarten, Spielsportarten) und kann Folgendes bewirken:

- Erhöhung der körperlichen Leistungsfähigkeit
- Optimierung der Erholungsfähigkeit (dafür die Basis)
- Verletzungsreduzierung

- bessere psychische Belastbarkeit
- relativ konstante Reaktions- und Handlungsschnelligkeit
- relativ konstante Qualität der sportlichen Technik
- bessere kognitive Leistungen (Denken, Wahrnehmen, Taktik)
- relativ stabile Gesundheit (weniger banale Infektionen)
- präventive Wirkung gegen Herz-Kreislauf-Erkrankungen

Die azyklische Spielausdauer benötigt man bei Sportarten mit azyklischen Spiel- oder Bewegungsabläufen. Azyklisch ist im übertragenen Sinn am besten mit zeitlich unregelmäßig zu verstehen. Mehr oder weniger lange Phasen mit hochintensiver Belastung wechseln sich intervallartig mit Phasen geringer oder mittlerer Belastungsintensität ab. Dies ist z. B. der Fall im Handball, Fußball, Basketball, Hockey, Karate, Tennis oder Tischtennis. Die Grundlage zur azyklischen (Spiel-) Ausdauer wird durch ein umfangreiches und intensives sportartspezifisches Training gewährleistet. Dabei wirken die aerobe Grundlagenausdauer und die azyklische (Spiel-)Ausdauer synergistisch. Eine hohe aerobe Kapazität bildet für eine gute Ermüdungswiderstandsfähigkeit in solchen Sportarten/Disziplinen eine wichtige Basisfähigkeit. Je besser sie trainiert ist, umso mehr profitiert die azyklische (Spiel-)Ausdauer davon. Als Trainingsmethode kommen die intensive Intervallmethode, das HIT-Training oder die Wettkampfsimulation in Frage.

Frage 4:
Was versteht man unter Ermüdung? Welche Arten der Ermüdung werden unterschieden?

Die Ermüdung ist ein sehr komplexes Geschehen. Es handelt sich um eine reversible Herabsetzung und Einschränkung der Funktions- und Leistungsfähigkeit des menschlichen Organismus sowohl im psychischen als auch im physischen Bereich. Es gibt verschiedene Schweregrade der Ermüdung, leicht – mittel – schwer, deren Übergänge fließend sind. Nach der schweren Ermüdung folgt die Erschöpfung. Die Ermüdung oder auch die Erschöpfung können während oder nach einer Belastung auftreten.

Man unterscheidet 4 Arten der Ermüdung im Sport:
- metabolische Ermüdung (Energiestoffwechsel)
- nervale Ermüdung (peripher oder zentral)
- psychologische/emotionale Ermüdung (emotionale und soziale Stressoren)
- umweltbedingte Ermüdung/Reiseermüdung

> **Frage 5:**
> Nennen Sie Sportarten bzw. Disziplinen, in denen die eine bzw. die andere Ermüdungsart dominiert.

Ermüdungsart	Sportart/Disziplin
metabolische Ermüdung	400-m-Lauf, 500-m-Eisschnelllauf
nervale Ermüdung	Techniktraining, Bewegungslernen, propriozeptives Training
psychologische/emotionale Ermüdung	Endkampf- oder Endspielteilnahme, sehr lange und intensive Belastungen (z. B. Marathon, Triathlon)
umweltbedingte Ermüdung/ Reiseermüdung	viele, vor allem längere Reisen in andere Klimazonen oder Zeitzonen

> **Frage 6:**
> Was versteht man unter Regeneration? Welches sind die Ziele der Regeneration? Nennen Sie aktive und passive Regenerationsmaßnahmen.

Unter Regeneration versteht man die Umkehrung der durch Training herbeigeführten Ermüdungs- bzw. Beanspruchungserscheinungen. Aktive und passive Maßnahmen haben das Ziel, die Ermüdungsfunktion positiv zu beeinflussen.

Primäre Ziele der Regeneration sind:
- Der Sportler kann mit einer minimalen (Rest-)Ermüdung trainieren.
- Der Sportler kann sich dadurch besser an die Belastung anpassen.

Sekundäre Ziele des Regenerationstrainings sind:
- Krankheiten und Verletzungen treten seltener auf.
- Regenerationstraining unterstützt die natürliche Anpassung.
- Regenerationstraining verbessert die Fähigkeit des Selbstmanagements des Sportlers.
- Diese Erfahrungen sind auch für die Zeit nach der Sportlerkarriere wichtig, und der Sportler kann dann davon profitieren.

aktive Maßnahmen: Ernährung, Auslaufen, Ausschwimmen, Ausradeln, Dehnungsübungen, Black Roll usw.

passive Maßnahmen: Massage, Sauna, Schlaf, Entmüdungsbecken, Schlaf usw.

Frage 7:
Charakterisieren Sie das HIT-Training. Welche Vorteile bietet es? Wofür eignet es sich besonders gut, wofür eignet es sich nicht?

Im Grunde genommen handelt es sich bei dem HIT-Training um eine Abwandlung der intensiven Intervalltrainingsmethode. Durch HIT-Training wird ein größeres Muskelfaserspektrum aktiviert, da auch die schnelleren Typ-II-Fasern hinzugeschaltet werden. Das Grundprinzip des Belastungsgefüges sieht folgendermaßen aus:

- Belastungsintensität: 95–100 % der VO_2max
- Belastungsdauer: 15 Sekunden bis 8 Minuten
- Verhältnis Belastung: Erholung = 1:1 oder 2:1

Es ersetzt nicht das aerobe Grundlagenausdauertraining, sondern ergänzt es. Ohne eine solide aerobe Grundlagenausdauer ist es nicht ratsam, ein HIT-Training durchzuführen. Über einen Zeitraum von 6 Wochen bis 3 Monate erwies es sich als effektivere Trainingsmethode als die Dauermethode im Hinblick auf das maximale Sauerstoffaufnahmevermögen. Das HIT-Training ist insbesondere im Leistungssport Fußball weit verbreitet. Für den Gesundheitssport ist interessant, dass es günstige Effekte auf die Risikofaktoren der Herz-Kreislauf-Erkrankungen und den Diabetes haben kann. Weitere Charakteristika des HIT-Trainings:

- kann abwechslungsreich in das Training integriert werden
- auch für besser Ausdauertrainierte sehr effektiv anwendbar
- Zeitersparnis, da aerobe und anaerobe Anpassungen erfolgen
- verbessert die Pufferkapazität der Skelettmuskulatur
- rekrutiert beim Training mehr Muskelfasern
- zudem bei Kindern und Jugendlichen einsetzbar

Frage 8:
Worin liegen die Unterschiede der „Hottenrott-Formel" im Vergleich zu anderen Ihnen bekannten Faustformeln zum Training der Grundlagenausdauer?

Prof. Hottenrott entwickelte eine besondere Formel zur Berechnung der Trainingsherzfrequenz im Ausdauertraining. Er berücksichtigte dabei mehrere wichtige Modulare, was in anderen Formeln nicht der Fall ist.

- Sportart, in der das Ausdauertraining erfolgen soll. Beispiel: Es ist ein großer Unterschied, ob ich 2 Stunden laufe oder 2 Stunden Rennrad fahre.
- Alter des Trainierenden: Es ist bekannt, dass mit zunehmendem Alter z. B. die maximale Herzfrequenz abnimmt.
- Geschlecht: Frauen haben bei gleicher Leistung eine um 10–20 % erhöhte Herzfrequenz.

Kapitel 4: Ausdauertraining

- **Leistungsfähigkeit des Trainierenden**: für die Trainingsanpassung über die Reizstufenregel ein entscheidender Faktor; wichtiges Charakteristikum der Formel
- **Dauer** der Belastung: Die Dauer der Belastung spielt für die Belastung des Herz-Kreislauf-Systems eine wichtige Rolle.

> **Frage 9:**
> Wie stehen Sie zu folgender Aussage? „Grundlagenausdauer sollte man an der anaeroben Schwelle bei 4 mmol/l trainieren, damit es besonders effektiv ist."

In der Trainingslehre ist dies eine bekannte Empfehlung zum Ausdauertraining. Die Empfehlung ist jedoch sehr allgemein gehalten und nicht präzise genug. Problematisch ist gerade das Wort „man", denn dies berücksichtigt keine der oben bei der Hottenrott-Formel genannten Modulatoren. Wer ist „man", wie alt ist „man", ist „man" eine Frau oder ein Mann, und wie gut ist „man" trainiert? In welcher Sportart/Disziplin soll „man" trainieren? Im Bereich von 4 mmoll/l kann ein Sportler zudem nur trainieren, wenn er bereits sehr gut ausdauertrainiert ist. Trifft dies zu, ist das Training in diesem Bereich sehr effektiv. Fragen können nur beantwortet werden, wenn mehr über die Modulatoren bekannt ist.

> **Frage 10:**
> Welche 3 Zonen legt *Sperlich* für das Ausdauertraining fest. Beschreiben Sie diese möglichst genau. Wie sieht dabei die prozentuale Verteilung auf die drei Zonen aus?

Zone 1: moderat bis einfach Trainingsanteil: 75 %	Die Grundlagenausdauer wird von einem Läufer als „ziemlich stark" (< 13 auf der BORG-Skala) empfunden. Physiologisch liegt man in dieser Zone bei einer Intensität < 2 mmol/l Blutlaktat.
Zone 2: intensiv bis flott Trainingsanteil: 8 %	Diese Zone bezeichnet man als GA2 oder aerob-anaeroben Übergangsbereich. Auf der BORG-Skala wird der Bereich als „anstrengend" (14–16) eingestuft, die Intensität liegt bei 2–4 mmol/l Blutlaktat.
Zone 3: sehr intensiv Trainingsanteil: 17 %	Diese Intensitätszone besteht bei einer Blutlaktatkonzentration von > 4 mmol/l (BORG-Skala > 17) und wird vom Läufer als „sehr anstrengend" eingestuft.

Krafttraining 5

Lösungen zu den Praxisbeispielen auf den Seiten 225/226

Beispiel A: Skiabfahrtsläufer

Bei der Ski-WM 2005 in Bormio gewann der Amerikaner *Bode Miller* den Abfahrtslauf der Herren in einer Zeit von 1:56,55 Minuten.

Fragen:

- Welche Kraftfähigkeiten benötigt man im alpinen Skisport speziell in der Abfahrt? Begründen Sie Ihre Entscheidung.
- Welche Arbeitsweisen der Muskulatur treten während des Rennens auf? Begründen Sie Ihre Entscheidung.

Antworten:

Ein Ski-Abfahrtsläufer benötigt unterschiedliche Kraftarten. Er benötigt die Schnellkraft, um sich schnell und explosiv aus dem Starthäuschen abstoßen zu können. Während der Abfahrt benötigt er Kraftausdauer in der Beinmuskulatur, um sich dauerhaft bzw. so lange wie möglich in der tiefen Abfahrtshocke halten zu können. Nach Sprüngen benötigt er Kraft in der Beinmuskulatur, um diese Sprünge (z. T. 30–40 m weit) sicher abzufangen und schnelle Richtungswechsel danach technisch sicher einzuleiten. Die Maximalkraft stellt dafür eine wichtige Basis dar. Es finden Mischformen von Q-Training und IK-Training sowie Reaktivkrafttraining statt. Die ungeheuren Kräfte, die heute auf einen Abfahrtsläufer wirken, erfordern es zudem, dass der gesamte Körper, also die Halsmuskulatur, die Rumpfmuskulatur (Rücken, Bauch, seitlicher Rumpf), Arme- und Schultermuskulatur, gekräftigt werden. Nur so kann der Skirennläufer seine gesamte Köperposition entsprechend kontrollieren. Zudem wirkt diese Muskulatur prophylaktisch gegen Verletzungen bei Stürzen.

Um die Abfahrtshocke möglichst lange während der Fahrt stabilisieren zu können, benötigt der Abfahrer die isometrische Kraftentfaltung des Muskels. Die Oberschenkelmuskulatur arbeitet zudem häufig exzentrisch-konzentrisch beim Abfangen der vielen kleineren und größeren Sprünge.

Beispiel B: Bodybuilder, Hochspringer

Ein Bodybuilder und ein Hochspringer treffen sich im Fitnessstudio, um dort ein Krafttraining zu absolvieren.

Fragen:
- Welche Kraftfähigkeiten trainieren die beiden gezielt für ihre Sportarten/Disziplinen? Begründen Sie Ihre Entscheidung.
- Nach welcher Maximalkrafttrainingsmethode trainiert der Bodybuilder, nach welcher der Hochspringer? Beschreiben Sie das Belastungsgefüge der beiden Methoden so genau wie möglich.

Antworten Bodybuilder:

Der Bodybuilder trainiert seine Muskulatur in Zielrichtung Muskelquerschnittsvergrößerung, der Kraftzuwachs ist dabei eher ein nebensächlicher Effekt. Das Krafttraining wird als Hypertrophietraining organisiert. Damit der Muskelaufbau zusätzliche Stimulation erfährt, werden im Bodybuilding weitere Prinzipien genutzt:

- **Prinzip des Splittrainings**: unterschiedliche Körperteile an unterschiedlichen Tagen oder vormittags Beine, nachmittags Rumpf
- **Prinzip der Intensivwiederholungen**: bei ermüdungsbedingtem Muskelversagen mit Hilfe eines Partners
- **Prinzip der abgefälschten Wiederholungen**: die Bewegung z. B. durch Schwungholen unterstützen
- **Prinzip der Teilbewegungen**: Nach dem ermüdungsbedingten Versagen der Muskulatur werden weitere Bewegungen mit reduziertem Gewicht ausgeführt.
- **Prinzip der Supersätze**:
  - **Variante 1**: Es wird ein Satz für die Agonisten einer Übung und nachfolgend für den Antagonisten der gleichen Übung durchgeführt.
  - **Variante 2**: Der zweite Satz wird für die gleiche Muskelgruppe mit einer anderen Übung ausgeführt; Pause: solange wie der Hantelwechsel dauert.
- **Prinzip der Reduktionssätze**: Das Gewicht wird unmittelbar nach dem ermüdungsbedingten Versagen der Muskulatur um 20–25 % reduziert und es wird sofort weitertrainiert.

Antworten: Hochspringer

Der Hochspringer benötigt Sprungkraft mit explosiver Ausführung. Die Sprunghöhe soll maximiert werden. Die Maximalkraft ist bei Krafteinsätzen, die gegen hohe Lasten länger als 200 Millisekunden andauern, wie beim Hochsprung und Weitsprung, von eminent großer Bedeutung. Ein Bestandteil des Krafttrainings ist das Maximalkrafttraining nach der IK-Methode. Der Hochspringer benötigt keinen Zuwachs an Muskelmasse, da diese für das Überwinden der Lattenhöhe hinderlich wäre. Wichtig für die Sprungkraft sind Startkraft und Explosivkraft.

Es kann nach den folgenden Methoden trainiert werden:

	Schnellkraftmethode 1	Schnellkraftmethode 2
Arbeitsweise der Muskulatur	konzentrisch	konzentrisch
Intensität	Last: 30–50 %	Last: 50–60 %
Durchführungsgeschwindigkeit	schnell	schnell
Dauer der Übung	6–12 Wiederholungen	6–8 Wiederholungen.
Pause	Serienpause > 2 Minuten	Serienpause > 3 Minuten
Umfang	3–5 Serien	3–5 Serien

Beispiel C: Jugend-Basketballmannschaft

In einer Basketball-Jugendmannschaft (Spielalter: 17 Jahre) soll ein spezifisches Circuittraining durchgeführt werden.

Fragen:

- Welche Kraftfähigkeiten sind im Basketball wichtig? Begründen Sie Ihre Entscheidung.
- Welche Arbeitsweisen der Muskulatur treten im Basketball auf?
- Beschreiben Sie kurz ein Zirkeltraining mit 6 Stationen. Geben Sie bei jeder Station die primär beanspruchte Muskulatur an und begründen Sie Ihre Entscheidung, weshalb diese für Basketballer wichtig ist. Welches Belastungs-Pausen-Verhältnis wählen Sie bei einer Freizeitmannschaft, welches bei einer leistungssportlichen Mannschaft?

Antworten:

Ein Basketballspieler benötigt für das Springen primär seine Sprungkraft. Für das Zweikampfverhalten ist es aber zudem wichtig, dass ein Basketballer über eine sehr gut trainierte Rumpfmuskulatur verfügt. Für die häufigen Fast Breaks benötigt er zudem für diese Sprints die Startkraft und Explosivkraft. In der tieferen Defense-Position ist ebenfalls Kraftausdauer in den Beinen notwendig. Wenn man nach einem Sprung zum Brett nochmals zu einem Rebound hochspringen muss, kommt es zu einem langen Dehnungs-Verkürzungs-Zyklus in der Muskulatur. Es kommt zu Mischformen des Krafttrainings durch Q-Training, IK-Training und Sprungkrafttraining/Reaktivkrafttraining.

- Es dominiert die auxotonische Kontraktionsform des Muskels. Es kann aber auch zu konzentrischer Arbeitsweise (Sprung) sowie exzentrischer Arbeitsweise (Landung/Abfangen nach dem Sprung) kommen.

Kapitel 5: Krafttraining

- Circuittraining:

Station 1	Wechselsprünge auf kleinem Kasten: Sprungkraft der Beine
Station 2	Spiderman-Liegestütz: Kräftigung des Arm-Schulter-Bereichs, der Bauchmuskulatur sowie der Beinmuskulatur
Station 3	Seilspringen: Training der Sprungkraft der Beine
Station 4	Russian Twist: Kräftigung der geraden und schrägen Bauchmuskeln, Arm-Schulter-Kräftigung
Station 5	prellender (reaktiver) Sprung vom kleinen Kasten mit minimaler Bodenkontaktzeit auf einen gegenüberstehenden kleinen Kasten Landung im 120-Grad-Winkel von Oberschenkel zu Unterschenkel: Sprungkraft der Beine
Station 6	Seitstütze mit Untendurchgreifen: Kräftigung der Schulter- und Armmuskulatur sowie der seitlichen Rumpfmuskulatur

> **Frage 1 und 2:**
> 1.) Welche Erscheinungsformen der Kraft kennen Sie?
> 2.) Ordnen Sie den Kraftarten jeweils Sportarten bzw. Disziplinen zu, bei denen diese von Bedeutung sind.

- Die Maximalkraft, die primär im Gewichtheben benötigt wird. Darüber hinaus spielt sie eine Rolle im Kugelstoßen, Diskuswurf oder Hammerwerfen oder im Speerwurf. Auch für die Sprungkraft ist sie wichtig.
- Reaktivkraft: Sie tritt auf beim 100-m-Sprint in der Stützphase, bei bestimmten Sprüngen im Volleyball oder Basketball sowie in der Beinarbeit von TT-Spielern.
- Schnellkraft kann in Form von Wurfkraft (Schusskraft), Schlagkraft oder Sprungkraft auftreten. Man benötigt sie beim Karate, Boxen, Handball, Fußball, Tennis, Volleyball oder Basketball.
- Kraftausdauer ist erforderlich beim Radsport (Straße und vor allem MTB), Klettern, Rudern, Rennkajak, Wildwasser-Kanu, Judo, Ringen oder Turnen (Ringe/Seitpferd)

> **Frage 3:**
> Welche kraftbestimmenden Faktoren kennen Sie? Welche sind trainierbar? Welche sind schwierig bzw. sogar nicht trainierbar?

Muskelquerschnitt: Je größer der Querschnitt, desto höher ist die Kraftentwicklung; kann gezielt trainiert werden.

Muskelfaserart: schnellzuckende FT-Fasern können mehr Kraft entwickeln als langsam zuckende ST-Fasern. Der Shift von Typ-IIa- zu Typ-I-Fasern ist möglich; eine Umwandlung von Typ-I-Fasern in Typ-IIa-Fasern ist nicht möglich.

Inter- und intramuskuläre Koordination: Je mehr Muskelfasern eines Muskels sich an einer Kontraktion beteiligen, desto höher ist die Kraft (= intramuskuläre Koordination). Je besser das Zusammenspiel der an einer Bewegung beteiligten Muskeln ist (= intermuskuläre Koordination), umso größer ist die Kraft, die entfaltet werden kann. Beides ist trainierbar.

Fiederungswinkel der Muskulatur: Krafttraining führt bei gefiederten Muskeln (z. B. Quadricepsfemoris-Oberschenkelvorderseite) zu einer Winkelvergrößerung zwischen Wirkungsrichtung des Muskels und der Längsachse der Fasern (Fiederungswinkel). Dieser steilere Ansatzwinkel der Muskelfasern an der Sehne ermöglicht es mehr Myofibrillen, an einer größeren Fläche der Sehne anzusetzen. Dies führt zu einer Kraftsteigerung und ist durch Krafttraining trainierbar.

Energiebereitstellung: Die Energieflussrate (Schnelligkeit der Energiebereitstellung) spielt eine große Rolle, insbesondere ATP und KP. Bei länger andauernden zyklischen Belastungen wird zusätzlich die glykolytische Energiebereitstellung beansprucht. Ist trainierbar, auch die Ernährung spielt dabei eine Rolle.

Motivation und Willen: Sehr hohe Muskelanspannungen erfordern vom Sportler sehr hohe Willensfähigkeiten. Im Wettkampf kann man dadurch noch mehr Kraft entfalten. Kann sportpsychologisch trainiert/verbessert werden.

Beherrschungsgrad der sportlichen Technik: Je besser eine sportliche Technik beherrscht wird, umso besser kann das vorhandene Kraftpotenzial des Sportlers leistungsförderlich und leistungsunterstützend eingesetzt werden. Kann über Technikoptimierung trainiert werden.

Frage 4:
Ein Freikletterer und ein Schwimmer unterhalten sich. Beide sagen: „Ich benötige in meiner Sportart Kraft." Wo liegen Gemeinsamkeiten? Wo die Unterschiede?

Klettern ist in erster Linie durch eine kraftbetonte Belastung der oberen Extremitäten gekennzeichnet, während die unteren Extremitäten eine stützende stabilisierende Funktion übernehmen. Im Freiklettern spielt die relative Kraft eine große Rolle. Die Dauer der Gesamtbelastung variiert je nach Art der Durchführung und Routenwahl zwischen einigen Minuten bis hin zu Stunden.

Physiologisches Anforderungsprofil beim Klettern:
- Beim Indoor-Klettern mit Belastungen im Minutenbereich steht die lokale Muskelausdauer im Vordergrund.
- Bei mehrstündigen Klettertouren in den Bergen spielt die Ausdauerleistungsfähigkeit eine leistungsbestimmende Rolle.
- Aufgrund der hohen isometrischen Anteile steht die lokale Muskelausdauer mit anaerober, alaktazider und laktazider Energiebereitstellung im Vordergrund.
- Eine ausgeprägte Grundlagenausdauer unterstützt die kurz- und langfristige Regenerationsfähigkeit.

In verschiedenen Studien ist das physiologische Belastungsprofil während des Kletterns an einer Indoor-Kletterwand überprüft worden. *Watts* et al. (2000) untersuchten die Sauerstoffaufnahme und die Herzfrequenz innerhalb einer 3-minütigen Kletterphase bei professionellen Sportkletterern. Es ergaben sich eine mittlere Sauerstoffaufnahme von 24,7 mL pro kg Körpergewicht sowie eine mittlere Herzfrequenz von 148 Schlägen pro Minute. Nach einer Minute aktiver bzw. passiver Erholung zeigte sich ein Laktatwert von 5,7 bzw. 6,8 mmol/L.

Eine deutliche höhere Sauerstoffaufnahme sowie Herzfrequenz ließen sich bei einer längeren Belastungsdauer erkennen. Während einer Belastungsdauer von 7:36 Minuten zeigte sich eine mittlere Sauerstoffaufnahme von 32,8 ml pro kg Körpergewicht und eine Herzfrequenz von 157 Schlägen pro Minute. Der Laktatwert lag bei 4,5 mmol/L (www.spomedial.de).

Auch im Schwimmen spielt die Kraft eine Rolle, wenngleich nicht dieselbe wie im Klettern. Die Kraftausdauer geht stärker in die Richtung des ausdauerbetonten Kraftausdauertrainings. Wasser hat einen deutlich größeren Widerstand als Luft; neben dem Druck- und Reibungswiderstand kommt der Wellenwiderstand hinzu, der mit der 4. Potenz der Geschwindigkeit ansteigt. Der Schwimmsport stellt im Vergleich zum Klettern höhere Ansprüche an die allgemeine und lokale Ausdauer sowie die Koordination, Flexibilität, Grundschnelligkeit und die dynamische Kraft. Nach einem 100-m-Sprint konnten 14 mmol/L Laktat gemessen werden, bei einem 800-m-Rennen immerhin noch 7,3 mmol/L. Im Training wird sehr häufig im Bereich von 4 mmol/L trainiert. Es konnten Korrelationen zwischen durchgeführtem Krafttraining an Land und der Schwimmgeschwindigkeit festgestellt werden. Es besteht eine direkte Beziehung zwischen der Größe der Kraftsumme, also den Muskeln, die beim Schwimmen eine Rolle spielen, und der maximalen Schwimmgeschwindigkeit.

> **Frage 5:**
> Nach welcher Trainingsmethode sollte ein Hochspringer Maximalkraft trainieren, nach welcher ein Gewichtheber?

Bei einem Hochspringer ist die Maximalkraft nach der IK-Methode zu trainieren, da eine zu große Zunahme der Muskelmasse für ihn extrem hinderlich wäre, da er dieses „zusätzliche Gewicht" auch noch über die Latte befördern müsste. Nicht umsonst sind Hochspringer extrem schlank.

Der Gewichtheber muss durch Krafttraining versuchen, seine Muskelmasse zu erhöhen; dies aber nur im Rahmen seiner Gewichtsklasse, in der er startet. Da möglichst viele Muskelfasern an der Kontraktion mitarbeiten sollen, ist eine Kombination aus IK-Training und für die Massenzunahme ein Q-Training zu empfehlen.

Frage 6:
Wäre es für einen Diskuswerfer der Weltklasse in Ordnung, nach einer Bodybuildingmethode sein Krafttraining durchzuführen?

Das Ziel eines Diskuswerfers im Kraftbereich ist es, zunächst einmal nicht nach einer Bodybuildingmethode, also auf Muskelmasse hin, zu trainieren. Beim Diskuswurf kommt es vielmehr sehr stark auch auf die Technik an, die unter zu viel Muskelmasse leiden würde. Auch Schnelligkeit und Beweglichkeit sind wichtig, und zu viel Muskelmasse wäre für die Beweglichkeit eher hinderlich. In der Vorbereitungsperiode wird eine Mischung aus verschiedenen Krafttrainingsmethoden angewendet, wobei das Q-Training überwiegt. Während der Wettkampfsaison überwiegt das IK-Training, zu sehen auch in Videos des deutschen Weltmeisters und Olympiasiegers (London 2012) *Robert Harting*, der z. B. Bankdrücken mit 200 kg und Frontkniebeugen mit 180 kg durchführt.

Frage 7:
Beschreiben Sie das methodische Vorgehen beim Einwiederholungsmaximum-Test. Für welche Sportler eignet sich dieser Test ganz besonders?

Einwiederholungsmaximum (EWM) für Leistungs- und Hochleistungssportler (Krafttest)

Dieser Test eignet sich besonders für Leistungs- und Hochleistungssportler (Profis). Die Bestimmung des Einwiederholungsmaximums ist wichtig, da sich die Intensitätsempfehlungen üblicherweise auf den prozentualen Anteil der dynamischen Maximalkraft beziehen. Diese Bestimmung ist das gebräuchlichste Testverfahren zur Trainingssteuerung im Krafttraining.

Vorgehen: durch permanente Erhöhung der Gewichtsbelastung wird das Gewicht ermittelt, das der Sportler bei der Kraftübung gerade noch einmal bewältigen kann. Es entspricht 100 % der dynamischen Maximalkraft; im englischsprachigen Raum nennt man es One Repetition Maximum oder 1RM.

- Man fängt mit 5–10 Wiederholungen eines Gewichts an, welches weniger als 50 % des angenommenen EWM beträgt.
- Nach einer 1-minütigen Pause werden 3–5 Wiederholungen mit einem Gewicht durchgeführt, welches ca. 60–80 % des angenommenen Maximums beträgt.
- Nach einer weiteren 2- bis 3-minütigen Pause wird versucht, das Gewicht auf 100 % des angenommenen Maximums zu erhöhen. Gelingt der Versuch, wird das Gewicht erneut erhöht, bei Oberkörperübungen um 2,5–5 kg, bei der Beinmuskulatur um 5–10 kg. Das Gewicht wird so lange gesteigert, bis es bei einem Versuch nicht mehr gelingt.
- Wenn der nächste Versuch nicht gelingt, wird nach einer 3-minütigen Pause erneut ein Versuch unternommen. Dies wird so lange wiederholt, bis der Sportler das Gewicht einmal bewältigen kann. Dieser Wert ist dann das Einwiederholungsmaximum (EWM).

Kapitel 5: Krafttraining

> **Frage 8:**
> Beschreiben Sie das methodische Vorgehen beim Mehrwiederholungsmaximum-Test. Bei welchen Sportlern eignet sich dieser Test besonders?

Mehrwiederholungsmaximum (MWM) für Breiten- und Freizeitsportler (Krafttest)

Die Gewichtsbelastungen sind bei der Ermittlung des EWM sehr hoch und damit natürlich auch die Gelenkbelastungen für die Sportler. Daher wird im Breiten- und Freizeitsport die konzentrische Maximalkraftfähigkeit mit der Bestimmung des Mehrwiederholungsmaximums bevorzugt. Es handelt sich für diese Zielgruppe um ein Krafttestverfahren.

> **Vorgehen:** Das Mehrwiederholungsmaximum wird als dasjenige Gewicht definiert, welches bei den Kraftübungen 10-mal über den gesamten Bewegungsbereich bewegt werden kann.
> - Der Sportler macht 5–10 Wiederholungen mit einem Gewicht, welches ca. 50 % des MWM beträgt.
> - Nach einer Pause von einer Minute werden 5 Wiederholungen mit einem Gewicht von schätzungsweise 70 % des MWM durchgeführt.
> - Nach einer weiteren 1-minütigen Pause werden 3 Wiederholungen mit einem Gewicht von geschätzten 90 % des MWM ausgeführt.
> - Nach einer Pause von 2–3 Minuten wird das Gewicht nun auf 100 % des MWM gesteigert, das der Sportler 10-mal bewältigen muss.
> - Gelingt der Versuch, wird bei Oberkörperübungen um 2,5–5 kg und bei Beinmuskulatur um 5–10 kg gesteigert. Das Gewicht wird so lange gesteigert, bis es nicht mehr bewältigt werden kann.
> - Wenn der Versuch nicht klappt, wird stufenweise reduziert, bei Oberkörperübungen um 2,5–5 kg, bei der Beinmuskulatur um 5–10 kg.
> - Nach 3-minütiger Pause erfolgt ein weiterer Versuch. Dies wird nun so lange durchgeführt, bis der Athlet das Gewicht 10-mal bewältigen kann. **Dieser Wert ist dann das Mehrwiederholungsmaximum (MWM).**

Aufgrund der sehr hohen Belastungen sowohl für den Bewegungsapparat als auch für die Psyche ist der EWM-Test nicht für Jugendliche oder Gesundheitssportler bzw. Wiedereinsteiger, Untrainierte oder ältere Personen geeignet. In diesen Bereichen sollte daher der Wert des Mehrwiederholungsmaximums bestimmt werden.

Frage 9:
Für welche Personen eignet sich besonders das Einsatztraining im Krafttraining bzw. das Mehrsatztraining?

Ein Überblick zur Anwendung des Einsatz- oder Mehrsatztrainings findet sich nachfolgend.

Eignung des Einsatztrainings	Eignung des Mehrsatztrainings
• ältere und unfitte Erwachsene • Anfänger und Neueinsteiger im Krafttraining; diese können mit diesem Training bereits hohe Kraftgewinne erzielen • Krafttrainierte (Leistungssport und Hochleistungssport), die ökonomischer (Zeitaufwand) trainieren wollen • grundsätzliche Eignung für Personen, die mit wenig Zeitaufwand spürbaren Kraftzugewinn erzielen wollen: Freizeit- und Breitensport, Gesundheitssport	• Krafttrainierte im Leistungs- und Hochleistungssport, die ihre Kraftleistung optimieren wollen • Personen, die motiviert sind, mehrere Sätze einer Übung auszuführen und bereits an Krafttraining gewöhnt sind (Motivation, Willensschulung) • Personen, die durch einen höheren Trainingsumfang mehr Energie verbrennen wollen • Vorteile ebenfalls im Bodybuilding • zeigt einen höheren Kraftzuwachs als das Einsatztraining • kann grundsätzlich zu längeren Spannungsreizen führen als das Einsatztraining

Frage 10:
Was ist bei der methodischen Planung des Krafttrainings bei Anfängern, Fortgeschrittenen und Leistungssportlern zu berücksichtigen?

Hier eine Überblickstabelle, welche didaktisch-methodischen Aspekte man bei Anfängern, Fortgeschrittenen und Könnern berücksichtigen sollte:

Trainingsplanerstellung/ Zielgruppe	trainingsmethodische Empfehlungen
Anfänger	• geringe bis keine Trainingserfahrung vorhanden • intensivere Betreuung notwendig als bei Fortgeschrittenen • müssen Techniken erlernen und verbessern (Geräte, Übungsausführung) • müssen Trainingsmethoden kennenlernen • Belastungsintensität eher gering • Belastungsumfang im mittleren Bereich • Bewegungsausführung: langsam und gleichmäßig, mehrgelenkig • Konzentration auf die großen Muskelgruppen • Krafttrainingsgeräte gegenüber freien Hanteln bevorzugen

Trainingsplanerstellung/ Zielgruppe	trainingsmethodische Empfehlungen
Fortgeschrittene	• haben mindestens 6 Monate lang 2-mal wöchentlich Krafttraining durchgeführt • können stärker belastet werden • Training größerer Muskelgruppen und auch kleinerer Muskelgruppen • Bewegungsausführung: sowohl eingelenkig als auch mehrgelenkig, in offenen und geschlossenen kinematischen Ketten
Leistungssportler	• haben bereits ein langjähriges und leistungsorientiertes Training im Kraftbereich hinter sich • entsprechend hohe Belastbarkeit • Zum Erzielen weiterer Fortschritte sollte das Krafttraining sehr variabel erfolgen. • entweder im Krafttrainingsbereich oder auch z. B. in Spielsportarten • Krafttraining ist fester Bestandteil des Trainingsregimes. • bei Kraftsportlern Ausrichtung des gesamten Trainingsplans auf Steigerung der Kraftleistung der Muskeln • Bei Sportarten ist das Krafttraining auf die Steigerung der Kraftleistung der Muskeln mittels sportartspezifischer (sportartgerichteter) Übungen ausgerichtet. • Die Belastbarkeit ist bei Leistungssportlern hoch (durch mehrjähriges Training). Die Belastungsnormative müssen stark variiert werden, um weitere Anpassungen zu erzielen und das genetische Potenzial vollständig auszuschöpfen.

Schnelligkeit

6

Frage 1:
In welche Arten unterteilt sich die Schnelligkeit? Welche Arten der Schnelligkeit benötigt ein TT-Spieler, welche ein 100-m-Sprinter?

- Reaktionsschnelligkeit: Einfachreaktion und Auswahlreaktion
- Handlungsschnelligkeit: motorische und kognitive Komponente
- Bewegungsschnelligkeit: azyklische Aktionsschnelligkeit und zyklische Sprintschnelligkeit

	Reaktionsschnelligkeit		Handlungsschnelligkeit	Bewegungsschnelligkeit	
	Einfach	Auswahl		azyklisch	zyklisch
100m-Sprint	X				X
Tischtennis		X	X	X	

Frage 2:
Nennen Sie die schnelligkeitsbestimmenden Faktoren. Welche können durch Training beeinflusst werden?

Art der Muskulatur	nicht trainierbar; hoher Anteil an FT-Fasern ist optimal (Typ 2a und Typ IIx)
Kraft der Muskulatur	trainierbar
Biochemie der Muskulatur	teilweise beeinflussbar durch Ernährung
Koordination	trainierbar
Technik	trainierbar
Viskosität des Muskels (innere Reibung)	beeinflussbar; mit ansteigender Muskeltemperatur verbessert sich die Viskosität, d. h., sie sinkt (z. B. durch Aufwärmen); wenn der pH-Wert sinkt, vergrößert sich die Viskosität und beeinträchtigt die Kontraktionsgeschwindigkeit

anthropometrische Merkmale	nicht beeinflussbar
Flexibilität	trainierbar
Geschlecht, Alter, Genetik	–

Frage 3:
Könnte ein 100-m-Sprinter sein Schnelligkeitstraining nach der HIT-Methode durchführen? Was spräche dafür, was dagegen?

Das HIT-Training ist quasi eine Abwandlung des intensiven Intervalltrainings. Ein 100-m-Sprinter kann neben der Wiederholungsmethode auch nach der HIT-Methode bzw. der intensiven Intervallmethode trainieren.

Wiederholungsmethode:
- Belastungsdauer bei maximalen Sprints nicht länger als 6–8 Sekunden
- vollständige Pausen (pro 10 m/1,5 Minuten Pause)
- Steigerungsläufe bis 50–60 m (später 80 m) • Tempowechselläufe bis 60 m (20 m in/out/in) • fliegende (fl.) Läufe bis maximal 40 m (20-m-Anlauf): z. B. 30 fl. subm. oder 20 fl. max oder 30 fl. subm. oder 20 fl. max)
- Unterstützungsläufe – Bergabläufe bis 60 m (später 80 m) • Frequenzläufe über flache Markierungen • Läufe über progressive Abstandsmarkierungen • einseitig betonte Läufe (zu Beginn 30 später 60 m)
- Speedy-Einsatz: Dadurch soll die Sprintgeschwindigkeit weiter gesteigert werden.
  Der Einsatz von supramaximalen Sprintgeschwindigkeiten im Trainingsprozess ist ein probates Mittel zur Steigerung von Schrittfrequenz und Schrittlänge und demzufolge auch der maximalen Sprintgeschwindigkeit nach einer entsprechenden Anpassungsphase im Wettkampf. Zur Verwirklichung supramaximaler Belastungen im Sprinttraining können folgende Trainingsmittel eingesetzt werden: 1. Bergabläufe, 2. Speedy-pro-Unterstützungsläufe, 3. Zugunterstützungsläufe mit Elektromotor, 4. Gummibandläufe mit horizontaler Zugrichtung, 5. Gummibandläufe mit horizontaler Zugrichtung in Verbindung mit elektrischem Zug in vertikaler Richtung. Sinnvoll ist der Einsatz supramaximaler Sprintbelastungen in der Vorbereitungsperiode I/Abschnitt 3 und in der Vorbereitungsperiode II/Abschnitt 2. Diese Abschnitte sind in den jeweiligen Schwerpunkten durch einen speziellen Trainingsaufbau gekennzeichnet. Probleme mit supramaximalen Sprintbelastungen bestehen in der zeitlichen Anpassung der maximalen Sprintgeschwindigkeit und in der erhöhten Verletzungsgefahr. Schiffer (unter Verwendung wörtlicher Textpassagen) (Quelle: www.bisp-surf.de/Record/PU200912007322)
- sehr kurze HIT-Sprinttrainingsläufe: 3 × 60 m, 4 × 80 m

- Weitere Sprintserien über 120, 150, 180 oder 200 m können je nach Ziel zusätzlich trainiert werden (Württembergischer Leichtathletik-Verband e.V. (WLV), *Seeger*, A., 2021 u. persönliche Mitteilung).

Das Sprinttraining ist zudem davon abhängig, ob der Athlet nur 100 m läuft oder auch über 200 m an den Start geht. Dann werden auch Sprints über 100 m Länge trainiert.

> **Frage 4:**
> In der Talentsichtung hört man häufig folgende Aussagen: „Zum Sprinter wird man geboren" und „Aus einem Esel macht man kein Rennpferd". Nehmen Sie dazu Stellung.

Sehr gute Sprinter stellen meist schon in ihrer Kindheit/Jugend fest, dass sie im Vergleich zu ihren Mitschülern oder Freunden sehr schnell sind. Die Genetik beeinflusst die Schnelligkeit von Sprintern zu 50–60 %. Insofern trifft es zu, dass man zum Sprinter geboren wird, also die genetische Veranlagung zu schnellen Muskelfasern mitbringt. Wer überwiegend langsame Fasern besitzt, kann nicht zu einem schnellen Sprinter werden, da die Muskelfasern vom Typ I nicht in Richtung Typ IIa oder Typ IIx veränderbar sind. Dennoch hat der Einsatz optimaler Trainingsmethoden Auswirkungen auf die Entwicklung der Schnelligkeit auch bei Personen, die keine optimale muskuläre Ausstattung haben. Das heißt, auch hier kann durch Training die Schnelligkeit in einem gewissen Rahmen verbessert werden.

> **Frage 5:**
> Ein Trainer eines Erstligaklubs in einer Mannschaftssportart lässt ein Schnelligkeitstraining mit 75-prozentiger Intensität durchführen. Wie beurteilen Sie diese Trainingsmethodik?

Das Schnelligkeitstraining setzt eine 100-prozentige Belastungsintensität voraus. Eine 75-prozentige Intensität wäre somit ein trainingsmethodischer Fehler, da die Intensität für die Ausprägung einer maximalen Schnelligkeit zu gering ist.

> **Frage 6:**
> Welche beiden Reaktionsarten gibt es? Nennen Sie Sportarten, in denen diese vorkommen. Wie gut können diese beiden Reaktionsarten jeweils trainiert werden?

Sportarten	Reaktionsart
Tischtennis, Tennis, Squash, Badminton	Auswahlreaktion
Fußball*, Hockey*, Eishockey*, Basketball*, Volleyball, Handball*, American Football, Wasserball*	Auswahlreaktion

Sportarten	Reaktionsart
leichtathletische Starts, Schwimmstarts, Eisschnelllauf	Einfachreaktion
Skirennen (Alpin), Mountainbike (Downhill)	Auswahlreaktion
Formel 1, Moto-GP, Motocross	Start: Einfachreaktion im Rennen: Auswahlreaktion
Baseball	Catcher: Auswahlreaktion Batter: Auswahlreaktion
Tanzsport (Paare Standard/Latein)	Auswahlreaktion
Karate (Kumite), Judo	Auswahlreaktion
In den mit * markierten Sportarten hat der Torwart im Vergleich zu den Feldspielern eine bessere Reaktionsfähigkeit.	

Die Auswahlreaktion kann stärker verbessert werden, nämlich zu 15–30 %, als die Einfachreaktion mit 10–15 % Verbesserungsmöglichkeiten.

> **Frage 7:**
> Nennen Sie die beiden Trainingsmethoden für das Training der jeweiligen Reaktionsfähigkeit mit dem dazugehörigen Belastungsgefüge.

Trainingsmethode	Belastung	Intensität	Tempo	Wiederholungen	Serien	Pause
einfache Reaktionsmethode (= Einfachreaktion)	einfache kleinmotorische Bewegungen	100 %	maximal	6–12	1	> 30 s
komplexe Reaktionsmethode (= Auswahlreaktion)	komplexe großmotorische Bewegungen	100 %	maximal	5–8	1	> 1 min

> **Frage 8:**
> Was versteht man unter der Geschwindigkeitsbarriere und wie kann man diese durch Training verbessern?

Die Geschwindigkeitsbarriere (Stagnation der Bewegungsschnelligkeit) ist insbesondere im Laufsprint und bei Armwurf-, Stoß- oder Schlagbewegungen in Spielsportarten zu berücksichtigen. Im Laufe des Trainings kommen Sportler aus diesen Sportarten häufig an einen Punkt, an dem keine Weiterentwicklung mehr möglich scheint. Die Ursachen dafür können in einer monotonen Anwendung der immer gleichen Trainingsmethoden sowie Übungen- oder Spielformen liegen. Denkbar ist auch eine zu frühe Spezialisierung im Sprintbereich ohne begleitende, z.B. die Schnellkraft fördernden Spezialübungen. Der Geschwindigkeitsbarriere kann man durch variables, abwechslungsreiches und vielseitiges Training entgegenwirken. Dabei sollte man folgende Reihenfolge beachten:

1. initiale Kräftigung der betroffenen Muskelgruppen
2. Einsatz erleichterter Bedingungen, welche eine erhöhte Bewegungsschnelligkeit ermöglichen
3. Stabilisierung der schnelleren Bewegungen (Dauer etwa 3–4 Monate) durch Anwendung in jeder Trainingseinheit

Bei einer vorhandenen Geschwindigkeitsbarriere kommen verschiedene Methoden zum Einsatz. Im Mittelpunkt des Trainings steht das Üben unter erleichterten und variierten Bedingungen. Das Laufen unter erleichterten Bedingungen wird auch als sprintunterstützendes bzw. supra- oder übermaximales Training bezeichnet. Die körperlichen Anforderungen an ein solches Training sind sehr hoch. Als Trainingsinhalte werden Abwärtsläufe, Läufe mit Rückenwind, Laufband und Schleppvorrichtungen verwendet.

Beweglichkeitstraining und Dehnung 7

Frage 1:
Welche Faktoren, die Einfluss auf die normale Beweglichkeit haben, sind Ihnen bekannt?

- Alter, Geschlecht, Veranlagung (Genetik)
- allgemeiner Leistungsstand (Leistungssportler, Breiten- Freizeitsportler, Nichtsportler)
- Leistungsniveau, auf dem die Sportart/Disziplin betrieben wird
- Sportart/-disziplin: Bedeutung der Beweglichkeit als leistungsbestimmender Faktor in der Sportart/Disziplin)
- einseitig Belastung (Wurfarmseite im Handball, Schlagarmseite im Tennis, Tischtennis, Wurfarm im Diskus oder Kugelstoßen, Speerwurf)
- Umgebungstemperatur, Körper- und Muskeltemperatur
- psychische Beanspruchung (Stress, Anspannung, Verletzung usw.)
- Tageszeit und eigener Biorhythmus
- Erkrankung bzw. Vorerkrankung und Verletzung

Frage 2:
Nennen Sie Trainingsziele des Beweglichkeitstrainings und die dazugehörige Trainingsmethode bzw. Dehnmethode. Was ist dabei zu beachten?

Trainingsziel	Trainingsmethode/Dehnmethode
Steigerung der Gelenkbeweglichkeit	Langzeitprogramme mit maximaler Dehnintensität, passiv-statische Methoden
Dehnungstoleranz	**kurzfristig:** mehrfaches Wiederholen der Übungen **langfristig:** Senkung des Muskeltonus, Senkung der psychischen Erregbarkeit

Trainingsziel	Trainingsmethode/Dehnmethode
Aufwärmen	aktiv-dynamische Dehnungsübungen, Dehnungsübungen strukturähnlich zur nachfolgenden Belastung
Senkung des Muskeltonus	aktiv-statische Dehnungsübungen, Entspannungstraining (gute Anwendbarkeit im Gesundheitssport!)
Wohlbefinden	Entspannung, aktiv statische Dehnungsübungen (gute Anwendbarkeit im Gesundheitssport!)
Dehnung der Bindegewebehüllen	Langzeitprogramme mit maximaler Dehnintensität, passiv-statische Methoden (CHRS)
Verbesserung der sportartspezifischen Beweglichkeit	aktiv-dynamische Übungen, die sportartspezifische Dehnbelastungen imitieren; Krafttraining der Antagonisten
Prävention von Zerrungen und Muskelfaserrissen (Muskelverletzungen)	kurzfristig: angemessenes Aufwärmen langfristig: Verbesserung der speziellen Beweglichkeit, Erhöhung der Beweglichkeitsreserve

> **Frage 3:**
> Welche Erscheinungsformen der Beweglichkeit kennen Sie? In welchen Sportarten/Disziplinen werden sie schwerpunktmäßig benötigt? Erläutern Sie!

Bei diesem Strukturierungsansatz sind die Sportartspezifik, der muskuläre Aktionsmodus und die muskuläre Belastungsform zu berücksichtigen.

- Die **allgemeine Beweglichkeit** wird durch eine normale Bewegungsamplitude der Gelenke bzw. des Gelenkmuskelsystems gekennzeichnet (häufig bezogen auf die drei großen Gelenksysteme Schulter, Hüfte und Wirbelsäule).

- Die **spezielle Beweglichkeit** betrifft die in einzelnen Sportarten und Sportdisziplinen notwendige Beweglichkeit bestimmter Gelenke, z. B. in der Leichtathletik beim Hürdenlauf oder bei Handballtorleuten das Hüftgelenk, Schultergelenke beim Judo, Speerwurf oder Schwimmen.

- Als **aktive Beweglichkeit** bezeichnet man die maximale, durch Muskelkontraktion realisierbare Bewegungsamplitude, z. B. das Nach-vorne-oben-Schwingen des freien Schwungbeins im Stand bei einem Handballtorwart; notwendig auch in Rückschlagspielen wie Tennis, Tischtennis oder Volleyball (Schlagarmschulter) oder bei Sprüngen im Ballett.

- Um **passive Beweglichkeit** handelt es sich, wenn zur Vergrößerung des Bewegungsausmaßes zusätzlich äußere Kräfte wirken (Zusatzlast, eigenes Gewicht, Partner); der Sportler kann in den Spagat durch eigenes Körpergewicht gehen, von einem Partner zusätzlich hinuntergedrückt werden oder – wie Aufnahmen von Turnerinnen belegen – durch Zusatzgewichte (Hantelscheiben) – in die Position hinuntergedrückt werden.

- Für die **dynamische Beweglichkeit** ist eine Gelenkwinkelstellung kennzeichnend, die kurzfristig erreicht werden kann; sie ist immer größer als die statische Beweglichkeit.

- **Statische Beweglichkeit** bedeutet, dass die realisierte Gelenkposition über längere Zeit statisch (aktiv) gehalten werden kann, z. B. bei der Standwaage im Turnen oder auch bestimmten Positionen im Karate (Kata).

Beispielsportarten zu den Erscheinungsformen der Beweglichkeit

Wie anhand des Nach-oben-Schwingens des Schwungbeines beim Torwart im Handball zu erkennen ist, kommt es in der Praxis sehr häufig zu Mischformen der Beweglichkeitsformen, in diesem Beispiel zu einer **aktiv-dynamischen Beweglichkeit**. Die gleiche Beweglichkeitsform liegt z. B. bei Ausholbewegungen des Schlagarmes im Tennis, Volleyball oder Tischtennis vor. Eine **aktiv-statische Beweglichkeit** liegt bei der Standwaage im Gerätturnen vor. Im Ringen oder Judo gibt es im Bodenkampf Positionen, in denen z. B. das Schultergelenk durch den Gegner in eine extreme Auslenkung gebracht wird; man spricht hier von einer **passiv-statischen Beweglichkeit**. Um eine **passiv-statische Beweglichkeit** handelt es sich, wenn ein Fußballtorwart zur Abwehr eines Balles sich in eine Spagatposition auf den Boden fallen lässt.

> **Frage 4:**
> Welche Unterschiede zwischen kurzfristigem und mehrwöchigem Training durch Dehnen sind Ihnen bekannt?

Kurzfristige Dehneffekte sind Dehnungseffekte, die unmittelbar nach einem Dehnen zu erwarten sind.

- Nach Dehnungen zeigt sich durchgängig eine Erhöhung der Beweglichkeit.
- Ursache ist in erster Linie eine höhere subjektive Toleranz gegenüber Dehnungsreizen (= subjektive Begrenzung der Beweglichkeit).

Langfristige Dehneffekte sind Effekte, welche die über Wochen bis Monate (Jahre) nach dem Dehnen zu beobachten sind.

- Durch diese Dehnungsart werden andere Anpassungen als beim kurzzeitigen Dehnen erzielt.
- Durch Dehnen wird die Bewegungsamplitude bis zu einem genetisch festgelegten Maximum entwickelt.
- Durch längerfristiges Dehnen steigt der Dehnungswiderstand der Muskulatur und des Bindegewebes im Lauf von Wochen an.
- Wiederholte Dehnungen führen zur Festigung des Bindegewebes und zur Erhöhung der maximalen Dehnspannung.
- Bei Bundesliga-Hockeyspielern wurde in einer Studie festgestellt, dass im Vergleich zu untrainierten Kollegen eine erhöhte Beweglichkeit bei gleichzeitig erhöhtem Dehnungswiderstand gemessen wurde (vgl. *Freiwald*. Optimales Dehnen, Spitta, 2020).

Kapitel 7: Bewegli chkeitstraining und Dehnung

> **Frage 5:**
> Man kann zum Stundenbeginn, im Hauptteil oder im Schlussteil dehnen. Welche Ziele werden jeweils damit verfolgt?

- Das Dehnen zum Beginn der Trainingseinheit dient der Beweglichkeitssteigerung und kann in einem gewissen Rahmen Muskelverletzungen vorbeugen.
- Das Dehnen als Hauptteil einer Trainingseinheit dient dazu, langfristig eine bessere Beweglichkeit herzustellen (Rhythmische Sportgymnastik, Turnen, Sportakrobatik, Schwimmen, Hürdenlauf, Handball-Torleute).
- Das Dehnen im Schlussteil der Trainingseinheit im Cool Down sollte zur Tonusregulation der Muskulatur und Einleitung der Regeneration durch ein kurzes, submaximales statisches Dehnen erfolgen (vgl. *Freiwald*. Optimales Dehnen, Spitta, 2020).

> **Frage 6:**
> Welche praktischen Empfehlungen sind Ihnen im Zusammenhang mit dem Dehnen bekannt?

- intensives Dehnen zum Aufwärmen bei Sportarten, die eine maximale Beweglichkeit erfordern: Turnen, Schwimmen, Rhythmische Sportgymnastik, Sportakrobatik
- nach dem Wettkampf oder Training zuerst Auslaufen, Lockerung und kurzes submaximales statisches Dehnen
- Bei Sportarten mit belastungsbedingten großen Gelenkausschlägen ist ein submaximales Dehnen zu empfehlen. Rhythmisch federnde Übungen stellen den Muskeltonus wieder her. Muskeln, die zu Zerrungen neigen, sollten gezielt aktiv dynamisch gedehnt werden.
- Von einem zeitlich umfangreichen Dehnen mit maximaler Intensität ist beim Aufwärmen abzuraten; eine Leistungsminderung und sogar ein Anstieg des Verletzungsrisikos könnten die Folgen sein.
- Bei Sportarten, bei denen es zu keinen maximalen Gelenkausschlägen und schnellkräftigen Bewegungen kommt, wie beim Laufen, Walking, Nordic Walking ist Dehnen von geringerer Bedeutung. Ein kurzes, aktiv dynamisches Dehnen ist dennoch ratsam.
- Um langfristige Verbesserungen im Langzeitdehnen zu erreichen, ist es ratsam, die Beweglichkeit in einer eigenen TE zu absolvieren.
- Bei einseitig belastenden Sportarten wie Diskuswerfen, Kugelstoßen, Speerwurf Tischtennis, Tennis, Badminton und Squash sind zur Vermeidung muskulärer Dysbalancen Kräftigung und Krafttraining wichtiger als Dehnung.

Kapitel 7: Beweglichkeitstraining und Dehnung

Frage 7:
Welche Dehnungsmethoden kennen Sie? Wofür eignen sie sich im Besonderen?

Methode	Aufwärmen/ Vorbereitung	Hauptteil/langfristiges Beweglichkeitstraining	Stundenausklang/ Cool Down
statisches Dehnen	langes Dehnen	Beweglichkeitssteigerung	kurze Dauer, gut zur Senkung des Muskeltonus
dynamisches Dehnen	steigert Muskeldurchblutung, gut vor der Belastung	langfristige Wirkung zur Beweglichkeitssteigerung sehr gut	durchblutungsfördernd, gut für Regeneration
anspannen, entspannen, dehnen	sehr gut zur Belastungsvorbereitung, durchblutungsfördernd	gut für Beweglichkeitssteigerung geeignet	sehr gut für Regeneration, da durchblutungsfördernd
agonistische Kontraktion und Dehnen	sehr gut zur Belastungsvorbereitung für Training und Wettkampf, durchblutungsfördernd	langfristige Wirkung zur Beweglichkeitssteigerung sehr gut	bei dynamischer Ausführung sehr gut für Regeneration, da durchblutungsfördernd
anspannen, entspannen, agonistische Kontraktion und Dehnen	sehr gut zur Belastungsvorbereitung für Training und Wettkampf, durchblutungsfördernd	langfristige Wirkung zur Beweglichkeitssteigerung sehr gut	sehr gut für Regeneration, da durchblutungsfördernd

Frage 8:
Welche Ziele verfolgt das Faszientraining?

Ziele des Faszientrainings:

- elastische Dehnfähigkeit und Spannkraft der Faszien herstellen
- reibungsloses Funktionieren der langen Faszienbahnen gewährleisten
- intakte und natürliche Netz- und Wellenstruktur herstellen
- schnelle Regeneration der Muskel-Faszien-Einheit nach dem Sport erreichen

Kapitel 7: Beweglichkeitstraining und Dehnung

> **Frage 9:**
> Welche Wirkungen kann man durch das Ausrollen mit einer Black Roll® erreichen?

Wirkungen des Ausrollens mit einer Black Roll (Foam-Roll):
- führt zu einer Erhöhung der Belastbarkeit von Sehnen und Bändern
- schützt die Muskulatur vor Verletzungen
- vermeidet schmerzhaftes Reiben in den Hüftgelenken und Bandscheiben
- strafft den Körper

> **Frage 10:**
> Welche Zusammenhänge bzw. Wechselwirkungen bestehen zwischen den beiden konditionellen Fähigkeiten Kraft und Ausdauer?

In vielen Sportarten wird Krafttraining zusätzlich zu anderem konditionellen Training durchgeführt. Dabei ist es wichtig zu erkennen, dass man durch Krafttraining nicht nur die jeweiligen Kraftfähigkeiten, sondern auch die konditionellen Fähigkeiten Ausdauer, Schnelligkeit, Beweglichkeit und die Koordination mitbeeinflusst. Zum Beispiel stehen Kraft und Ausdauer sich nicht konkurrenzmäßig gegenüber, sondern führen zu jeweils spezifischen Anpassungen.

- Je besser der Trainingszustand eines Sportlers ist, umso spezifischer muss das Krafttraining ausgerichtet sein und umso mehr stehen Kraft- und Ausdauertraining in Konkurrenz (siehe Kapitel 2, Frage 12, Signaltransduktion in diesem Buch).
- Weitere Faktoren, die den Trainingseffekt beeinflussen: Trainingsintensität und Trainingsumfang. Der Trainingseffekt ist unterschiedlich, je nachdem, ob man das Kraft- und Ausdauertraining an einem Tag oder jeweils an einem anderen Tag durchführt.
- Bei Untrainierten kann Krafttraining auch zur Ausdauerverbesserung beitragen, denn dadurch wird die Proteinsynthese sowohl in der Muskulatur als auch in den Mitochondrien stimuliert.
- Bei gleichzeitigem Training von Kraft und Ausdauer ergaben Studien mit jungen, trainierten Männern einen negativen Effekt; bei Frauen und älteren Menschen war der Effekt schwach oder nicht vorhanden (Gesundheitssport!)
- Die Addition eines Krafttrainings zu einem Ausdauertraining führt vielfach zu einer Verbesserung der Ausdauerkapazität.
- Bei Basketballern wurde in einer 7-wöchigen Studie sogar eine deutliche Verbesserung der maximalen Sauerstoffaufnahme durch eine Kombination aus Kraft- und Ausdauertraining festgestellt.

Frage 11:
Was ist im Hinblick auf den Trainingszustand eines Sportlers zu beachten?

- Kraft und Ausdauertraining: Je besser der Trainingszustand eines Sportlers ist, umso spezifischer muss das Krafttraining ausgerichtet sein und umso mehr stehen Kraft- und Ausdauertraining in Konkurrenz.
- Kraft und Schnelligkeit: Je geringer der Ausgangstrainingszustand ist, umso mehr profitieren die Trainierenden vom Krafttraining zur Verbesserung der Schnelligkeit.

Frage 12:
Welchen Effekt kann Krafttraining zusätzlich bei Untrainierten haben?

Bei Untrainierten kann Krafttraining auch zur Ausdauerverbesserung beitragen, denn dadurch wird die Proteinsynthese sowohl in der Muskulatur als auch in den Mitochondrien stimuliert.

Frage 13:
Kann man Kraft und Ausdauer im Breitensport zusammen trainieren? Wie sieht es damit im Leistungssport aus?

- Es ist wichtig zu wissen, dass im Breiten- und Freizeitsport ein kombiniertes Kraft- und Ausdauertraining zu ähnlichen Anpassungen führt wie isoliertes Kraft- und Ausdauertraining. Die Kombination scheint also für diese Zielgruppe sinnvoll zu sein.
- Im Leistungs- und Hochleistungssport ist es hingegen nach wie vor sinnvoller, im Training jeweils gezielte Schwerpunkte entweder im Kraft- oder Ausdauerbereich zu setzen und das Training auf die spezifischen Zielsetzungen innerhalb der jeweiligen Sportart auszurichten.

Frage 14:
Welche Ergebnisse bei der Untersuchung von Fußballbundesligamannschaften ergaben sich bei den Zusammenhängen zwischen Kniebeuge- und Sprintleistung sowie zwischen Sprung- und Sprintleistung?

Während z. B. eine Untersuchung bei Fußballern von einer Verbesserung und einer engen Korrelation zwischen der Kraftleistung bei halber Kniebeuge und Schnelligkeit berichtet, zeigt eine andere Untersuchung von *Freiwald* an einer Herrenmannschaft der Fußballbundesliga (Championsleague-Teilnehmer) sowie einem Damenfußball-Bundesligateam deutlich geringere und nur teilweise signifikante Zusammenhänge zwischen Kniebeuge- und Sprintleistung sowie zwischen Sprung- und Sprintleistung.

> **Frage 15:**
> Nennen Sie Beispiele von sportartspezifischen Bewegungen und dazugehörigem sportartgerichtetem Krafttraining.

sportartspezifische Bewegung	sportartgerichtetes Krafttraining
Ball – Dribbeln und Passen	Bankdrücken mit engem Griff, Kurzhantel-Bankdrücken, Armstrecken am Kabelzug, Reverse Curl, Hammer Curl
Ball – Schießen	unilaterale Hüftaddukion und Hüftabduktion, Ausfallschritt vorwärts, Beinstrecken sitzend, Beinheben
Freistil Schwimmen	Latissimusziehen, Seitheben, Ausfallschritt vorwärts, aufrechtes Rudern, Überzüge mit der Hantel
Springen	Standumsetzen, Ausstoßen, Kniebeuge, Frontkniebeuge, Wadenheben im Stehen
Schlag mit einem Schläger (Tennis, Tischtennis)	fliegende Bewegung mit der Kurzhantel, vorgebeugtes Seitheben, Handgelenk Curl (Kammgriff)
Rudern	Standumsetzen, vorgebeugtes Rudern, Rudern sitzend, Beinpresse 45 Grad, Beinpresse liegend, Kreuzheben, Rumpfaufrichten mit der Langhantel
Laufen, Sprinten	Ausfallschritt vorwärts, Treppensteigen mit der Kurzhantel, Beinstrecken sitzend, Beinbeugen sitzend, Zehenheben stehend
Werfen, Schleudern	Überzüge mit der Hantel, Armstrecken über dem Kopf (Seil oder Hantel), Innenrotation und Außenrotation (Seil oder Hantel)

> **Frage 16:**
> Was spricht für ein Aufwärmen/Dehnen vor dem Sporttreiben? Kann man es generell und für alle Leistungsniveaus empfehlen?

Vor hohen Belastungen – das zeigen viele Untersuchungen – ist ein **Aufwärmen** unverzichtbar. Dies ist für die Verletzungsprophylaxe sowie die positiven Effekte auf die Leistungsfähigkeit wichtig. Durch ein 10-minütiges Warmlaufen konnten z. B. Sprungleistungen um 6 % verbessert werden, ebenso die Sprintfähigkeit. Warmlaufen war auch effektiver als ein 30-sekündiges statisches Dehnen der Wadenmuskulatur, was die Beweglichkeit im oberen Sprunggelenk anbelangte.

Zu langes statisches Dehnen wirkte sich negativ auf Kraftleistungen aus, was jedoch nur für Leistungs- und Hochleistungssportler relevant ist. Im Breiten- und Freizeitsport sind die Ergebnisse weniger bedeutsam. Ein darauffolgendes Warmlaufen ließ die Kraftwerte wieder deutlich ansteigen.

> **Frage 17:**
> Nennen und erläutern Sie folgende Tests: Fußtapping- und Handtapping-Test, 2-km-Walkingtest, Shuttle-Run-Test, Jump-and-Reach-Test.

Fußtapping- und Handtapping-Test

Es kommt bei diesem Test darauf an, mit dem Fuß oder der Hand ohne große Bewegungsamplitude so schnell wie möglich auf eine Unterlage zu tippen (engl. tapping). Die entscheidende Größe ist die maximale Zahl der Tapping-Bewegungen pro Zeiteinheit. Bei Untersuchungen konnte festgestellt werden, dass unter laufspezifischer Sicht dem Fußtapping eine größere Bedeutung zukommt als dem Handtapping und das wechselseitige Tapping aussagekräftiger ist als das einseitige.

Beim Fußtapping gelten Frequenzen von über 12 Hz (Kontakte in der Sekunde) als perspektivisch günstig. Sprinter zeigen dabei mit einem Durchschnittswert von 11,9 und 14 Hz die besten Ergebnisse und liegen damit vor Handballern und Fußballern sowie 6- und 10-jährigen Schülern.

Tapping (Hz)	6-Jährige	10-Jährige	Leichtathleten	Handballer	Fußballer
Minimum	4,2	5	10,6	7,8	8
Maximum	8,4	11,2	14	11,6	12,8
Mittelwert	6,4	8,4	11,9	10,6	10,5
Standardabweichung	1,05	1,14	1,15	1,09	1,17

2-km-Walkingtest

Dieser Test ermöglicht die Bestimmung der aeroben Fitness von Erwachsenen zwischen 20 und 65 Jahren bei moderater körperlicher Aktivität. Der Test wird mit schnellem, aber gleichmäßigem Gehtempo über 2000 m durchgeführt. Am Ende werden die Gehzeit und die Herzfrequenz (Pulsuhr) gemessen. Mit den Daten wird ein Walking-Index (WI) zur Einschätzung der Ausdauerleistungsfähigkeit bzw. der körperlichen Fitness berechnet.

Berechnung des Walking-Index:

Männer: 420 − (min × 11,6 + s × 0,2 + HF × 0,56 + BMI × 2,6 − Alter × 0,2)

Frauen: 304 − (min × 8,5 + s × 0,14 + HF × 0,32 + BMI × 1,1 − Alter × 0,2)

(min: Gehzeit in Minuten, s: Gehzeit in Sekunden, HF: Belastungsherzfrequenz/min nach 2000 m, BMI: Body-Mass-Index [kg/m^2])

WI-Werte unter 100: unterdurchschnittliches Fitnessniveau

WI-Werte über 100: überdurchschnittliches Fitnessniveau

Bei Re-Tests ist die Fitnesszunahme einfach bestimmbar. Für leistungsorientierte Sportler bzw. Läufer sind die Ergebnisse zu ungenau.

Shuttle-Run-Test

Der Shuttle-Run-Test nach Leger ist ein relativ einfach aufgebauter Test zur Erfassung der allgemeinen aeroben Ausdauer. Man nimmt dazu zwei 20 m auseinanderliegende Linien, die den Probanden als Wendepunkt dienen und zwischen denen sie pendeln müssen. Mehrere Tonsignale begleiten das Pendeln der Schüler zwischen diesen Linien. Die Laufgeschwindigkeit muss ständig erhöht werden, da während des Tests das Intervall der Signale immer kürzer wird und die Aufgabe darin besteht, mit dem Signal zur Wendelinie zu gelangen. Wer zu spät an der Wechsellinie ankommt, muss versuchen aufzuholen, indem er seinen Lauf beschleunigt. Wenn der Proband dreimal hintereinander zu spät an der Wechsellinie ankommt, ist der Test für ihn beendet. Kommt er zu früh an einer Wechsellinie an, muss er bis zum nächsten Signalton warten und darf dann erst weiterlaufen. Der Trainer/Lehrer kann für die Signalintervalle im Netz existierende Audiodateien herunterladen.

Durch die erreichte Laufleistung wird auf die kardiopulmonale Leistungsfähigkeit zurückgeschlossen. Der Ausdauerlauf kann auch als Trainingsmittel und zur Trainingskontrolle eingesetzt werden. Von den Ergebnissen des Tests kann relativ zuverlässig auf die maximale Sauerstoffaufnahme geschlossen werden. Der Test eignet sich für alle Altersgruppen ab 8 Jahren männlichen oder weiblichen Geschlechts. Man kann Schüler, Freizeit- oder Leistungssportler damit testen. Er ist eine beliebte Alternative zum Cooper-Test und besitzt einen hohen Standardisierungsgrad.

Sprungkraft: Jump-and-Reach-Test

Dieser Test dient dazu, die maximale Sprunghöhe zu ermitteln. Die maximale Sprunghöhe wird aus der Differenz zwischen der maximalen Reichhöhe im Stand, die man mit einer Markierung an der Wand (Klebeband) festhalten kann, und der anschließenden maximalen Sprunghöhe (wiederum markiert) errechnet. Der Test ist einfach durchzuführen und leicht zu reproduzieren. Er ist vor allem in Sportarten wichtig, bei denen es auf die maximale Reichhöhe ankommt wie zum Beispiel im Volleyball oder Basketball. Der Test kann aber auch Hinweise für die Verbesserung der Sprungkraft im Handball oder Fußball geben. Während der Pubertät muss bei einer mehrmonatigen Pause zwischen den Tests beim Re-Test das Körperwachstum mitberücksichtigt werden.

> **Frage 18:**
> Welche Funktionen kommen den sportmotorischen Tests zu? Wozu dienen sie dem Trainer?

Sportmotorische Tests können vor Überlastungsschäden schützen, deren Folgen mehr oder weniger groß sein können. Vor einer anstrengenden Radtour in den Alpen ist es z. B. sinnvoll, seine körperliche Fitness zu testen. Ist dies bei einem Teilnehmer dieser Radgruppe nicht geschehen, kann das ganze Team (und eventuell auch Retter) unter Umständen in eine (lebens-)bedrohliche Situation geraten. Alle Tour-de-France-Fahrer unterziehen sich vor der Tour einer intensiven Testbatterie, wobei der Gesundheitsstatus und die Leistungsfähigkeit getestet werden. Im Profifußball wird vor Beginn der Trainingsaufnahme in der Vorbereitungsperiode das gesamte Team intensiv sportmedizinisch untersucht. Aus den Ergebnissen können die Trainer wichtige Informationen für die individuelle, aber auch mannschaftliche Leistungssteuerung erhalten. Die Testergebnisse können einen gewissen Schutz vor Über- oder auch Unterforderung liefern. Es ist vor Trainingsbeginn sowie zwischendurch für den Trainer sinnvoll, sich einen Überblick über den aktuellen Leistungszustand des Sportlers/Athleten zu machen, um das Training dadurch effektiver steuern zu können. Bei der laufenden Verbesserung kommt den leistungsdiagnostischen Verfahren in der Trainingskontrolle (= Tests, Screenings) eine zentrale Rolle zu.

Trainingssteuerung – leistungsdiagnostische Verfahren

Für eine effiziente Trainingssteuerung ist man im (Spitzen-)Sport auf die sportliche Leistungsdiagnose angewiesen. Sie ist eine zentrale Voraussetzung für die zielgerichtete individuelle Trainingssteuerung des Athleten oder des Teams.

Sportmotorische Tests werden in der sportlichen Leistungsdiagnose mit dem Ziel des Erkennens und Beurteilens der sportlichen Leistung oder des sportlichen Leistungszustandes eingesetzt. Die Gegenstandsbereiche der sportmotorischen Tests sind individuelles, allgemeines und spezielles Fähigkeitsniveau. Das Ziel ist eine möglichst quantitative Aussage über den relativen Grad der individuellen Merkmalsausprägung.

> **Frage 19:**
> Nennen und erläutern Sie die drei Hauptgütekriterien eines Tests.

Die klassische Testtheorie unterscheidet die drei Hauptgütekriterien Objektivität, Reliabilität und Validität. Nebengütekriterien sind die Normierung und die Ökonomie.

Objektivität: Sie bezeichnet den Grad der Unabhängigkeit eines Testergebnisses vom Untersucher. Ein Test gilt als objektiv, wenn verschiedene, voneinander unabhängige Beurteiler bei denselben Probanden zu übereinstimmenden Testergebnissen kommen. Man unterscheidet weiterhin:

- Durchführungsobjektivität: genaue Vorgaben hinsichtlich der Testinstruktion und Testdurchführung
- Auswertungsobjektivität: z. B. beim Übergang von freien Antworten zu Auswahlantworten (Multiple Choice)
- Interpretationsobjektivität: Vorgabe konkreter Interpretationsrichtlinien, Normen und Vergleichsdaten

Beispiel: Bei einem Sprint von 5 Schülern wird die 100-m-Zeit von einem Mitschüler mit einer Armbanduhr gemessen wird. Wichtig für die Objektivität wären 5 nicht befangene Zeitnehmer.

Reliabilität: Ist die Zuverlässigkeit und betrifft die formale Messgenauigkeit eines Tests. Sie gibt den Grad der Messgenauigkeit an, mit dem das Merkmal gemessen wird. Wenn ein sportmotorischer Test bei einer mehrmaligen Testwiederholung (Re-Test) zum gleichen Ergebnis führt, spricht man von einer hohen Testreliabilität.

Beispiel: Im obigen Beispiel wäre eine höhere Reliabilität gegeben, wenn anstelle einer Armbanduhr für den Sport entwickelte Stoppuhren verwendet würden oder wie z. B. im Wettkampfbereich der Leichtathletik eine Lichtschrankenmessung eingesetzt würde.

Validität: Ist eine Bezeichnung für den Grad, in dem der sportmotorische Test tatsächlich das misst, was er zu messen vorgibt. Die Validität ist das wichtigste Hauptgütekriterium. Wenn der Test nicht das Merkmal misst, was er vorgibt zu messen, sind die beiden anderen Hauptgütekriterien überflüssig.

Beispiel: Der Cooper-Test ist nicht geeignet, um die Schnelligkeit eines Sportlers zu ermitteln. Hierfür sind normierte Sprinttests über exakt vorgegebene Distanzen und Bewertungstabellen zu verwenden.

Normierung: Darunter versteht man die Erstellung empirischer Vergleichsdaten (Normen), die z. B. eine Einordnung individueller Ergebnisse ermöglicht. Ökonomie liegt dann vor, wenn der Test in Durchführung und Auswertung wenig Zeit, Aufwand und Material erfordert

> **Frage 20:**
> Was versteht man unter Normierung und Testökonomie?

Unter Normierung versteht man die Erstellung empirischer Vergleichsdaten (Normen), die z. B. eine Einordnung individueller Ergebnisse ermöglicht. Ökonomie liegt dann vor, wenn der Test in Durchführung und Auswertung wenig Zeit, Aufwand und Material erfordert.

> **Frage 21:**
> Nennen Sie exemplarisch Sportarten/Disziplinen und das dazugehörige Testverfahren.

Von entscheidender Bedeutung für die Aussagekraft und Verwertbarkeit der Testergebnisse ist auch, dass Sportler durch sportartspezifische leistungsdiagnostische Tests getestet werden.

Sportart	Testverfahren
Schwimmen	Strömungskanal, Armkraftzuggerät
Rudern	Ruderergometer
Kanusport	Kanuergometer
Radsport	Hochleistungsergometer bis 2000 Watt
Lauf/Gehen	großes Laufband
Skilanglauf	kippbares Laufband, Armkraftzuggerät
Inlineskating	kippbares, breites Laufband

Koordinationstraining

Fragen 1 und 2:
1.) Welche koordinativen Fähigkeiten kennen Sie?
2.) Bestimmen Sie bei unterschiedlichen Sportarten/Disziplinen, welche koordinativen Fähigkeiten jeweils dominieren.

koordinative Fähigkeit	typische Sportarten/Disziplinen
Differenzierungsfähigkeit	Tischtennis, Tennis, Badminton, Squash, Darts, Pool-Billard, Curling
Orientierungsfähigkeit	alle großen Mannschaftsspiele, Segelregatta, Bobfahren, Surfregatta
Reaktionsfähigkeit	Torwart im Handball/Fußball, Schwimmen, Leichtathletik, Tischtennis, Tennis, Badminton, Squash, Volleyball
Kopplungsfähigkeit	Jazztanz, Tanzsport, Rock'n Roll, Gerätturnen, Sportakrobatik, rhythmische Sportgymnastik
Rhythmisierungsfähigkeit	Tanzsport, rhythmische Sportgymnastik, Rock'n Roll
Umstellungsfähigkeit	vor allem Sportspiele zusammen mit Reaktionsfähigkeit
Gleichgewichtsfähigkeit	Schwebebalken, Snowboard, Skifahren, Kunstradfahren, Einradfahren, Radfahren, Inline-Skating, Eishockey

Frage 3:
Es gibt Fotos des deutschen Skirennläufers Felix Neureuther, auf denen er während des Fahrens mit Bällen jongliert. Wozu dient dieses Training? Fallen Ihnen weitere mehr oder weniger prominente Beispiele von Spitzensportlern ein, die so oder so ähnlich trainieren?

Felix Neureuther trainiert nach der Methodik des „Life Kinetic". Es handelt sich dabei um ein technisch-koordinatives Ergänzungstraining.

Bekannt wurde das Training von *Neureuther* mit den Bundesligafußballern von Borussia Dortmund, als diese noch von *Jürgen Klopp* trainiert wurden. Auch im Nachwuchsbereich wird dieses

Training in unterschiedlichen Sportarten eingesetzt. Die Skirennläufer selbst trainieren Freiklettern sowie Downhillfahren mit dem MTB (Schwerpunkt: Gleichgewichtsfähigkeit). Der mehrfache Formel-1-Weltmeister *Lewis Hamilton* und sein Kollege *Nico Rosberg* konnten z. B. perfekt Einradfahren (Schwerpunkt: Gleichgewichtsfähigkeit).

> **Frage 4:**
> Wo liegen Gemeinsamkeiten, wo Unterschiede im koordinativen Anforderungsprofil folgender Sportartengruppen?
> - Handball, Fußball, Basketball, Volleyball
> - Tischtennis, Tennis, Badminton, Squash
> - Skifahren, Inline-Skating, Eiskunstlauf, Wellenreiten (Surfen)
> - Kugelstoßen, Speerwurf, Hammerwurf, Diskuswurf

Sportart/Disziplin	koordinatives Anforderungsprofil
Handball, Basketball, Fußball, Volleyball	Orientierungsfähigkeit, Differenzierungsfähigkeit, Kopplungsfähigkeit, Reaktionsfähigkeit, Gleichgewichtsfähigkeit
Tischtennis, Tennis, Badminton, Squash	Reaktionsfähigkeit, Differenzierungsfähigkeit, Orientierungsfähigkeit, Kopplungsfähigkeit, Gleichgewichtsfähigkeit, Umstellungsfähigkeit
Skifahren, Inline-Skating, Eiskunstlaufen, Wellenreiten (Surfen)	Gleichgewichtsfähigkeit, Differenzierungsfähigkeit, Orientierungsfähigkeit, Kopplungsfähigkeit
Kugelstoßen, Speerwurf, Hammerwurf, Diskuswurf	Gleichgewichtsfähigkeit, Orientierungsfähigkeit, Kopplungsfähigkeit

> **Frage 5:**
> Beschreiben Sie das Analysemodell von *Neumaier*. Was sind seine besonderen Kennzeichen?

Das Modell von *Neumaier* wurde entwickelt, um exakter als bisher zu analysieren, welche Anforderungen eine Sportart an die Koordination stellt. Die Koordination dient dazu, motorische Aufgaben zu bewältigen. Kennzeichnend für die Analyse nach *Neumaier* ist, dass dabei Informationsbedingungen und Druckbedingungen unterschieden werden.

- Informationsanforderungen: optisch, akustisch, taktil, kinästhetisch, vestibulär
- Druckbedingungen: Präzisionsdruck, Zeitdruck, Komplexitätsdruck, Situationsdruck, Belastungsdruck

Während der Sportler seine Sportart/Disziplin ausübt, bekommt er ständig von seinen Analysatoren Informationen, die für die Qualität der Bewegung mitverantwortlich sind und die ihm bei der Bewegungssteuerung und Bewegungsregelung helfen. Zusätzlich beschreiben die Druckbedingungen Situationen, die sich in der Sportart mehr oder weniger stark auf die Ausführung auswirken können. In manchen Sportarten sind die Druckbedingungen permanent vorhanden (z. B. Zeitdruck im Badminton oder Tischtennis), manche können mehr oder weniger häufig oder stark in den Vordergrund kommen oder spielen gar keine Rolle.

> **Frage 6:**
> Analysieren Sie die Sportarten/Disziplinen aus Frage 4 mit dem Raster von *Neumaier*.

Beispiel Tischtennis

Informationsanforderungen:

- Die optische Informationsanforderung ist die wichtigste. Tischtennis stellt sehr hohe Anforderungen an die Augen. Der mehrfache Europameister und Weltranglistenerste *Timo Boll* verfügt über eine Sehfähigkeit von 280 %! Dadurch kann er sehr genau erkennen, welche Rotation der Gegner seinem Ball mitgibt.
- Die akustischen Informationen sind so zu verstehen, dass man auch „hören" kann, ob ein Schlag z. B. zentral (= wenig Rotation) oder tangential (= mehr/viel Rotation) getroffen wird.
- Die taktilen Informationen erhält man im Tischtennis, wenn man mit dem Schläger gegen den Ball schlägt; darüber entwickeln Spieler ihr Ballgefühl.
- Kinästhetische Informationen sind wichtig für die Ausführung der Schläge (Ganzkörperbewegungen: Arme, Beine, Rumpf) insgesamt. Der Spieler muss sich im Moment des Schlages in einem Gleichgewichtszustand befinden, da sonst kein kontrollierter Schlag möglich ist.

Druckbedingungen:

- Der Zeitdruck ist im Tischtennis sehr hoch, da der Ball mit einer sehr hohen Geschwindigkeit geschlagen wird (180–200 km/h) und dies bei einer Distanz von Spieler zu Spieler von 2,74 m. Bei langsameren Schlägen sinkt der Zeitdruck, er variiert somit im Spiel und z. T. in Ballwechseln relativ stark. Dies ist u. a. auch davon abhängig, welche Spielsysteme aufeinandertreffen.
- Der Präzisionsdruck ist ebenfalls sehr hoch, da die gegnerische Tischhälfte, die man treffen muss, nur 1,52 m breit und 1,37 m lang ist. Bei bestimmten Ballwechseln (Topspin gegen Topspin) kann z. B. die Netzzone überhaupt nicht getroffen werden, wodurch sich die bespielbare Fläche automatisch verkleinert. Bei sehr hohen Ballgeschwindigkeiten steigt der Präzisionsdruck stark an. Der Spieler muss vom gegnerischen Ball die Platzierung, das Tempo, die Rotationsart und Rotationsstärke sowie dessen Flugbahn erkennen/antizipieren. An diesen Parametern richtet er vor dem Hintergrund seiner eigenen Spieltaktik seine eigene Schlagauswahl aus.
- Der Situationsdruck variiert sehr stark. Je komplexer der Ballwechsel über Tempo, Rotation, Flugbahn und Platzierung ist, umso komplexer wird auch der Situationsdruck.

Ebenfalls stark schwankend ist der Belastungsdruck. Er ist von der körperlichen Belastung her durchschnittlich eher im schwachen bis mittleren Bereich anzusiedeln, kann aber im Spitzensport und Leistungssport auch bei einzelnen Ballwechseln kurzfristig (wenige Sekunden) sehr hoch sein.

> **Frage 7:**
> Ein Bundestrainer forderte von seinen Sportlern, auch im Nachwuchstraining nur diejenigen koordinativen Fähigkeiten zu trainieren, die in seiner Sportart benötigt werden. Was spricht dafür, was dagegen?

Wenn in der allgemeinen Grundausbildung (Basisausbildung) eine allgemeine und umfassende Schulung aller koordinativen Fähigkeiten vorangegangen ist, ist es je nach Sportart/Disziplin durchaus zu vertreten, dass im Nachwuchstraining bereits ein sehr sportartgerichtetes Koordinationstraining durchgeführt wird. Eine Gerätturnerin muss in dieser Stufe nicht Trainingszeit mit Kopplungs- und Differenzierungsfähigkeit mit Bällen verbringen. China, die seit vielen Jahren führende Nation im Tischtennis, macht bereits in der allgemeinen Grundausbildung sehr viel mit TT-Ball und TT-Schlägern. Dies ist beim Deutschen TT-Bund, seit 20 Jahren ebenfalls zu Weltspitze zählend und in Europa dominierend, nicht so stark ausgeprägt. Hier legt man auch während des Nachwuchstrainings sehr viel Wert auf ein relativ umfassendes allgemeines Koordinationstraining. Im Kunstradsport ist das statische Gleichgewicht von untergeordneter Bedeutung, hier geht es nur um das dynamische Gleichgewicht und wie man dieses auf einem Fahrrad perfekt halten kann.

Training im Freizeitsport – Fitnesstraining

Frage 1:
Was versteht man unter Fitness? Welche Ziele und Inhalte von Fitnesstraining kennen Sie?

Fitness ist ein durch Training, gezielte Ernährung und gesunde Lebensführung bewusst angestrebter psychophysischer Leistungszustand, der über gesundheitliches Wohlbefinden hinausgeht.

Ziele und Inhalte des Fitnesstrainings:

- Verbesserung der Ausdauerleistungsfähigkeit: Ziel mit höchster Bedeutung
- Verbesserung der Kraftfähigkeiten: primär der Rumpf-, Stütz- und Haltemuskulatur
- Verbesserung der Beweglichkeit: allgemeine Beweglichkeit in allen großen Gelenken; sollte über die Beweglichkeit der Minimalnorm hinausgehen
- Lernen anwendungsbezogener motorischer Fertigkeiten: Verbesserung der Bewegungskoordination und Erlernen von Techniken, die eine Spielteilnahme ermöglichen

Frage 2:
Was ist das Ziel des Ausdauertrainings im Fitnessbereich? Mit welchen Trainingsmethoden kann Ausdauertraining im Fitnessbereich trainiert werden?

Das Ausdauertraining nimmt eine Sonderstellung beim Fitnesstraining ein. Durch behutsames methodisches Vorgehen sollten Anfänger nach mehreren Monaten in der Lage sein, einen Lauf von ca. 20–30 Minuten Dauer zu absolvieren. Als Methode eignet sich für den Einstieg das Walk-Run-Walk-Methode von *Galloway* oder der Hinweis auf die Atmung, dass man sich noch mit einem Laufpartner unterhalten können sollte („Laufen ohne Schnaufen"). Die Steigerung der Belastung sollte langsam und gleichmäßig, aber nicht sprunghaft erfolgen. Übertriebener Ehrgeiz zu Beginn ist fehl am Platz. Man kann dies in einer Lauftreffgruppe oder dem Radtreff eines Vereins beginnen. Zu unterscheiden sind allgemein Trainierende und systematisch Trainierende. Steuerungsgröße für die Belastungsintensität ist jeweils die Herzfrequenz, weshalb sich Pulsuhren oder Fitnesstracker empfehlen. Wenn eine solide Grundlagenausdauer vorhanden ist, kann man bei entsprechender Motivation der Fitnesssportler auch nach der HIT-Methode trainieren. Dazu bieten sich bekannte Trainingsmittel wie Laufen, Radfahren, Walking, Nordic-Walking, Inline-Skating, Schwimmen oder Skilanglauf etc. an.

> **Frage 3:**
> Was sagen Sie zu der Aussage „Im Fitnessbereich immer schön langsam und gleichmäßig laufen"? Was spricht dafür, was dagegen?

Bei Anfängern ist es methodisch gesehen wichtig, mit der Intensität nicht zu übertreiben. Es gibt aber mehrere Möglichkeiten, um dabei methodisch zu variieren. Ein HVT (High Volume Training) nach der extensiven Dauermethode ist in Ordnung, man kann auch nach der extensiven Intervallmethode oder Walk-Run-Walk-Methode nach *Galloway* vorgehen. Gegen ein Fahrtspiel oder HIT-Training ist nichts einzuwenden, sofern die entsprechende Grundlagenausdauer vorhanden ist.

> **Frage 4:**
> Ein 64-jähriger Radsportler fährt 24 000 km Rad im Jahr. Er sagt: „Ich bin Breitensportler."
> Wie stehen Sie zu dieser Aussage?

Wer so viel Rad fährt, nämlich ca. 65 km pro Tag über ein ganzes Jahr verteilt, legt Distanzen zurück, die bereits von manchen Radsportamateuren gefahren werden. Es handelt sich hier um einen Sportler, der hoch motiviert ist und zudem offensichtlich sehr stark an seiner Leistung interessiert ist. Für einen „gewöhnlichen" Breitensportler ist das deutlich zu viel.

Gesundheitssport 10

Frage 1:
Was versteht man unter Primär-, Sekundär- und Tertiärprävention?

Primärprävention: Sie setzt beim Gesunden vorbeugend an und hat die Erfassung und Ausschaltung schädigender Faktoren in einem Stadium, in dem noch keine subjektiven oder objektiven gesundheitlichen Beeinträchtigungen vorliegen, zum Ziel.

Sekundärprävention: Sie greift in einer Phase in den Entstehungsprozess einer Krankheit ein, in der subjektiv oft noch keine gesundheitlichen Beeinträchtigungen wahrgenommen werden, und beeinflusst frühzeitig vorhandene Risikofaktoren, um damit der Entwicklung von Erkrankungen durch eine adäquate Frühtherapie vorzubeugen.

Tertiärprävention: Sie zielt darauf ab, bei bereits bestehenden gesundheitlichen Beeinträchtigungen oder Erkrankungen Rückfälle und Chronifizierung zu vermeiden, und umfasst alle Maßnahmen zur Verhütung von Folge- und Begleiterkrankungen eines bestehenden Krankheitsbildes.

Frage 2:
Nennen und erläutern Sie die 6 Kernziele des Gesundheitssports.

1. Kernziel: Stärkung der physischen Gesundheitsressourcen

Es geht dabei um eine systematische Aktivierung des Muskelsystems, des Halte- und Bewegungsapparates sowie des Herz-Kreislauf-Systems durch Sport. Dazu zählen die Förderung der 5 Fitnessfaktoren: Kraft, Ausdauer, Beweglichkeit und Dehnfähigkeit, Koordination, Entspannungsfähigkeit.

2. Kernziel: Stärkung psychosozialer Faktoren

Es umfasst kognitive, emotionale und soziale Potenziale des Menschen, die zur Verbesserung der Lebensqualität (u.a. durch gesteigertes Wohlbefinden) beitragen und günstige Voraussetzungen zur Bewältigung gesundheitlicher Belastungen (soziale Konflikte, Beschwerden, Missbefinden) darstellen.

- Ein beim Gesundheitssportler vorhandenes Handlungs- und Effektwissen ist wichtig für dessen kompetente Eigenrealisation im Sport.
- Die positive Stimmung eines Menschen ist eine wesentliche Basis der psychischen Gesundheit.
- eine realistische Konsequenzerwartung, um erreichbare Ziele festzulegen
- Eine hohe eigene Kompetenzerwartung ermöglicht einen selbstsicheren Umgang mit Barrieren, die im Alltag entstehen können
- Durch ein positives Körperkonzept, also eine positive Bewertung des eigenen Körpers, werden das Selbstwertgefühl, das Wohlbefinden und die Gesundheit gefördert.
- Durch die Teilnahme am Sport, z.B. in einer Vereinsgruppe, erfährt der Gesundheitssportler soziale Unterstützung und Einbindung, was zum Wohlbefinden beiträgt und die Wahrscheinlichkeit erhöht, längerfristig beim Sport dabeizubleiben. Dadurch kann ein positiver Beitrag zur Bindung an gesundheitssportliche Aktivitäten geleistet werden.

3. Kernziel: Verminderung von Risikofaktoren

Körperliche Inaktivität wird selbst zu einem Risikofaktor, der weitere Risikofaktoren nach sich zieht. Wer sich nicht bewegt, verbrennt keine Kalorien, die Muskelzellen werden unsensibel für Insulin, das Körpergewicht steigt an und das Herz-Kreislauf–System degeneriert. Ausbleibende körperliche Fitness setzt also einen Prozess der negativen Anpassung in Gang und zieht weitere Risikofaktoren nach sich.

4. Kernziel: Bewältigung von Beschwerden und Missbefinden

Beschwerden können z.B. sein: Gelenkschmerzen, Rückenschmerzen, Kopfschmerzen, Herz-Kreislauf-Probleme. Wenn physische Symptome, z.B. Rückenschmerzen, ohne ersichtliche organische Ursache auftreten, werden sie als psychosomatische Beschwerden bezeichnet. Personen mit psychosomatischen Problemen profitieren allein schon durch die Aufnahme von regelmäßigen sportlichen Betätigungen.

5. Kernziel: Bindung an gesundheitssportliche Aktivität

Bindung bedeutet die regelmäßige Durchführung von Sport sowie das langfristige Dabeibleiben. Dabei geht es z.B. um die Reduzierung von Teilnahmebarrieren, wie zeitliche Gestaltung, Kosten, körperliche Voraussetzungen. Gute Stimmung (Spaß/Freude) im Kurs sowie ein freundlicher, gut ausgebildeter Trainer tragen ebenso zur Bindung an den Sport bei. Auch die Einbindung in eine Gruppe, die Zugehörigkeit zu einer Sportgruppe mit einer sozialen Unterstützung, spielt hier eine Rolle.

6. Kernziel: Verbesserung der Bewegungsverhältnisse bzw. Schaffung unterstützender Settings

Die Bewegungsverhältnisse der Menschen lassen sich verbessern durch:
- profilierte Gesundheitssportprogramme
- qualifizierte Trainer / Übungsleiter
- adäquate Räumlichkeiten und Geräte
- kommunale und regionale Vernetzung sowie Kooperation
- Qualitätssicherung und wissenschaftliche Evaluation

> **Frage 3:**
> Nennen und erläutern Sie die Gesundheitssportmodelle so genau wie möglich.

1. Risikofaktorenmodell

Das Risikofaktorenmodell erklärt das Zustandekommen bestimmter Krankheiten anhand statistischer Wahrscheinlichkeiten. Die Basis des Modells bildet die Annahme, dass körperliche Beschwerden und Krankheiten in erster Linie durch gesundheitswidrige Lebenssituationen und körperliche Zustände des Menschen verursacht werden. Die Interventionen des Gesundheitssports sollen bei diesen Bedingungen, den sog. Risikofaktoren, ansetzen. Ausgangsfrage des Modells: Warum werden Menschen krank?

Man kann die Risikofaktoren im Hinblick auf die Herz-Kreislauf-Erkrankungen in **drei Obergruppen** einteilen:

a.) Risikofaktoren, die nicht beeinflusst werden können

b.) Risikofaktoren, die bereits eine Krankheit darstellen, zusätzlich jedoch ein erhöhtes Infarktrisiko mit sich bringen

c.) Risikofaktoren, die aufgrund unserer Lebensweise die von Gesellschaft, Tradition und Gebräuchen geprägt wird, hervorgerufen werden

zu a.) Risikofaktoren, die nicht beeinflusst werden können

- **Alter:** Je älter ein Mensch ist, umso höher wird das Risiko, an einer Herz-Kreislauf-Erkrankung zu leiden.
- **Genetik:** Das Infarktrisiko steigt, wenn ein Familienmitglied z. B. vor dem 45. Lebensjahr bereits einen Infarkt erlitten hat.
- **Geschlecht:** Frauen erleiden in der Regel später Herzinfarkte als Männer.

Das Wissen um die nicht beeinflussbaren Risikofaktoren dient dazu, dass man sich vermehrt auf die beeinflussbaren konzentrieren kann.

zu b.) Risikofaktoren, die Krankheiten darstellen

- Bluthochdruck ist der wichtigste Risikofaktor für die Entstehung der Arteriosklerose, die wiederum dem Herzinfarkt oder Schlaganfall Vorschub leistet. Das Infarktrisiko nimmt mit zunehmendem Blutdruck zu und umgekehrt. Ein erhöhter Blutdruck (> 120 mmHg : 80 mmHg) muss behandelt werden; ca. 15–20 % der Erwachsenen haben Bluthochdruck.

- Diabetes mellitus ist eine Stoffwechselkrankheit, die sich bei einer gestörten Verwertung der Kohlenhydrate bemerkbar macht. Am Diabetes Typ 1 erkranken Jugendliche; er ist nicht Bestandteil des Modells. Am Diabetes Typ 2 erkranken in der Regel ältere Menschen, in den letzten 10 Jahren aber auch immer mehr Kinder und Jugendliche. Die Empfindlichkeit der Zelle gegenüber Insulin ist zu gering; es kommt sogar zur Insulinresistenz. Durch den aus dem Takt geratenen Zuckerstoffwechsel greift der Organismus immer mehr auf die Fettverbrennung zurück, wodurch die Blutfette ansteigen. Die Ateriosklerosneigung sowie der Blutdruck steigen dadurch an.

- Fettstoffwechselstörungen: Darunter versteht man die Verdauung, den Transport, die Verbrennung sowie den Ab- und Umbau von Fetten (Lipiden) und Fett-Eiweiß-Molekülen (Lipoproteine). Die Triglyzeride sowie das Gesamtcholesterin im Blut sind erhöht. Diese ungünstigen Veränderungen sind in 98 % der Fälle auf veränderte Umweltbedingungen bzw. verändertes Verhalten (z. B. fettreiche Nahrung) in Interaktion mit genetischen Einflüssen zurückzuführen. Sie erhöhen das Arterioskleroserisiko und begünstigen die Entstehung von Herz-Kreislauf-Erkrankungen. Erhöhte Blutfettwerte sind in Verbindung mit Rauchen besonders gefährlich.

- Adipositas (Fettsucht): Darunter versteht man einen übermäßigen Körperfettanteil, der über den BMI festgelegt wird. Als adipös gelten Menschen mit einem BMI über 30 kg/m^2. Mehr als 19 % der Männer und 22 % der Frauen in Deutschland gelten als adipös. Adipositas begünstigt Fettstoffwechselstörungen, Arteriosklerose und das Auftreten von Herz-Kreislauf-Erkrankungen.

- Eine besonders markante Form verschiedener Risikofaktoren ist das metabolische Syndrom (Wohlstandssyndrom), auch tödliches Quartett genannt. Es ist eine Kombination verschiedener Faktoren.

- Bluthochdruck
- Fettstoffwechselstörung
- Typ-2-Diabetes
- Adipositas (Fettsucht)

} metabolisches Syndrom

Die Therapie des metabolischen Syndroms besteht aus spezifischen Medikamenten, diätetischer Kostform sowie Ausdauertraining (Geiger, I.: Gesundheitstraining, BLV, 1999, S. 20).

zu c.) Risikofaktoren, die aufgrund unserer Lebensweise hervorgerufen werden

- Überernährung: In der BRD gelten 30–40 % der Bevölkerung als überernährt, dies bedeutet, dass ein BMI von 25 überschritten wird.

- **Fehlernährung:** Auch bei sehr hohen Kalorienzufuhr nimmt man nicht alle lebensnotwendigen Nahrungsbestandteile wie Mineralien oder Vitamine zu sich; es kommt ebenfalls zu einer fehlerhaften Nährstoffrelation (Kohlenhydrate: Fette: Proteine).
- **Rauchen:** Raucher haben generell eine niedrigere Lebenserwartung als Nichtraucher. Die Herzinfarkthäufigkeit ist erhöht. Nikotinabusus leistet der Arteriosklerose Vorschub.
- **Bewegungsmangel** (u.a. kein Sport): Ein entsprechend aufgebautes Training senkt die Gefahr, frühzeitig im Leben einen Infarkt zu erleiden. Sport kann die Lebensfreude und das Wohlbefinden positiv beeinflussen.
- **Stress:** Die WHO hat Stress zum Risikofaktor mit der höchsten Bedeutung für den Menschen bezeichnet. Stress kann eine starke Erhöhung der Gesundheitsrisiken bewirken: Herz-Kreislauf-Schäden (Infarkt, Schlaganfall), Blutdruckerhöhung, Erhöhung der Atemfrequenz, Schädigungen im Verdauungssystem (vgl. *Weineck*. Sportbiologie 2010, S. 634–694)

Den Risikofaktoren stehen Ressourcen (Widerstandsquellen) gegenüber, auf die der Mensch zurückgreifen kann. Die Tabelle zeigt die Leitsätze zum Risikofaktorenansatz in der Prävention auf (*Vogt, Töpper*: Sport in der Prävention, S. 7).

Risikofaktoren – Charakteristikum	Konsequenz im menschlichen Handeln
Risikofaktoren wirken schleichend-chronisch	frühzeitig handeln bzw. behandeln
Risikofaktoren wirken dosisabhängig	auch geringe Risiken behandeln
Mehrere Risikofaktoren multiplizieren das Risiko	alle Risikofaktoren behandeln
präventives Paradox	Viele müssen handeln oder behandelt werden, auch wenn nur wenige davon Nutzen haben.

Becker (in: *Bös, Brehm:* Handbuch Gesundheitssport. Hofmann, Schorndorf 2006, S. 34–35) weist im Zusammenhang mit dem Risikofaktorenmodell darauf hin, dass diesem im Kontext der Krankheitsbehandlung und Krankheitsprävention eine große Bedeutung zukommt. Ein Problem sieht er darin, dass es Gesundheit ausschließlich als Abwesenheit von Krankheit(en) betrachtet und gesundheitliche Schutzfaktoren keine Berücksichtigung finden.

Für *Vogt/Töpper* (Sport in der Prävention, Deutscher Ärzte Verlag, S. 19) besitzt das Modell einen hohen Bekanntheitsgrad und sie betonen, dass das Modell insbesondere im Hinblick auf die Herz-Kreislauf-Erkrankungen gut untersucht ist. Der Bewegungsmangel ist ein Risikofaktor der Lebenssituation des Menschen und muss darüber hinaus als Mitauslöser weiterer Risikofaktoren in Betracht gezogen werden. Als entscheidendes Defizit des stark naturwissenschaftlich geprägten Modells sehen sie die Konzentration auf gesundheitliche Stressoren und die Nichtbeachtung individueller Schutzfaktoren sowie gesundheitsrelevanter Ressourcen.

2. Salutogenesemodell von *Antonovsky*

Ausgangspunkt bei *Antonovsky* war die Frage: Warum bleiben Menschen trotz widrigster Umgebungsbedingungen (endogene und exogene Belastungsfaktoren) gesund? Das Modell bildet quasi einen „Gegenpol" zum Risikofaktorenmodell. Es basiert auf der Annahme, dass die krankmachenden Bedingungen für den Menschen in internen und externen Stressoren sowie gesunderhaltenden Faktoren in exogenen und endogenen Ressourcen zu suchen sind.

Der Mensch bewegt sich auf einem Kontinuum zwischen den Polen Wohlbefinden (Eustress, gesunder Stress) und Missempfinden (Disstress, schädlicher Stress); es gibt also keine eindeutige Trennung zwischen gesund und krank. Ein bedeutsamer Einflussfaktor ist die Fähigkeit des Individuums, Spannungszustände auszugleichen, die durch verschiedenste physische, psychosoziale, biochemische und physikalische Stressoren (Genetik, Grunderkrankungen, Rauchen, Übergewicht, Bewegungsmangel) hervorgerufen werden. Überdauernde individuelle Bewältigungsressourcen für diese Anforderungen werden als generalisierte Widerstandsquellen bezeichnet und sind folgendermaßen untergliedert:

- körperliche Widerstandsquellen: körperliche Fitness/Leistungsfähigkeit, Immunkompetenz, Anpassungsfähigkeit
- psychische Widerstandsquellen (kognitiv und einstellungsbezogen):
  - seelische Gesundheit (Zuversicht, Durchsetzungsfähigkeit, Selbstverantwortlichkeit)
  - internale Kontrollüberzeugungen (= Überzeugungen, den eigenen Gesundheitszustand und die Lebensumstände selbst beeinflussen zu können), wahrgenommene Selbstwirksamkeit
  - Bewältigungsstrategien (Optimismus in Belastungssituationen)
  - emotionale Intelligenz, Werte, (Gesundheits-)Wissen
- physikalische Widerstandsquellen: materielle Bedingungen, Obdach, Kleidung
- soziale Widerstandsquellen: soziale Unterstützungssysteme, soziokulturelle Faktoren

Salutogenesemodell von *Antonovsky*:

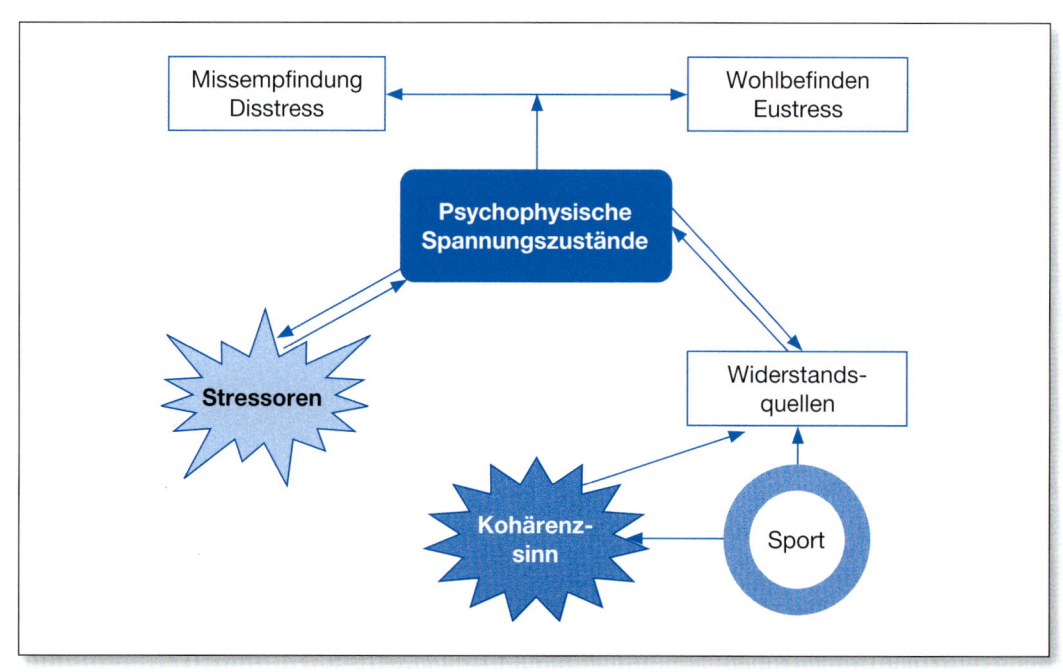

Der sog. Kohärenzsinn (*Antonovsky* nennt es „sense of coherence") ist der zentrale Begriff im Salutogenesemodell. Er setzt sich aus drei Teilkomponenten zusammen:

- Verstehbarkeit: Fähigkeit einer Person, interne und externe Ereignisse als kognitiv sinnhafte geordnete konsistente strukturierte und klare Informationen wahrzunehmen und zu deuten
- Handhabbarkeit: Verfügbarkeit geeigneter Ressourcen, um mit Anforderungen umgehen zu können und sich nicht nur in der Opferrolle zu sehen, sondern eigenständig Dinge in die Hand nehmen zu können
- Bedeutsamkeit: Ausmaß, in dem eine Person das Leben als sinnvoll empfindet und es sich lohnt, Einsatz zu zeigen und den Wert von Anforderungen oder Ereignissen zu sehen. Anforderungen werden als Herausforderung und nicht als Last oder Bürde empfunden.

Der Kohärenzsinn bildet sich im jungen Erwachsenenalter aus und bleibt nach Antonovsky ab dem 30. Lebensjahr stabil. Ein stark ausgeprägter Kohärenzsinn ist bei dem erfolgreichen Umgang mit Belastungen hilfreich und wirkt sich positiv auf den Gesundheitszustand aus. Aus diesem Grund wird durch verschiedene Bewegungsprogramme (Rückenschule, Faszienkurse, Osteoporosekurse, Koronarsport) bzw. die Widerstandsquelle Sport und Bewegung angestrebt, den Kohärenzsinn durch eine ganzheitliche Lebensstiländerung zu verbessern.

Körperliche Fitness ist eine sehr wichtige physische Gesundheitsressource. Sie kann darüber hinaus auf unterschiedlichste Art und Weise fast alle Widerstandsquellen positiv beeinflussen.

Schutzfaktoren nach Antonovsky	konkrete Ansätze im Sport
Gesundheit/organische Widerstandsquellen	positive Anpassungsmechanismen
Leistungsfähigkeit/Fitness	trainingsbedingte Anpassung des aktiven und passiven Bewegungsapparats
Wissen	• Wissen um den Gesundheitswert des Sports • Wissen über die körperlichen Fähigkeiten • Selbsterfahrung
Werte	Gemeinsamkeit, Offenheit, Fairness
soziale Widerstandsquellen	soziale Interaktionen, Sportfreunde, Vereine und Sport als soziales Unterstützungssystem
soziokulturelle Faktoren	Identifikation mit dem Verein
psychische Ressourcen	positive Beeinflussung von: • Ich-Identität • Selbstkonzept • Kontrollüberzeugung

3. Systemisches Anforderungs-Ressourcen-Modell (SAR-Modell)

Dieses Modell nach *Becker* lehnt an die Grundannahmen des Salutogenesemodells an, wurde jedoch um das Konstrukt der seelischen Gesundheit erweitert. In diesem Modell sind Krankheit und Gesundheit das Resultat von Anpassungs- und Regulationsprozessen zwischen Mensch und

Umwelt. Die Grundannahme des Modells besteht darin, dass der Gesundheitszustand einer Person von dessen Gelingen abhängt, externe und interne Anforderungen mithilfe von externen und internen Ressourcen zu bewältigen, inwiefern also Bewältigungsverhalten erfolgreich oder nicht erfolgreich ist.

> **externe Anforderungen:** in Schule, Beruf, in Beziehungen oder Sport
>
> **interne Anforderungen:** resultieren aus individuellen Zielen (z. B. in Schule, Beruf und Sport) aus individuellen Werten oder Bedürfnissen (z. B. nach Anerkennung, Selbstverwirklichung oder Geborgenheit)

> **externe Ressourcen:** soziale Ressourcen, Beziehungen, Unterstützung, materielle Ressourcen (z. B. Einkommen, Wohnbedingungen) oder ökologische Ressourcen (z. B. gesunde Nahrung, saubere Umwelt)
>
> **interne Ressourcen:** psychische Ressourcen (wie z. B. Wissen, Stimmung, Selbstkonzept und Selbstwirksamkeit) und physische Ressourcen (z. B. körperliche Konstitution oder Fitness)

Systeme stellen an andere Systeme Anforderungen, die man versucht, mit seinen Ressourcen zu bewältigen. Übersteigen die Anforderungen die Ressourcen, kann es zu negativen Emotionen kommen wie Unzufriedenheit, Missbefinden und schlussendlich zur Beeinträchtigung der körperlichen und seelischen Gesundheit. Stehen Anforderungen und Ressourcen im Gleichgewicht, werden also die externen und internen Anforderungen durch externe und interne Ressourcen mit Erfolg bewältigt, kann dies das Wohlbefinden steigern und zu körperlicher und seelischer Gesundheit beitragen.

> **Frage 4:**
> Nennen und erläutern Sie Krankheiten/Erkrankungen und den Effekt bzw. die Wirksamkeit von Sport und Bewegung auf diese!

Krankheit/Erkrankung	Effekt/Wirksamkeit
Diabetes mellitus Typ 2	Es besteht gute Evidenz für die Wirksamkeit körperlicher Aktivität zur Prävention und Therapie des Diabetes mellitus.
Adipositas	Zusammenfassend besteht geringe bis moderate Evidenz für die Wirksamkeit körperlicher Aktivität zur Prävention der Adipositas und gute Evidenz, was die Therapie der Adipositas angeht.
Bluthochdruck	Es besteht gute Evidenz, dass körperliche Aktivität blutdrucksenkend wirkt.
Fettstoffwechselstörungen	Die günstigen Effekte körperlicher Aktivität für die Prävention und Therapie von Fettstoffwechselstörungen sind zweifelsfrei nachgewiesen.

Krankheit/Erkrankung	Effekt/Wirksamkeit
Herz-Kreislauf-Erkrankungen	Die Prävention und Therapie der wichtigsten Erkrankungen des Herz-Kreislauf-Systems durch körperliche Aktivität ist wissenschaftlich umfangreich und eindeutig belegt.
chronisch obstruktive Lungenerkrankungen	Während eine präventive Wirkung von Bewegung auf das Auftreten chronisch obstruktiver Lungenerkrankungen wissenschaftlich unzureichend gesichert ist, sind die Effekte körperlicher Aktivität in der Therapie gut belegt.
Osteoporose	Es besteht moderate bis gute Evidenz, dass körperliche Aktivität und Bewegungstraining zur Prävention und Therapie von Osteoporose und zur Sturzprophylaxe beiträgt.
Arthrose	Die Wirkung von Bewegungsprogrammen zur Sekundärprävention und Therapie der Arthrose des Knie- und Hüftgelenks gilt als nachgewiesen. Für die Primärprävention steht dieser Nachweis noch aus.
chronische Rückenschmerzen	Es ist mit hinreichender Sicherheit wissenschaftlich belegt, dass Rückenschulen und Bewegungsprogramme chronischen Rückenschmerzen vorbeugen.
Krebs	Eine schützende Wirkung von Bewegung vor Brust- und Darmkrebs wurde in der Mehrzahl der wissenschaftlichen Studien nachgewiesen. Diese Evidenz fehlt bei anderen Krebsformen. In der Therapie trägt Bewegung zwar nicht direkt zur Heilung von Krebs bei, verbessert aber Lebensqualität und Leistungsfähigkeit der Patienten.
Depression	Körperliche Aktivität geht mit einer verbesserten mentalen Gesundheit und reduziertem Auftreten von Depressionen einher (moderate Evidenz). Bewegungstherapie ist als eine evidenzbasierte Behandlungsmethode für Depression und Angstzustände etabliert.
Infektion der oberen Atemwege	Der Zusammenhang zwischen regelmäßiger, dosierter Bewegung und einem reduzierten Auftreten von Erkältungskrankheiten wird als wissenschaftlich ausreichend gesichert betrachtet.
altersbedingte Reduktion kognitiver Funktionen und Demenz	Es besteht begrenzte Evidenz, dass körperliche Aktivität der Demenzprophylaxe dient.
Sterblichkeit	Zahlreiche methodisch präzise Studien belegen den Zusammenhang zwischen Sterblichkeit (Mortalität) und körperlicher Aktivität oder körperlicher Fitness. Eine geringe kardiorespiratorische Fitness gilt als Prädikator für eine erhöhte Sterblichkeit.

> **Frage 5:**
> Welche Effekte hat Sport bei Diabetes mellitus Typ 2?

Diabetes mellitus ist eine Stoffwechselerkrankung, bei der es zu einer Überzuckerung aufgrund der reduzierten Fähigkeit von Muskelzellen kommt, Zucker (Glukose) aufzunehmen. Der Diabetes mellitus Typ 1 beginnt bereits in der Jugend und wird hier nicht weiter besprochen. Der Diabetes mellitus Typ 2 (DM Typ 2) tritt meist erst im mittleren bis höheren Lebensalter auf und ist durch ein vermindertes Ansprechen der Muskelzellen auf das Hormon Insulin gekennzeichnet (Insulinresistenz). Wer bereits Bluthochdruck, Fettstoffwechselstörung sowie Übergewicht hat, hat ein hohes Risiko, auch einen DM Typ 2 zu entwickeln. Diabetes trägt zur Entstehung von Arteriosklerose bei, was Folgeerkrankungen wie koronare Herzerkrankungen, Schlaganfall, periphere Durchblutungsstörungen sowie Schädigungen der Augen (Netzhaut) und Nerven nach sich ziehen kann.

Neben einer genetischen Disposition sind der Bewegungsmangel und die Adipositas (Fettleibigkeit) die primären Faktoren in der Entstehung der Glukoseintoleranz und des DM Typ 2. Es gilt als unbestritten, dass eine Kombination aus erhöhter Alltags- und Sportaktivität, eine gute körperliche Fitness sowie eine hohe Muskelmasse und eine gute motorische Kompetenz (Koordination) das Ausmaß des Energieumsatzes deutlich erhöhen können.

> Aktuelle Empfehlungen beinhalten daher als Basistherapie des Diabetes mellitus Typ 2 eine Lebensstilintervention durch vermehrte körperliche Aktivität und Veränderung der Ernährungsgewohnheiten.

In der Praxis werden vor allem Formen des aeroben Ausdauertrainings empfohlen. Ihre positiven Auswirkungen auf DM Typ 2 sind seit Jahren in der Sportmedizin unbestritten. Seit ein paar Jahren wurde auch die Bedeutung des Krafttrainings erforscht und seine Wirkungen belegt.

> Auch durch Kraftausdauertraining wird die Insulinresistenz der Muskelzelle positiv beeinflusst. Die Kombination aus Kraft- und Ausdauertraining gilt als optimale Therapieform bei Diabetes mellitus Typ 2.

Frage 6:
Was versteht man unter der Waist-to-Hip-Ratio?

Das Bauchfett wird von der Medizin als gesundheitlich problematisch eingeschätzt. Die sog. Waist-to-Hip-Ratio wird gemessen zwischen dem unteren Rippenbogen und der Oberkante des Hüftknochens. Der Umfang spiegelt das Bauchfett bzw. viszerale Fett wider, das mit einem erhöhten metabolischen Risiko einhergeht. Ab 80 cm bei Frauen und 94 cm bei Männern steigt das Risiko für Herz-Kreislauf-Erkrankungen, Diabetes mellitus Typ 2, Fettstoffwechselstörungen, Arteriosklerose etc.; ab 88 cm bzw. 102 cm besteht eindeutig erhöhtes Risiko.

> **Frage 7:**
> Erläutern Sie den Zusammenhang von Ausdauertraining im Gesundheitssport so genau wie möglich. Gehen Sie dabei auch auf einzelne Sportarten ein.

Keine andere konditionelle Fähigkeit ist in der Vergangenheit im Zusammenhang mit dem Gesundheitssport so intensiv untersucht worden wie der Ausdauersport. Für den Gesundheitssport ist vor allem die allgemeine aerobe Grundlagenausdauer von Bedeutung. Durch ein richtig dosiertes Ausdauertraining gelingt es, den klinischen Folgen degenerativer Herz-Kreislauf-Veränderungen und weiterer Erkrankungen entgegenzuwirken.

Im Ausdauertraining sollten große Muskelgruppen dynamisch belastet werden. Durch Umfang und/oder Intensität soll Ermüdung des Sportlers provoziert werden. Die Trainingssteuerung soll wegen ihrer Praktikabilität über die Herzfrequenz erfolgen, obwohl sie mit Ungenauigkeiten verbunden ist.

Für eine optimale Dosierung des Ausdauertrainings ist der Umfang eine erste bedeutsame Größe. Der Optimalbereich liegt prinzipiell zwischen 30 und 45 (60) Minuten. Eine längere Belastungsdauer ist im Gesundheitssport nicht notwendig.

Durch Ausdauertraining kommt es im Organismus zu einer Reihe von positiven Anpassungserscheinungen. Es bedeutet im Allgemeinen eine verbesserte Ökonomisierung der Funktionen des gesamten Organismus sowohl in Ruhe als auch unter Belastung. Ausdauertraining kann sich sehr positiv auf die Gewichtsregulation auswirken. Es führt vor allem zu einer Ökonomisierung der Herzarbeit sowie zu günstigen Anpassungen des Blutes und der Skelettmuskulatur. Moderates Ausdauertraining kann sich zudem positiv auf das Immunsystem auswirken.

Durchführung

Man kann die Belastungen im Ausdauertraining grundsätzlich in zwei Bereiche aufteilen:
- Bewegungen, bei denen das Körpergewicht getragen werden muss
- Bewegungen, bei denen der Körper eine Gewichtsentlastung erfährt

Beim Walking, Nordic-Walking, Joggen, Seilspringen, Inline-Skating und Skilanglauf (bei beiden teilweise) oder auch Cross-Trainer muss der Sporttreibende sein Gewicht selbst bewegen. Wer hingegen etwas mehr Probleme mit dem eignen Körpergewicht oder seinen Gelenken hat, dem kommen Sportarten mit einer Körpergewichtsentlastung entgegen wie Radfahren, Aquajogging, Schwimmen, Aquafitness oder Fahrradergometer (auch im Wasser). Nachfolgend sind die Besonderheiten eines gesundheitsorientierten Ausdauertrainings aufgeführt.

Ausdauersportart	Trainingsdauer (in Minuten) minimal bis optimal	Besonderheiten
Laufen (Joggen)	30–45	Voraussetzung: belastungsfähiger Bewegungsapparat
Power-Walking	60–75	gelenkschonend

Ausdauersportart	Trainingsdauer (in Minuten) minimal bis optimal	Besonderheiten
Radfahren	45–60	gute Fettverbrennung, gelenkschonend
Rudern/Paddeln	30–45	Schultergürtel-, Oberkörperkräftigung
Skilanglauf	45–60	klassische Technik bevorzugen
Schwimmen	30–45	sehr gutes Herz-Kreislauf-Training, gelenkschonend
Ergometertraining	30–45 (60)	gute Fettverbrennung, gelenkschonend, geringe Verletzungsgefahr
Inline-Skater	45–60	gute Fettverbrennung, relativ gelenkschonend, Verletzungsgefahr

> **Frage 8:**
> Was versteht man unter der Run-Walk-Run-Methode nach *Galloway*? Für wen eignet sich diese ganz besonders?

Für Anfänger und körperlich Unfitte empfiehlt sich die „Run-Walk-Run"-Methode nach *Galloway*. Diese Methode ist sehr einfach zu erlernen. Man läuft (joggt) einen kurzen Abschnitt, bevor man eine Gehpause einlegt, und wiederholt dieses Muster immer wieder. Die Methode sieht nicht zwingendermaßen bzw. gar nicht vor, das Laufen einer bestimmten Strecke ohne Gehpause absolvieren zu können. Dazu schlägt *Galloway* den folgenden Trainingsplan vor.

zeitliche Angaben	Verhältnis Laufen zu Gehen
in den ersten Wochen alle 2 Tage insgesamt 10 Minuten trainieren	5 Sekunden Laufen, 55 Sekunden Gehen
nach 2–3 Wochen langsame Steigerung auf 30 Minuten Gesamtbelastung; immer 1 Tag Pause zwischen den Einheiten	5 Sekunden Laufen, 55 Sekunden Gehen
Steigerung der Laufbelastung innerhalb der 30 Minuten	die ersten 20 Minuten 5/55-Belastung, die letzten 10 Minuten durch 10 Sekunden Laufen und 50 Sekunden Gehen ersetzen; auch 5 Minuten mit 10/50 sind in Ordnung
Steigerung der Laufbelastung innerhalb der 30 Minuten	auf 10 Sekunden Laufen und 50 Sekunden Gehen während der gesamten 30 Minuten steigern
variable Steigerung innerhalb der 30 Minuten	• Man kann kontinuierlich auf 15/45 Sekunden oder 20/40 Sekunden oder 30/30 Sekunden hinarbeiten. • bei Atemlosigkeit Gehzeit verlängern und Laufzeit reduzieren

Wichtige Anmerkung zum Ausdauertraining im Gesundheitssport: Bei Gesundheitssportlern handelt es sich per se nicht um kranke Menschen, die sich nicht zu sehr anstrengen dürfen und daher nur sehr gering belastbar sind.

Die Bandbreite der Leistungsfähigkeit von Teilnehmern am Gesundheitssport in den Sportvereinen ist sehr groß. Für Trainer und Übungsleiter ist es daher z. B. wichtig, das Training besonders in dem so wichtigen Ausdauerbereich so individuell wie möglich zu gestalten. Die Vielfalt der möglichen Trainingsmethoden ist daher sehr groß.

Haupttrainingsmethode ist die Dauermethode mit den Varianten

- **kontinuierliche Dauermethode:** gleichbleibende Intensität
- **variable Dauermethode:** Tempowechselmethode, planmäßiger Intensitätswechsel
- **Fahrtspiel:** unplanmäßiger Intensitätswechsel, geländebedingt oder nach subjektivem Empfinden von Gehen bis Sprint

Als mögliche Steuergrößen kommen Herzfrequenz (allgemeine Formeln) oder die Atemfrequenz (3er- oder 4er-Rhythmus) in Frage. Für Leistungsschwächere, Senioren und Anfänger schlagen die Autoren mit Walking folgenden Trainingsplan vor.

Wochen	1–4	5–8	9–12
optimale Herzfrequenz [%]	60	60	60–75
Trainingszeit pro Einheit [Minuten]	15–30	30–45	30–60
Einheiten pro Woche	2	2–3	3–4

Bezüglich der Trainingsdauer schlagen *Buskies* und *Boekh-Behrens* (2009) ein Minimalprogramm und ein Optimalprogramm vor:

Minimalprogramm:
- Dieses muss mindestens durchgeführt werden, um nennenswerte gesundheitlich positive Effekte zu erzielen.
- dynamische Ausdauerbelastung unter Beteiligung großer Muskelgruppen (s. o.)
- Mindestdauer pro Woche insgesamt 60 Minuten, bei einem Kalorienverbrauch von mindestens 500–1000 kcal (vgl. Kap. 10, Frage 15 zur *Sygusch*-Studie in diesem Buch). Es ist besser sich 3 x 20 Minuten zu belasten als einmal 60 Minuten (biologisches Trainingsprinzip). Dennoch gilt auch: Einmal ist besser als keinmal!

Optimalprogramm
- Hierunter versteht man ein Trainingsprogramm, von dem ab, ein noch höherer Trainingsaufwand in keinem Verhältnis mehr zu noch möglichen Verbesserungen der positiven Anpassungseffekte steht.
- dynamische Ausdauerbelastung unter Beteiligung großer Muskelgruppen (s. o.)

- Dauer pro Woche: ca. 4–7 Stunden
- Entspricht ca. 4–7 Trainingseinheiten von 40–60 Minuten Dauer

Ein noch umfangreicheres Training ist zwar möglich und würde auch zu einer weiteren Leistungsverbesserung führen, eine parallel dazu ansteigende Verbesserung der Gesundheitsparameter ist jedoch nicht zu erwarten

Die Belastungsintensität kann über die Pulsfrequenz gesteuert werden. Die Messungen am Handgelenk oder an der Halsschlagader bergen Ungenauigkeiten und sind auch bei Kindern sowie älteren Menschen nicht einfach durchzuführen. Die Unterschiede können bis zu 20–25 Schläge betragen. Während einer Belastung ist dies zudem unpraktisch, da diese unterbrochen werden muss. Der Pulsfrequenzabfall ist unmittelbar nach Belastungsende sehr stark. Hier machen Pulsfrequenzmesser oder auch Fitnesstracker wirklich Sinn, da dieser die aktuelle und exakte Herzfrequenz jederzeit sichtbar macht. Man kann damit zudem eine Unterforderung, aber – noch wichtiger im Gesundheitssport bei Anfängern und relativ Unfitten – auch eine Überforderung verhindern. Zur Festlegung der Trainingspulsfrequenz schlagen die Autoren die Methode nach

- *Baum/Hollmann*: Trainingspulsfrequenz = 180 – Lebensalter

oder

- nach der Karvonen-Formel: Trainingspulsfrequenz = Ruhepuls + ([Maximalpuls – Ruhepuls] × Intensität) +/– 3 Schläge vor.

> **Frage 9:**
> Wie funktioniert Ausdauertraining nach der Borg-Skala? Beschreiben Sie möglichst genau.

Eine sehr gut geeignete Methode zur Belastungssteuerung im Ausdauertraining (und Krafttraining) speziell im Gesundheitssport ist die Borg-Skala, da sie sehr teilnehmerorientiert und individuell ausgerichtet ist.

Das subjektive Belastungsempfinden, auch Anstrengungsempfinden genannt, ist das subjektive Empfinden eines Sportlers darüber, wie schwer und anstrengend eine vorgegebene Leistung ist.

Das Anstrengungsempfinden wird mit einer numerischen Skala, der sog. Borg-Skala, erfasst. In der Praxis wird die Skala an den Probanden ausgeteilt, damit dieser damit angeben kann, wie anstrengend die Ausdauerbelastung (oder Kraftbelastung) für ihn ist. Die beschreibenden Worte dienen zur Orientierung für das Ausmaß der Anstrengung. Das Verfahren liefert somit keine objektiven Messdaten über die Laktatwerte oder Herzfrequenz, sondern spiegelt das individuelle Empfinden des Trainierenden wider. Nachfolgend sind die Borg-Skala für Ausdauerbelastungen und die Zuweisung der dazugehörigen Pulsfrequenzen aufgeführt.

Borg-Skala Ausdauerbelastungen		Herzfrequenz bei Trainingsintensität
6		
7	sehr, sehr gering	
8		
9	sehr gering	
10		
11	gering	
12		
13	ziemlich stark	70–80 % moderate Intensität
14		
15	stark	85–90 % mittlere Intensität
16		
17	sehr stark	90–93 % Wettkampfintensität
18		
19	sehr, sehr stark	100 % Herzfrequenz (HF), maximale HF
20	zu stark, geht nicht mehr	

Wie der Auflistung zu entnehmen ist, wird das Ausdauertraining eigentlich erst ab 12 (grauer Bereich) zunehmend effektiv für den Gesundheitssport. Dies gilt jedoch nur für Fortgeschrittene, denn für Anfänger, unfitte Erwachsene und untrainierte Ältere müssen geringere Intensitäten (eventuell 10–11 auf der Borg-Skala) angesetzt werden.

Über die Borg-Skala können die Sportler durch ihre eigene Körperwahrnehmung und Selbsteinschätzung lernen, ihre Belastung für sich selbst einzuschätzen. Das subjektive Belastungs- oder Anstrengungsempfinden (RPE = Rating of Perceived Exertion) ist sehr komplex. Es entsteht durch eine Mischung aus Informationen der Muskulatur, Atmung, Herzfrequenz, Körpertemperatur und Psyche. Wenn man im Ausdauerbereich z. B. die Zahl der Borg-Skala mit 10 multipliziert, sollte diese in etwa dem Belastungspuls entsprechen. Dies kann man im Vergleich durch das Tragen eines Pulsmessers testen. In der praktischen Anwendung bei den klassischen Sportarten (Laufen, Walking, Nordic Walking, Schwimmen, Radfahren und Skilanglauf) gestattet sie eine gute und unkomplizierte Umsetzung.

Frage 10:
Worin bestehen die präventiven Ziele des Krafttrainings im Gesundheitssport?

Präventive Ziele des Krafttrainings im Gesundheitssport:

- Erhalt und Verbesserung der Leistungsfähigkeit und Belastbarkeit des Stütz- und Bewegungsapparates
- Verringerung des Verschleiß- und Verletzungsrisikos
- Stabilisation des passiven Bewegungsapparates
- Vorbeugung gegen Rückenbeschwerden, Haltungsschwäche, Osteoporose, Arthrose, muskuläre Dysbalancen, Beschwerden am Bewegungsapparat
- Ausgleich der Kraftabnahme im Altersgang und einer erhöhten orthopädischen Belastung aufgrund der Körpergewichtszunahme mit fortschreitendem Alter
- Ausgleich bei Sportarten mit einseitigem Training; dadurch Verletzungsvorbeugung und Vorbeugung vor vorzeitigen Abnutzungserscheinungen
- Erhalt der Autonomie und Selbständigkeit im Alter
- Vor allem bei Kraftausdauertraining kardioprotektive Effekte wie z. B. Senkung der Ruheherzfrequenz und positive Effekte auf den Blutfettspiegel, aber auch **Figurformungseffekte**, Gewebestraffung und **Verringerung des Körperfettanteils**

Frage 11:
Was versteht man unter sanftem Krafttraining? Erläutern Sie möglichst genau! Welche Vorteile bringt es mit sich? Wie kann man Krafttraining nach der Borg-Skala betreiben?

Das sanfte Krafttraining eignet sich vor allem im Gesundheitssport als Trainingsmethode des Kraftbereichs. Man kann nach der Tabelle der Borg-Skala vorgehen.

Borg-Skala Kraftbelastungen		
6		
7	sehr, sehr gering	
8		
9	sehr gering	
10		
11	gering	
12		

Borg-Skala Kraftbelastungen		
13	ziemlich stark	70–80 % moderate Intensität
14		
15	stark	85–90 % mittlere Intensität
16		
17	sehr stark	90–93 % Wettkampfintensität
18		
19	sehr, sehr stark	
20	zu stark, geht nicht mehr	100 %

Die einzelne Serie (Satz) wird beim sanften Krafttraining nicht zwingend wie im etablierten Krafttraining bis zur letzten Wiederholung durchgeführt, sondern z. T. schon ein paar Wiederholungen zuvor beendet.

Studien zum sanften Krafttraining haben gezeigt, dass die Kraftwerte nur unwesentlich geringer waren als bei einem „Standard-Krafttraining" (= Durchführung bis zur letzten Wiederholung des Satzes).

Zur Festlegung der Trainingsintensität und des Trainingsumfanges geht man folgendermaßen vor:

Trainingsziel festlegen:
- Kraftausdauer oder
- Muskelaufbau

Gewichtsbestimmung:
- Man wählt eine Gewichtsbelastung aus, bei der ab der 20. Wiederholung bei Kraftausdauer (beim Muskelaufbau ab der 10.–12. Wiederholung) die Belastung als „etwas anstrengender" bzw. „anstrengend" empfunden wird.
- Wenn man mehrere Serien (3–5) durchführen möchte, kann man bei jeder Serie 1–2 Wiederholungen weniger durchführen als bei der vorhergehenden Serie.

Die Vorteile des sanften Krafttrainings sind nachfolgend aufgeführt.

orthopädische Aspekte
- relativ geringe Belastung des aktiven und passiven Bewegungsapparates
- verminderte Gefahr von Technikabweichungen durch zu starke Ermüdung
- reduzierte Gefahr von Inkontinenz aufgrund von Pressatmung oder starker intraabdomineller Druckerhöhung (vor allem Frauen)

physiologische Aspekte

- niedrigere Herzfrequenz und Blutdruckwerte
- geringerer Sauerstoffbedarf des Herzmuskels
- insgesamt niedrigere HKS-Belastung
- reduzierte Ausschüttung von Stresshormonen (Adrenalin, Noradrenalin)
- verringerte immunologische Belastung
- stark vermindertes Risiko der Pressatmung und der damit assoziierten Problematik für das Herz-Kreislauf-System

trainingsspezifische Aspekte

- verkürzte Regenerationsphasen
- **besonders geeignet für**: (Kinder-) und Jugendtraining, Schulsport, Training von Älteren und von Personen mit orthopädischen und internistischen Erkrankungen oder für ein allgemeines Krafttraining im Breiten- und Freizeitsport
- **geringere psychische Belastungen**: Motivationshilfe für Sportler, die keine „harten Belastungen" wollen, welche z. B. starke Schmerzen verursachen

Im präventiven Bereich haben sich für den aktiven und passiven Bewegungsapparat viele Formen der funktionellen Gymnastik in den Sportvereinen besonders bewährt: Wirbelsäulengymnastik, Theraband-Kräftigung, Pezziball-Gymnastik, Flexi-Bar-Übungen etc.

Frage 12:
Welche Bedeutung hat das Koordinationstraining im Gesundheitssport?

Die Vielfalt der Fragestellungen zur Bedeutung der Koordination im Gesundheitssport lässt sich unter folgenden Aspekten zusammenfassen:

1. Veränderung der Bewegungskoordination im Zusammenhang mit Verletzungen/Erkrankungen des Bewegungssystems
2. Bewegungskoordination als Risikofaktor für Funktionsstörungen und Erkrankungen des Bewegungssystems
3. Bewegungskoordination als Gesundheitsressource bzw. Schutzfaktor des Bewegungssystems

Zu 1: Verletzungen des Muskel-Skelett-Systems sind häufig mit offensichtlichen Veränderungen des Bewegungsverhaltens verbunden. Erkennbar ist dies z. B. an Schonhaltungen, Ausweich- und Kompensationsbewegungen, muskulären Schutzanspannungen, an der Reduktion von Bewegungsumfang und Bewegungsstärke bzw. an der Veränderung weiterer Bewegungsmerkmale. Deutliche und zum Teil in hohem Maße zu Behinderungen führende Veränderungen der Motorik ergeben sich bei neurologischen Erkrankungen. Diese können durch Schmerz hervorgerufen werden. Verbesserungen dieser Situationen können z. B. durch bewegungsbezogene Interventionen, also Koordinationstraining, erzielt werden.

Zu 2: Eine inadäquate neuromuskuläre Kontrolle (unzureichende Koordination) kann als eine Ursache für Fehl- und Überbeanspruchung von Gelenken gesehen werden und zusammen mit einem Kraftdefizit der Muskeln als Risikofaktor für die Entstehung von degenerativen Gelenkerkrankungen. Die muskuläre Kontrolle der Wirbelsäule kann als Risikofaktor für die Entstehung von Rückenschmerzen diskutiert werden. Dies wird zudem durch den Einfluss der Ermüdung auf das Bewegungsverhalten deutlich. Bei ermüdenden Rumpfbewegungen konnte beispielsweise eine Zunahme von Ausweichbewegungen nachgewiesen werden, welche ein erhöhtes Risiko für Wirbelsäulenverletzungen bedeutet.

Zu 3: Wenn eine unzureichende Koordination als Risikofaktor wirken kann, kann umgekehrt eine gute, angepasste und angemessene Koordination als Schutzfaktor betrachtet werden. Zum Beispiel kann durch eine schnelle Reaktion eine schnelle muskuläre Gelenkstabilisation hervorgerufen werden, was dabei helfen kann, Verletzungen zu vermeiden. Nach spezifischen sensomotorischen Übungs- und Trainingsprogrammen konnte z. B. eine signifikante Reduktion des Risikos von Kreuzbandverletzungen bei Handballern festgestellt werden.

Koordination ist zudem bis ins hohe Seniorenalter trainierbar. Durch ein mehrwöchiges Koordinationstraining konnte die Stolper- und Sturzgefahr bei Senioren in einem Laufbandtest (das Band wurde bei geringer Geschwindigkeit durch den Notstopp unsichtbar für die Probanden angehalten) deutlich gegenüber der Gruppe reduziert werden, die kein Koordinationstraining durchgeführt hatte. Daher werden Sportprogramme für Senioren als geeignet betrachtet, um die altersbedingte Abnahme der Koordination deutlich zu mindern und zu verzögern. Koordinationstraining kann als Möglichkeit der Sturzprophylaxe gesehen werden, was für Personen, die an Osteoporose erkrankt sind, eine hohe Bedeutung hat.

Darüber hinaus soll auf den Zusammenhang von Koordination und psychosozialen Gesundheitsressourcen hingewiesen werden, was z. B. die Einstellung zur eigenen Bewegung und die Motivation zu einer bewegungsreichen Lebensweise anbelangt.

> **Frage 13:**
> Welche Bedeutung spielen Stress und Entspannung im Zusammenhang mit der Gesundheit bzw. dem Gesundheitssport?

Entspannung und Stressbewältigung im Gesundheitssport

Die WHO hat Stress als einen eigenständigen Risikofaktor mit sehr großer Bedeutung eingeordnet. Man rechnet sogar damit, dass stressbedingte Störungen die zweitwichtigste Ursache für Zivilisationskrankheiten darstellen. Dazu belegen zahlreiche Studien, dass die Stressbelastung in den Industrienationen in den letzten Jahren zugenommen hat und der Stress zu beträchtlichen privat- und volkswirtschaftlichen Einbußen führt. Der Körper reagiert auf ein Zuviel an Stress mit chronischen Schmerzen, Bluthochdruck oder Magenbeschwerden. Dem Sport wird ebenso wie den Entspannungsmethoden ein stressdämpfendes Potenzial zugeschrieben.

Der Stress gehört zum menschlichen Leben dazu, aber er ist nicht unbegrenzt verkraftbar. Er wird jedoch zum Problem, wenn der Mensch durch starke, langanhaltende oder häufig auftretende Belastungen nicht mehr ausreichend in der Lage ist, seinen Zustand, sein Verhalten und seine Leistungsfähigkeit stabil zu halten.

Stress entsteht durch die Wechselbeziehungen zwischen den äußeren Bedingungen und Anforderungen, den sog. Stressoren, und der Bewältigungskompetenz des Menschen.

Häufige Stressoren sind: Zeitdruck, Überforderung, ständige Erreichbarkeit, gestörte Kommunikationsbeziehungen, mangelnder Handlungs- und Entscheidungsspielraum, mangelnde soziale Anerkennung, finanzielle Probleme, Krankheitsbefürchtungen usw.

Folgen von nicht bewältigtem Stress:

- sozial: Aggressivität oder Hemmungen, soziale Unsicherheit, soziale Isolierung
- psychisch: emotionale Anspannung, verminderte kognitive Fähigkeit, Angst, Sorge, Resignation, Unsicherheit, mangelndes Selbstvertrauen, reduzierte Leistungserwartung etc.
- vegetativ-hormonell: höhere Herzfrequenz, Bluthochdruck, Erröten, Erblassen, Adrenalinausstoß, Schwitzen etc.
- muskulär-motorisch: muskuläre Verspannungen, Zittern, motorische Fehlleistungen, gestörte Feinmotorik etc.

Für eine langfristige Gesundheit und Leistungsfähigkeit ist eine ausgewogene Balance zwischen Belastung und Belastbarkeit eine wichtige Grundlage.

Frage 14:
Welche Möglichkeiten hat der einzelne Mensch zur individuellen Gesunderhaltung?

körperlich	Sport treiben	gesunde Ernährung	Körperpflege	präventive Untersuchungen
geistig	Schlaf	Entspannungsphasen/Entspannungsmethoden	Tagesplanung	Weiterbildung
sozial	Pflege des Freundeskreises	Mitarbeit in einem Sportverein	Familie	

Kapitel 10: Gesundheitssport

> **Frage 15:**
> Nennen Sie die zentralen Ergebnisse der Paffenbargerstudien. Welche Ergebnisse hatte die Syguschstudie? Was zeigt die Syguschstudie im Hinblick auf den Energieaufwand pro Woche?

Die Auswirkungen von körperlicher Aktivität auf die Leistungsfähigkeit, koronare Herzerkrankungen und die Lebenserwartung wurde in den Paffenbargerstudien untersucht. Die größte Lebensverlängerung wurde erzielt durch:

1. Vermeidung von Bluthochdruck, gefolgt von
2. Nichtrauchen und
3. körperliche Aktivität von mehr als 2000kcal/Woche

Das zentrale Ergebnis nach Auswertung der Langzeitstudien mit mehreren tausend Probanden war, dass körperliche Aktivität und Fitness entscheidend zum allgemeinen Erhalt des Gesundheitszustandes, zu einer Verlängerung der Lebenserwartung bis zu ihrem Optimum sowie zu einer Verbesserung der Lebensqualität beitragen.

Durch Sporttreiben und körperliche Aktivität – vor allem Ausdauersport – kann man in gewissen Maßen einen positiven Einfluss auf einen Bluthochdruck ausüben. Körperliche Aktivität wird auch positiv bewertet. Problematisch kann für manche Menschen jedoch körperliche Aktivität/Sport mit 2000 kcal/Woche (3–5 TE von 30–60 Minuten Dauer) werden. Die Hürde ist für Neueinsteiger oder Wiederbeginner so hoch, dass die Wahrscheinlichkeit steigt, dass diese entweder erst gar nicht mit dem Sporttreiben beginnen oder relativ früh damit wieder aufhören. Hier setzt die Studie von *Sygusch* an.

Bei der **Syguschstudie** wurden ein niedrigschwelliges Angebot/Einstiegprogramm und die Auswirkungen auf die Gesundheit der Probanden untersucht. Die Probanden wurden 3 Jahre lang bei einem Programm betreut, das 1 x pro Woche über 90 Minuten stattfand und bei moderater Intensität sowie einem Kalorienverbrauch von 500–800 kcal/ Woche durchgeführt wurde.

Bei bewegungsarmen Erwachsenen mit ungünstigem Risikoprofil führt hingegen bereits ein Energieverbrauch ab 500–800 kcal/Woche zu leichten Verbesserungen. Deutliche Wirkungen bei den subjektiven Gesundheitsparametern (psychosoziale Gesundheitsressourcen, Gruppenatmosphäre, Kontakte, Aufmerksamkeit, Wohlbefinden) wurden in einem systematisch gestalteten Kursprogramm bereits bei einem Energieumsatz von 500–800 kcal/Woche erzielt. Auch ein Energieumsatz unter 1000 kcal/Woche trug zur Verbesserung einzelner Risikofaktoren bei.

Bei bewegungsarmen, aber fitten und gesunden Erwachsenen ist ein Mindestenergieumsatz von 1000 kcal/Woche zur Verbesserung von physischen Ressourcen und Risikofaktoren notwendig. Die *Sygusch*-Studie zeigte auf, dass man auch mit weniger Aufwand als den zitierten 2000 kcal/Woche bereits sehr viel für seine Gesundheit erreichen kann. Die Ergebnisse können als Wegweiser für Vereine verstanden werden, Kurse im Gesundheitssport mit einem entsprechend niedrigschwelligen Angebot zu machen.

> **Frage 16:**
> Beschreiben Sie so genau wie möglich die Möglichkeiten einer gesunden Lebensführung im Jugendalter.

Um es vorwegzunehmen: Die Frage, ob sich bereits Kinder bzw. Jugendliche mit den verschiedenen Aspekten einer gesunden Lebensführung beschäftigen sollten, muss mit einem eindeutigen „Ja!" beantwortet werden. Der Hintergrund ist, dass viele Krankheiten bereits im Kindes- bzw. Jugendalter entstehen oder auftreten können, wie z. B. Diabetes Typ II, Adipositas (mit einhergehenden Fettstoffwechselstörungen) oder Herz-Kreislauf-Probleme (Anzeichen: mangelnde körperliche Leistungsfähigkeit). Mit starkem Übergewicht haben immer mehr Kinder und Jugendliche zu kämpfen, die damit einhergehende extreme Belastung für den passiven Bewegungsapparat (Gelenke) sind eine häufige Folgeerscheinung. Es besteht zudem der begründete Verdacht, dass sich z. B. die „Arteriosklerose" durch mangelhafte Ernährung bereits im Kindesalter zu entwickeln beginnt. In der Gruppe der 5- bis 7-Jährigen hat sich die Anzahl der dicken Kinder in den letzten 30 Jahren verdoppelt, bei den 10-Jährigen sogar vervierfacht. Wenn dieser Trend anhalten sollte, wird im Jahr 2040 jeder zweite Erwachsene adipös, also stark übergewichtig, sein. Immer mehr Kinder entwickeln in letzten Jahren z. B. Diabetes Typ II. Betrachtet man das Alter der Kinder/Jugendlichen, wird klar, dass diese Unterstützung aus ihrem Elternhaus (evtl. auch der Schule) benötigen, um diesbezüglich zu einem insgesamt gesunden Lebensstil zu finden. Kindergartenkinder und Grundschulkinder essen (meistens!) das, was sie von den Eltern auf den Tisch gestellt bekommen. Sie sind also von ihren Eltern und damit deren Know-how abhängig.

Die Unterschiede von aktiven Jugendlichen gegenüber nicht aktiven Jugendlichen (11–19 Jahre) sind relativ eindeutig und belegen, dass ein erhöhtes Maß an Sporttreiben (gemessen an Dauer, Häufigkeit und Intensität) die motorische Leistungsfähigkeit steigert. Sportlich aktive Jugendliche sind gesünder als Nichtsportler, insbesondere in den Bereichen Fitness, Risikofaktoren, subjektiver Gesundheitszustand, psychosoziale Ressourcen und mit Abstrichen auch bei einigen körperlichen Beschwerden. Zudem geht man davon aus, dass im Sport von den Kindern/Jugendlichen wichtige Tugenden wie z. B. Wille, Anstrengungsbereitschaft und Durchhaltevermögen (Stichwort: exekutive Funktionen), erlernt werden können, die ihnen im späteren Leben zugutekommen können.

Nationale und internationale Studien zum Jugendalter weisen einen positiven Zusammenhang zwischen sportlicher Aktivität und gesundheitlichem Befinden auf.

Des Weiteren bestehen leichte Vorteile der jugendlichen Sportler beim Tabakkonsum. Da Rauchen für die Entstehung der Arteriosklerose mitverantwortlich gemacht wird, ist dies positiv zu bewerten. Eine gesunde Lebensführung umfasst folgende Faktoren:

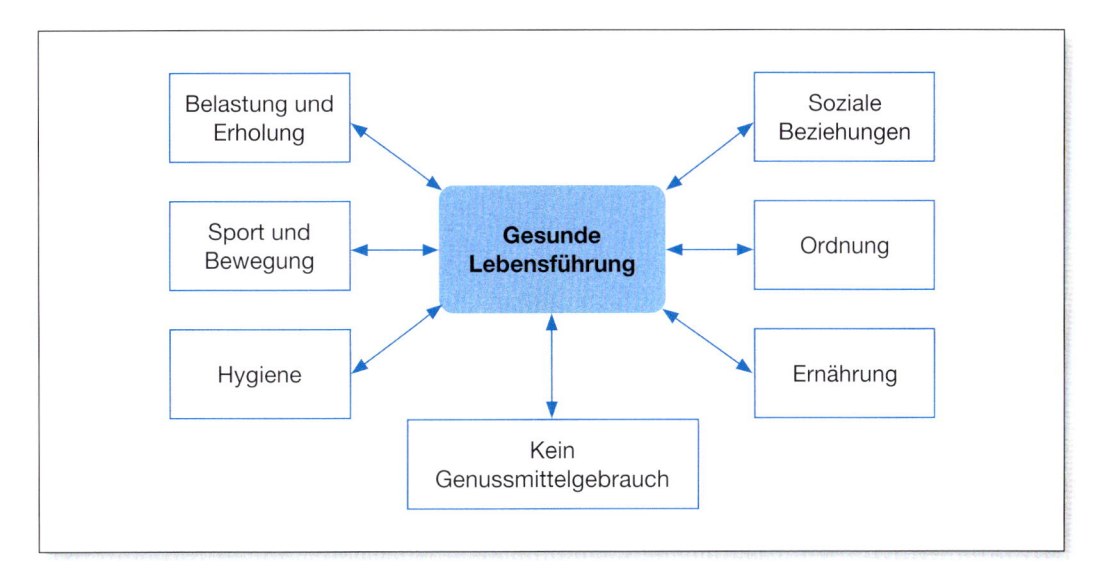

```
         Belastung und                            Soziale
          Erholung                              Beziehungen

          Sport und          Gesunde
          Bewegung         Lebensführung          Ordnung

           Hygiene                               Ernährung

                              Kein
                        Genussmittelgebrauch
```

Kinder und Jugendliche sollten sich vielseitig und abwechslungsreich bewegen und Sport treiben und damit möglichst im frühen Schulkindalter (5–7 Jahre) beginnen. Das sollten die Kinder am besten in einem Sportverein tun, der über qualifizierte (lizenzierte) Trainer bzw. Übungsleiter verfügt. Sie sollten sich im Sport immer wieder auch einmal richtig auspowern. Dazu ist regelmäßiges Sporttreiben zu empfehlen, wobei der Spaßfaktor möglichst groß sein sollte. Für Jugendliche gelten die gleichen wichtigen Bereiche/Aspekte des Gesundheitssports wie für Erwachsene:
- Ausdauertraining
- Krafttraining, körperstabilisierende Übungen
- Entspannung (Schule/Freizeit)
- Ernährung

Auch Kinder und Jugendliche sollten sich abwechslungsreich, vollwertig und ausgewogen ernähren. Ein erster Schritt zu einer bewussteren Ernährung könnten 7-Tage-Ess- bzw. -Trinkprotokolle sein, die dann in der Schule im Sportkurs oder im Biologieunterricht gemeinsam besprochen werden können.

Aufwärmen im Sport

11

In den Fragen 1, 2 und 3 zu diesem Kapitel werden Sie nach eigenen Erfahrungen gefragt. Hierzu können wir Ihnen leider keine Beispiele zur Verfügung stellen.

> **Frage 4:**
> Welche Ziele werden im allgemeinen Aufwärmen verfolgt?

Beispiel Tischtennis: hier traditionelles Aufwärmen. Durch das Aufwärmen vor dem Tischtennis soll ein optimaler psychophysischer und koordinativ-kinästhetischer Vorbereitungszustand erreicht werden. Zudem dient das Aufwärmen auch der Verletzungsvorbeugung, primär der Muskulatur. Man unterscheidet ein allgemeines und ein spezielles Aufwärmen. Das allgemeine Aufwärmen beginnt mit einem ca. 7- bis 8-minütigen Warmlaufen, um die Beinmuskulatur zu erwärmen und das Herz-Kreislauf-System zu aktivieren. Zusätzlich werden dadurch die Gelenke der unteren Extremitäten auf die darauffolgende Belastung etwas vorbereitet (Synovialflüssigkeit). Bei diesem Warmlaufen darf nicht gesprintet werden. Darauf folgen 5–6 Dehnungsübungen für Muskeln, die im Tischtennis einer besonderen Belastung ausgesetzt sind: Wadenmuskulatur, Oberschenkel-Vorderseite, Oberschenkel-Rückseite, Pectoralis, Triceps, schräge Rumpfmuskulatur. Diese Dehnungen werden nach der aktiv-dynamischen Dehnungsmethodik durchgeführt.

Für alle Sportler, bei denen es auf eine sehr hohe Leistungsfähigkeit der Augen ankommt, sollte Folgendes berücksichtigt werden: Zahlreiche Studien belegen den Anstieg der visuellen Leistungsfähigkeit nach körperlicher, insbesondere Herz und Kreislauf aktivierender Beanspruchung, durch eine verbesserte Stoffwechselsituation:

- Anstieg der retinalen Durchblutung, Anstieg der zerebralen Sauerstoffversorgung, erhöhte Vigilanz (Wachsamkeit)
- gilt für: Sehschärfe wie Tiefensehvermögen, Kontrastempfindlichkeit und dynamische Sehleistung

Praxis: Ein Herz und Kreislauf aktivierendes Aufwärmen wirkt sich sowohl wahrnehmungsphysiologisch als auch wahrnehmungspsychologisch leistungsoptimierend aus.

- Es führt zu besserer Wahrnehmungs- und Aufmerksamkeitsleistung.
- Dehnungsübungen alleine genügen dazu nicht!

- Allen Trainingsinhalten mit visuellen Inhalten – Taktiktraining, Antizipationstraining – sollte schon aus diesen Gründen eine Herz-Kreislauf-Aktivierung vorausgehen.

Von Relevanz sind diese Aussagen für: Tischtennis, Tennis, Badminton, Squash, Bogenschützen, Schützen allgemein, Handball, Fußball, Volleyball, Basketball, Hockey, Eishockey, American Football, Baseball und Softball, Golf, Karate, Boxsport, Automobilrennsport, Motorrad-GP; weiterhin Schiedsrichter in den zum Teil oben genannten Sportarten.

Gutes Sehen kann man nicht durch Videoschauen verbessern, man muss den Sport „live" sehen.

Frage 5:
Welche Ziele werden im speziellen Aufwärmen verfolgt?

Das sportartspezifische Aufwärmen besteht aus einem systematischen Einspielen mit TT-Schlägen am Tisch und ist zu Beginn von einer mittleren Intensität geprägt. Es handelt sich in der Regel um einfach regelmäßige Übungen, also VH-Konter auf VH-Konter diagonal. Erst in der zweiten Hälfte dieses Einspielens sollten dynamischere Schläge gespielt werden. Das Aufwärmen dauert ca. 20 Minuten oder länger (spielklassen-abhängig).

Ernährung im Sport

Frage 1:
Welche Folgen kann eine „schlechte Sporternährung" für die Sportler nach sich ziehen?

Die Antwort auf diese Frage ist zunächst abhängig von dem Leistungsniveau, auf dem der Sport betrieben wird, und der Sportart/Disziplin selbst. Generell gilt: Je höher das Niveau, desto wichtiger wird der Beitrag der Ernährung zur sportlichen Leistung. Im Ausdauersport ist sie mit zunehmender Belastungsdauer und in den Spielsportarten mit zunehmender Bedeutung der Grundlagenausdauer hoch einzuschätzen. Folgen mangelhafter Ernährung können sein:

- schnellere Ermüdung oder Erschöpfung
- Leistungsabfall vor allem im Ausdauerbereich
- verzögerte oder verschlechterte Regeneration
- verzögerte oder verschlechterte Anpassungserscheinungen
- Nachlassen der technischen Fertigkeiten mit zunehmender Belastungsdauer
- Nachlassen der kognitiven Fähigkeiten

Frage 2:
Was versteht man unter dem Grundumsatz?
a. Nach welcher Faustformel kann man ihn berechnen?
b. Was versteht man unter dem Gesamtumsatz?

Unter dem Grundumsatz (GU) versteht man den Energieumsatz des menschlichen Organismus zur Aufrechterhaltung seiner Stoffwechselfunktionen, gemessen 12–24 Stunden nach Nahrungsaufnahme bei einer Temperatur von 20 °C sowie körperlicher und geistiger Ruhe. Der Grundumsatz ist abhängig von folgenden Faktoren:

- Körpergewicht: je höher das Gewicht, umso höher ist der GU
- Alter: je älter, umso geringer ist der GU
- Geschlecht: GU bei Frauen ca. 10 % niedriger als bei Männern

- hormonelle Einflüsse: GU erhöht bei gesteigerter Hormonproduktion (z. B. Katecholamine)
- Tageszeit: Minimum nachts, Maximum am Nachmittag
- zentralnervöse Einflüsse: bei erhöhtem Muskeltonus erhöhter GU

a) Faustformel zur Berechnung des Grundumsatzes

1 kg Körpermasse benötigt pro Stunde eine Energiemenge von ca. 4 kJ.

Grundumsatz = 4 kJ (h × kg); (1 kcal = 4,18 kJ)

b) Beschreibung des Gesamtumsatzes

Auch körperliche Arbeit wie Gartenarbeit oder Spaziergänge bedingen einen höheren Energieumsatz als den Grundumsatz. Dieser wird als Leistungszuwachs oder Leistungsumsatz bezeichnet. Häufig wird der Gesamtumsatz in Ruheumsatz und Arbeitsumsatz aufgeteilt Der Ruheumsatz wird bei völliger Körperruhe gemessen. Er liegt ca. 10-15 % über dem Grundumsatz:

> Gesamtumsatz = Ruheumsatz + Arbeitsumsatz

Frage 3:
Von welchen Faktoren hängt der Energiebedarf im Sport ab?

Sportler stellen keine homogene Gruppe dar, sondern unterscheiden sich in zahlreichen Faktoren, die auf den Energie- und Nährstoffbedarf haben:
- Alter, Geschlecht
- Körpergewicht
- Muskelmasse (Körperzusammensetzung)
- Sportart/Disziplin
- Trainingsphase/Wettkampfphase
- Trainingshäufigkeit (TE pro Woche oder TE pro Tag)
- Trainingsinhalte
- Trainingsintensität
- Trainingszustand

Es ist zudem zu berücksichtigen, dass Sportler die Belastungsintensität und Belastungsdauer je nach Trainings- und Wettkampfphase innerhalb der Jahresperiodisierung, aber auch innerhalb einer Woche unterschiedlich gestalten. Jugendliche haben im Leistungssport einen zusätzlich wachstumsbedingten höheren Energie- und Nährstoffbedarf. Zusätzlich kann im Leistungssport und besonders im Nachwuchsleistungssport die Körperzusammensetzung von Sportlern auch innerhalb der gleichen Sportart/Disziplin sehr stark variieren. Zum Beispiel können Athletinnen im Ausdauerbereich 50-60 kg wiegen und Werferinnen 130 kg auf die Waage bringen.

Frage 4:
Wie hoch ist der Energiegehalt pro Gramm der Hauptnährstoffe?

Energiegehalt pro Gramm:
- Kohlenhydrate: 4,1 kcal oder 17 kJ
- Proteine: 4,1 kcal oder 17 kJ
- Fette: 9,3 kcal oder 39 kJ

(Alkohol: Energiegehalt: 7,1 kcal oder 29 kJ; Alkohol ist zwar kein Hauptnährstoff, man kann aber erkennen, wie es zu einem „Bierbauch" kommen kann.)

Frage 5:
Wie sieht die prozentuale Aufteilung der Nährstoffe bei Nichtsportlern bzw. bei Sportlern aus?

	Kohlenhydrate [%]	Fette [%]	Proteine [%]
Nichtsportler	50	30	20
Sportler	60	25	15

Frage 6:
Welche Bedeutung haben Kohlenhydrate bei sportlichen Belastungen von bis zu zwei Stunden Dauer?

Die Kohlenhydrate haben für Sportler eine sehr große Bedeutung. Der Sportler benötigt KH:
- zur schnellen Energiegewinnung
- zur Wiederauffüllung der Glykogenspeicher nach der Belastung
- zur Aufrechterhaltung der Blutglukose-Homöostase während der Belastung
- zur besseren Durchblutung der Muskulatur während der Belastung durch das Insulin
- zur Förderung der Proteinsynthese nach der Belastung
- für die Kognition (Gehirnfunktion)

> **Frage 7:**
> Warum ist es wichtig, innerhalb der ersten 45 Minuten nach Belastungsende Kohlenhydrate zu sich zu nehmen?

Nach einer sportlichen Belastung hat ein Sportler ein relativ kleines Zeitfenster, das zur Nahrungsaufnahme für eine optimale Regeneration genutzt werden sollte. Untersuchungen haben gezeigt, dass die Regeneration/Proteinsynthese (Muskelaufbau) umso schlechter ausfällt, je länger man mit dem Wiederauffüllen der Kohlenhydratspeicher wartet. Innerhalb der ersten 45 Minuten nach Belastungsende ist dafür die beste Zeit. Der Flüssigkeits- und Elektrolythaushalt sollte zuerst ausgeglichen werden. Die Wiederauffüllung des Kohlenhydratspeichers kann damit kombiniert werden, indem man ein kohlenhydrathaltiges Sportgetränk zu sich nimmt.

> **Frage 8:**
> Welche Bedeutung haben Fette in der Sporternährung?

Fette sind sehr energiehaltig; sie sind ein Isolations- und Polstermaterial für den Organismus und bilden eine wichtige Energiereserve im Körper. Sie sind Bestandteile der Zellmembran und kommen in hoher Konzentration im Nervengewebe sowie der menschlichen Netzhaut vor. Wenn sich Sportler sehr kohlenhydratarm ernähren, wird die Fettverstoffwechselung gesteigert. Bisher konnte eine dadurch verursachte Leistungssteigerung durch Studien nicht belegt werden. Diäten mit hohem Fettverzehr haben sich als nicht leistungssteigernd erwiesen. Der Einsatz von Nahrungsergänzungsmitteln, die die Fettsäureverfügbarkeit erhöhen sollen (z. B. Coffein oder Carnitin), wird nicht befürwortet.

> **Frage 9:**
> Welche Bedeutung haben Proteine in der Sporternährung?

Proteine versorgen den Organismus des Menschen mit Aminosäuren und weiteren Stickstoffverbindungen, die zum Aufbau und zur Erhaltung körpereigener Proteine benötigt werden. Proteine bzw. Aminosäuren sind Bestandteile von Muskeln, Sehnen, Bändern, Knochenmatrix und Bindegewebe. Sie steuern darüber hinaus vielfältige metabolische und hormonelle Stoffwechselprozesse und spielen überdies eine Rolle im Immun- und Gerinnungssystem sowie im Energiestoffwechsel. Sie beeinflussen als Puffer den Säure-Basen-Haushalt (vgl. *Schek*. DGE-Position Sporternährung: Proteine. In: Leistungssport 4/2020, S. 42).

> **Frage 10:**
> Welche Bedeutung hat der Flüssigkeits- und Elektrolythaushalt beim Sport?

Da der menschliche Organismus zu 60–80 % aus Wasser besteht, kommt dem Flüssigkeitshaushalt eine sehr wichtige Bedeutung zu. Sportler, vor allem sehr gut trainierte Ausdauersportler, können bis zu 1,5 Liter mehr Blutvolumen aufweisen. Wasser erfüllt wichtige Funktionen:

- Thermoregulation – (Schwitzen)
- Lösungsmittel
- Transportmittel
- Baustein

Der Organismus reagiert je nach Trainingszustand sehr empfindlich auf Flüssigkeitsmangelzustände. Bereits ab 2 % Körpergewichtsverlust durch Flüssigkeitsverlust sind erste Symptome festzustellen, die sich negativ auf körperliche Leistungen auswirken können. Ein ausgeglichener Flüssigkeitshaushalt ist wichtig für die Körperkühlung durch das Schwitzen. Wird der Körper zu warm, droht ein Hitzekollaps, ab 39,5 °C Bluttemperatur ist dessen Sauerstoffbindungsfähigkeit eingeschränkt, was sich negativ auf die Ausdauerleistungsfähigkeit auswirken kann. Auch das menschliche Gehirn ist für eine optimale Funktion auf einen ausgeglichenen Flüssigkeitshaushalt angewiesen.

Für die Leistungsfähigkeit und Gesundheit von Sportlern ist eine bedarfsgerechte Zufuhr an Mineralstoffen essenziell. Mineralstoffe sind anorganische Stoffe, die der Körper nicht verbraucht, aber auch nicht selbst herstellen kann. Die wichtigsten Mineralstoffe sind Natrium und Chlorid (zusammen Kochsalz), Kalzium, Magnesium, Kalium und Phosphor. Wichtige Spurenelemente sind Eisen, Zink, Jod, Selen und Kupfer.

Die Mineralstoffe werden im Dünndarm absorbiert und gelangen über die Pfortader zur Leber. Sie wirken als Regulatoren bei sehr vielen Stoffwechselprozessen. Natrium und Kalium sind wichtig bei der Erregungsleitung (Natrium-Kalium-Pumpe). Kalzium ist wichtig für die Verbindung der Aktin- und Myosinfilamente der Muskulatur und dient in den Synapsen als Second Messenger (Reizübertragung auf den Muskel). Magnesium spielt eine Rolle im Stoffwechsel, in der Membranphysiologie, der neuromuskulären Reizübertragung und ist ein Co-Faktor des ATP (Energiebereitstellung). Eisen ist wichtig für das Immunsystem, befindet sich im Hämoglobin und Myoglobin, Zink aktiviert verschiedene Enzyme des Stoffwechsels und ist wichtig für das Immunsystem. Selen ist ein wichtiges Antioxidans (Sauerstoffradikalenfänger).

> **Frage 11:**
> Von welchen Faktoren hängt die Schweißbildung beim Menschen ab? Wozu dient sie beim Sporttreiben?

Die Schweißbildung des Menschen hängt von folgenden Faktoren ab:
- Belastungsintensität
- Belastungsdauer
- Trainingsgrad der Sportler (Trainierte haben z. B. mehr Schweißzellen als Untrainierte und können sich deshalb besser kühlen)
- Geschlecht (Männer schwitzen mehr als Frauen)
- klimatische Bedingungen
- Hydratationszustand der Sportler (nur wer ausreichend Flüssigkeit aufgenommen hat, kann genügend schwitzen)
- Bekleidung

Schwitzen dient dazu, den Körper durch die Verdunstungskälte auf der Hautoberfläche zu kühlen. Ein Hitzekollaps soll verhindert und die Sauerstoffbindung soll möglichst lange optimal aufrechterhalten werden.

> **Frage 12:**
> Ein Sportler sagt, dass er colaartige Getränke für die optimalen Getränke beim Sporttreiben hält. Was spricht dafür, was dagegen?

Colaartige Getränke sind keine geeigneten Sportgetränke. Sie enthalten zum einen zu viel Zucker und sind hyperton im Vergleich zum menschlichen Blut. Sie sind in der Regel extrem mineralstoffarm. Die Aufnahme in den menschlichen Organismus ist dadurch stark verzögert. Cola-artige Getränke haben einen sehr niedrigen pH-Wert (ca. 3), was die Übersäuerung im Körper antreibt. Kohlensäure behindert das maximale Sauerstoffaufnahmevermögen. Das Coffein verstärkt durch die Blockade eines Hormons in der Urinausscheidung den Verlust von Natrium, Chlorid sowie Magnesium und Kalzium. Dadurch kann die Krampfanfälligkeit steigen. Die Zuckeraufnahme ist verzögert und dauert zwischen 20 und 45 Minuten. Zusätzlich kann Coffein auch die Nervosität des Sportlers steigern.

> **Frage 13:**
> Kann man es mit der Bedeutung der Sporternährung übertreiben?

Ja, diese Gefahr besteht durchaus, nämlich dann, wenn der Sportler seine Ernährung für sich zu einer Art „Religion" erklärt. Gefährdet sind vor allem Sportler von Sportarten, bei denen das äußere Erscheinungsbild eine Rolle spielt (ästhetische Sportarten) oder ein niedriges Körpergewicht einen Leistungsvorteil erbringt: Skisprung, Hochsprung, Laufen, rhythmische Sportgymnastik, Schwimmen, Ballett, Turnen, Tanzen, Judoka, Ringen, Skilanglauf, Biathlon. Bei den Skispringern wird seit mehreren Jahren der BMI überprüft. Das Schicksal des deutschen Topskispringers *Sven Hannawald* (Gewinner der Vierschanzentournee) sei an dieser Stelle erwähnt.

Bei der nordischen Ski-WM 2021 wurde von den Trainern z. B. gefordert, bei Skiläuferinnen ebenfalls BMI-Bestimmungen durchzuführen. Man muss pathologische Essstörungen (Krankheitsbilder: Bulimie, Anorexie) und gestörtes Essverhalten voneinander trennen. Dies ist schwierig, da die Übergänge fließend sind und die Symptome – vor allem für Laien – nicht einfach zu erkennen sind. Häufig tritt exzessives Sporttreiben in Kombination mit einem auffälligen Essverhalten auf (z. B. nichts essen, während andere essen; nur Wasser trinken, „Miniportionen" essen etc.). Dieses Essverhalten trifft zu 70–80 % auf Frauen zu, 20–30 % der Betroffenen sind Männer. Wenn der Verlauf bestimmte Formen annimmt, kann dies für die Betroffenen einen sehr langen Leidensweg bedeuten, der mitunter tragisch mit dem Tod der Sportlerin oder des Sportlers enden kann.

Psychologie im Sport 13

> **Frage 1:**
> Welche Anforderungen stellt Ihre Sportart an die Psyche des Sportlers? In welchen Situationen kommt dies besonders deutlich zum Ausdruck?

Beispielsportart Tischtennis

Folgende psychischen Fähigkeiten werden im Tischtennis besonders gefordert:

- intellektuelle (kognitive)Fähigkeiten: z.B. Wahrnehmung, Vorstellen, Denken
- psychische Steuerungsfähigkeiten: z.B. Konzentration, Beharrlichkeit, Entschlusskraft, Kampfbereitschaft
- emotionale Zustände und Prozesse: Selbstvertrauen, Ärger, Aggressionen u. a.

Konzentration: Im Tischtennis ist der Wahrnehmungsausschnitt sehr eng. Der Gegner wird erfasst; je enger das Konzentrationsfeld gewählt wird, desto intensiver werden die zugehörigen Hirnzentren erregt. Die Konzentration verengt sich noch mehr auf einzelne Teile der gegnerischen Aktionen, z.B. auf den Schlägerblattwinkel, den Schläger-Ball-Treffpunkt und die Schlagarmführung. Es ist für TT-Spieler sehr schwer, die Konzentration über einen längeren Zeitraum auf gleichbleibendem Niveau aufrecht zu erhalten; Satzpausen, Spielpausen müssen dazu genutzt werden. Die Konzentration auf klar definierte Ziele und die Einstellung als innere Haltung sind die Voraussetzungen für eine optimale Antizipation und intuitives Denken. Man versucht dies durch Konzentrationstraining am Tisch oder auch abseits des Tisches zu trainieren.

Emotionen: Wohl in kaum einer Sportart kann man emotionale Ausbrüche nach Ballwechseln so häufig beobachten wie im Tischtennis. Nach manchen Ballwechseln bricht es aus dem Spieler heraus, als wäre gerade die Weltmeisterschaft durch diesen Ballwechsel entschieden worden oder die Welt gerade untergegangen, manchmal fliegt auch ein Schläger durch die Box. Wie wirken sich solche Emotionen auf die Leistung der Spieler aus? Positive Emotionen können die Handlung in positiver Weise beeinflussen bis hin zum „Flow-Erlebnis". Auf der anderen Seite können sich negative Emotionen negativ auswirken in dem Sinne, dass die Spielhandlung darunter leidet. Enttäuschung, Frustration und Ängste können die Folge sein. Durch Übungen zur Affektkontrolle wird versucht, dies im leistungssportlich orientierten TT in den Griff zu bekommen. Hierbei spielt auch der Trainer eine wichtige Rolle.

Ärger: Ärgerreaktionen gehören zu den häufigsten emotionalen Erscheinungen im Tischtennis. Sie äußern sich häufig in aggressivem Verhalten. Das Reaktionsspektrum reicht vom Ausflippen (Herumschreien, Fluchen, Schläger auf den Boden fallen lassen, gegen ein Tischbein treten etc.) bis hin zur teilnahmslosen Hinnahme. Wird nichts unternommen, kann sich dies auch negativ auf das Mannschaftsklima auswirken. Wenn ein Tischtennisspieler erfolgreich sein will, muss er lernen, mit seinem Ärger umzugehen. In der Sportpsychologie gibt es verschiedene Techniken zur Bewältigung des Ärgers bzw. wie man damit umgehen kann. Dazu zählen z. B. Konzentrationstechniken, Beruhigungstechniken, Motivationstechniken, Ablenkung, Abreaktion, Informationssuche wie z. B. Blickkontakt mit dem Trainer aufnehmen (vgl. *Baumann*. Psychologie im Tischtennis, DTTB, Frankfurt Main, 2004).

> **Frage 2:**
> Welche selbst erlebten Situationen im Sport haben Sie als psychologisch belastend empfunden? Wie hat sich das auf Sie selbst ausgewirkt, was haben Sie gespürt?

Bitte beantworten Sie diese Frage anhand Ihrer persönlichen Erfahrungen.

> **Frage 3:**
> Finden Sie für die einzelnen Begriffe Angst, Stress, Motivation und Konzentration entsprechende Sportarten/Situationen, in denen diese deutlich zu erkennen sind. Was kennzeichnet diese Sportarten/Situationen?

	Angst	**Stress**	**Motivation**	**Konzentration**
Skiabfahrtslauf	Sturz, Verletzung, Versagen	Streckenbeschaffenheit, geänderte Lichtverhältnisse	Wille zum Sieg, auf möglichst gute Platzierung fahren	auf die Schwünge, Punkte zum Einleiten der Schwünge
Karate	• Verletzung, Versagen • Qualifikation verpassen	• unbekannter Gegner • starker Gegner, verbleibende Wettkampfzeit	Siegeswille, gut abschneiden	auf Angriffe und Abwehraktionen, Finten des Gegners
Fußballtorwart (Handballtorwart, Eishockeytorwart, Hockeytorwart)	• Verletzung • Fehler, Blamage durch leichten Fehler, Auswechslung im nächsten Spiel • beim Elfmeter verladen zu werden	• letzter Mann, seine Fehler sind offensichtlich und folgenschwerer wie die der Feldspieler • schwacher Torwart verunsichert die Abwehr	jeden Ball abzuwehren, „zu null" zu spielen, dem Team Sicherheit geben, seine Abwehr steuern, Vorderleute loben	• enge Konzentration auf strafraumnahe Spielsituationen • weiter gefasste Konzentration auf strafraumferne Spielsituationen, „gedanklich mitspielen" • Begriff: Torspieler

	Angst	Stress	Motivation	Konzentration
Tanzsport	• Fehler im Tanz (eigene und Fehler des Partners) • Versagen • Qualifikation verpassen	• starke Konkurrenzpaare • Qualifikation für nächste Runde • Reisestress	• Wille zum Sieg • sein Bestes geben	• Choreografie beherrschen • auf Aktionen des Partners achten • andere Paare auf der Fläche peripher wahrnehmen (Reaktion)

Frage 4:
Wie sieht es in Ihrer eigenen Sportart mit der Konzentration aus? Welche Bedeutung kommt ihr zu? Welche Möglichkeit sehen Sie, diese gezielt zu verbessern?

Bitte vergleichen Sie hierzu als Beispiel die Antwort der Frage 1 zur Konzentration im Tischtennis.

Frage 5:
Welche Dimensionen der Konzentration sind in Ihrer eigenen Sportart wichtig? Verändert sich die Konzentration oder bleibt sie gleich? Finden Sie weitere Beispiele für Konzentrationsrichtungen in anderen Sportarten/Disziplinen.

Sportart	enge Konzentration	weite Konzentration	Mischung
Skilanglauf, Marathon, Triathlon, 1000-m-Lauf, Freiwasserschwimmen	–	X	–
Biathlon, Tennis, Handball, Fußball, Basketball, Volleyball, Hockey, Tennis	X	X	X
Hochsprung, Weitsprung, Darts, Billard, Speerwurf, Diskuswurf, Kugelstoßen, 110- und 100-m Hürden, 400-m-Hürden, Gerätturnen, Turmspringen	X	–	–

Frage 6:
Was versteht man unter einem Motiv? Was unter Motivierung bzw. Motivation?

Motive sind situationsüberdauernde, zeitlich überdauernde und persönlichkeitsspezifische Wertungsdispositionen. Sie sind nicht direkt zu beobachten, sondern sog. hypothetische Konstrukte, quasi gedankliche Hilfskonstruktionen.

Der Prozess der Motivanregung wird Motivierung genannt, das Ergebnis der Motivierung wird als Motivation bezeichnet.

> **Frage 7:**
> Welche Motive im Sport kennen Sie?

Beispiele für Motive im Sport: Aggressionsmotiv, Anschlussmotiv (Geselligkeitsmotiv), Risikomotiv, Furcht vor Misserfolg, Hoffnung auf Erfolg, Machtmotiv, Neugiermotiv und Spielmotiv.

> **Frage 8:**
> Welche Motivgruppen im Sport gibt es? Erläutern Sie, was man darunter versteht.

- **auf das Sporttreiben selbstbezogene und ich-bezogene Motive**: z. B. Freude an bestimmten Bewegungen; Spielen, Risiko, Abenteuer und Spannung; Askese und körperliche Herausforderung
- **auf das Ergebnis des Sporttreibens bezogene und sozialbezogene Motive**: soziale Interaktion, mit anderen zusammen Sporttreiben, Radfahren, Skilaufen, Laufen, Skilanglaufen
- **auf das Ergebnis des Sporttreibens bezogene und ich-bezogene Motive**: Leistung, Selbstbestätigung: ohne Sturz mit dem MTB beim Downhill angekommen; beim Marathon unter 3 Stunden 30 Minuten kommen. „Ich höre auf, wenn ich heute über 4 Stunden für die Bergstrecke mit dem Rad benötige."
- **auf das Ergebnis des Sporttreibens bezogene und sozialbezogene Motive**: Leistung, Präsentation: „Hoffentlich zeigen die mich heute im Fernsehen." Soziale Anerkennung: „So müssten mich einmal meine Arbeitskollegen sehen." „Wenn ich heute gewinne, bin ich Deutscher Meister!" Dominanz, Macht: „Die haben wir voll im Griff!"
- **auf das Sporttreiben als Mittel für weitere Zwecke bezogene und ich-bezogene Motive**: Gesundheit: „Schwimmen ist gut für meine Gelenke!" Fitness: „Nach dem Lauf fühle ich mich wieder richtig fit!" Aussehen: „Durch das Krafttraining habe ich eine bessere Körpermuskulatur bekommen." Entspannung: „Im Sommer bei Sonnenaufgang im Bodensee schwimmen entspannt mich." Naturerlebnis: „Beim Schneeschuhwandern erlebe ich die Natur ganz anders" Kontakt: „Im Sportverein kann ich viele Gleichgesinnte kennenlernen." Aggression: „Beim Krafttraining kann ich mich nach einem anstrengenden Arbeitstag völlig auspowern."

> **Frage 9:**
> Was versteht man in der Psychologie unter Angst? Wo kann sie im Sport auftreten?

Angst ist eine Bezeichnung für eine Reihe komplexer und als unangenehm empfundener emotionaler Zustände, die aufgrund realer oder vermuteter Bedrohungen durch äußere und innere

Faktoren verursacht und mit Begriffen wie Beengung, Erregung, Lähmung oder Beunruhigung beschrieben werden. Angst im Sport:
- Verletzungen durch missglückte Bewegungen
- drohendes Leistungsversagen
- Folgen des Leistungsversagens
- soziale Blamage
- Situationen der Überforderung

> **Frage 10:**
> Erläutern Sie das Machtmotiv, das Altruismusmotiv und das Neugiermotiv.

Das Machtmotiv zählt zu den tiefenpsychologisch-triebtheoretischen Ansätzen zur Erklärung motivierten Verhaltens. Psychische Prozesse werden als Ergebnis von inneren Kräften und Konflikten verstanden, die ihrerseits vom Trieb abgeleitet werden. Das Machtmotiv gilt hier als ein grundlegender Trieb. Es bedeutet, innerhalb einer sozialen Beziehung jede Chance zu nutzen, den eigenen Willen auch gegen Widerstreben durchzusetzen, egal, worauf diese Chance beruht. Man kann es als Bestreben verstehen, auf andere Personen Einfluss auszuüben, sie in ihren Werthaltungen und Gefühlen zu beeinflussen und zu Aktivitäten zu veranlassen, da sie sonst nichts unternehmen würden. Häufig wird Macht ausgeübt, um andere Personen zu eigenen Zwecken dienlich zu machen.

Unter dem Altruismus- oder Hilfemotiv versteht man die Disposition für Handlungen, die der Handelnde zum Nutzen anderer ausführt. Man kann einem anderen Menschen Hilfe leisten, jemandem Aufmerksamkeit zukommen lassen oder seine eigenen Wünsche zurückstellen. Es gibt uneigennützigen Altruismus und instrumentellen Altruismus. Eine altruistische Handlung kann machtmotiviert sein, wenn sie dazu dient, sich den anderen für eine folgende Gelegenheit dienlich zu machen.

Beim Neugiermotiv wird davon ausgegangen, dass der menschliche Organismus bestrebt ist, existenziell notwendige chemisch-physiologische Bedingungen, d. h., das externe Milieu des Organismus im Sinne eines Gleichgewichts aufrechtzuerhalten oder wiederzuerlangen. Der Organismus hat eine Tendenz, optimale Aktivierung, anzustreben, also zu viel Reize oder Langeweile zu vermeiden. Man konnte zeigen, dass Aufmerksamkeit erregt und Explorationsverhalten insbesondere bei niedrigem Anregungspotenzial durch Reizmuster angeregt wird, die neuartig und komplex sind, Ungewissheit steigern oder dämpfen oder Überraschungen beinhalten.

> **Frage 11:**
> Was versteht man unter der Leistungsmotivation im Sport?

Die Leistungsmotivation ist ein zentraler Anreiz des Sporttreibens. Fast könnte man sagen, dass dieser Anreiz so alt ist wie der Sport selbst. Die Leistungssituation stellt heute eine Grundsituation

des Sporttreibens dar. Eine Leistungssituation muss 5 Situationen erfüllen, damit ein leistungsmotiviertes Handeln ausgelöst werden kann:
- Die Handlung führt zu einem objektivierbaren Ergebnis.
- Das Handlungsergebnis muss auf einen Gütemaßstab beziehbar sein.
- Dem Gütemaßstab muss ein Schwierigkeitsmaßstab zuzuordnen sein.
- Das Handlungsergebnis muss vom Handelnden selbst als selbstverursacht erlebt werden.

Leistungsmotivation ist zu verstehen als Gesamtheit der aktuellen, emotionalen und kognitiven Prozesse, die in der individuellen Auseinandersetzung mit diesen Kriterien der Leistungssituation angeregt werden.

Es geht für Sportler um die Auseinandersetzung mit einem Gütemaßstab. Dabei vergleichen Sportler in solchen Situationen im Rahmen von Bezugsnormen:
- sachliche Bezugsnorm (Gelingen – Nichtgelingen)
- individuelle Bezugsnorm („Habe ich mich verbessert?")
- soziale Bezugsnorm („Bin ich besser als die anderen?")

Frage 12:
Was versteht man unter Hoffnung auf Erfolg bzw. Angst vor Misserfolg bzw. Erfolgsmotivierten und Misserfolgsmotivierten im Sport?

Für das Leistungsmotiv ist die Unterscheidung in die beiden Komponenten Hoffnung auf Erfolg bzw. Angst vor Misserfolg kennzeichnend. Wer durch Hoffnung auf Erfolg motiviert ist, hält seine Leistungsbereitschaft für das Training über einen längeren Zeitraum aufrecht. Es besteht ein positiver Zusammenhang zwischen Erfolgsmotivation und dem Umfang von Training im Leistungssport sowie dem Erfolg im Sport. Wer misserfolgsmotiviert ist, verhält sich eher so, dass das Training reduziert oder abgebrochen wird. Die starke Ausprägung des Misserfolgsmotivs korreliert dagegen negativ mit dem Erfolg im Sport.

Man unterscheidet Erfolgsmotivierte von Misserfolgsmotivierten. Es handelt sich bei beiden um relativ persönlichkeitsstabile Dispositionen im Sinne von Neigungen, die stark von früheren Erfahrungen beeinflusst werden. Erfolgsmotivierte setzen sich normalerweise realistische Ziele und wählen Aufgaben mittlerer Schwierigkeit. Hingegen entscheiden sich Misserfolgsmotivierte, die ein Versagen befürchten, entweder für zu leichte oder zu schwere Aufgaben und geben bei Schwierigkeiten schneller auf. Erfolgsorientierte sind in ihren Kognitionen und Emotionen vorwiegend am Erfolg orientiert und streben diesen an. Misserfolgsorientierte streben ebenfalls den Erfolg an, aber ihre Kognitionen und Emotionen sind vorwiegend darauf ausgerichtet, Misserfolge zu vermeiden.

> **Frage 13:**
> Was versteht man unter Attribution bzw. Kausalattribution? Geben Sie dazu Beispiele aus dem Sport.

Unter Attribution versteht man Prozesse, die Personen (Sportler) in Alltagssituationen anwenden, um beobachtetes, eigenes und fremdes Verhalten mit nicht beobachteten Ursachen zu verbinden bzw. zu erklären. Umgangssprachlich sagt man auch, der Mensch sucht nach „Ausreden". Es ist ein Interpretationsprozess, bei dem die Menschen dem eignen Handeln, aber auch sozialen Ereignissen und Handlungen Gründe bzw. Ursachen zuschreiben. Im Sport findet die Attribution beim Leistungsmotiv Anwendung, es geht dabei um Ursachenzuschreibung von Handlungserfolgen oder Handlungsmisserfolgen im Zusammenhang mit sportlicher Leistung. Welche Ursachen für den Erfolg bzw. Misserfolg verantwortlich gemacht werden, hat wesentlichen Einfluss auf die affektiven Reaktionen nach einem Erfolg oder einem Misserfolg. Dies wiederum beeinflusst die zukünftige Motivationslage des Sportlers.

Erfolgsmotivierte attribuieren primär internal bei Erfolgen, sie schreiben also Erfolge auf Anstrengung und eigenes Können zu, während sie Misserfolge auf externale Faktoren, z. B. schlechten Rasen, schlechte Beleuchtung sowie mangelnde Anstrengung, zurückführen. Misserfolgsorientierte führen Erfolge eher auf externale Faktoren zurück (z. B. „Glück gehabt, der Gegner war nicht gut"), während sie sich für Misserfolge selbst verantwortlich machen, also internal attribuieren und dies auf mangelnde eigene Fähigkeiten zurückführen (internale Attribuierung; z. B. „Ich habe eine schlechte Vorhand, meine Ausdauer war nicht ausreichend heute etc.")

> **Frage 14:**
> Was versteht man unter „Flow" bzw. dem Flow-Konzept? Geben Sie dazu Beispiele aus dem Sport.

Flow bezeichnet einen Gefühlszustand, der durch völliges Aufgehen in einer Aktivität und durch Freude am Vollzug dieser Aktivität entsteht.

Voraussetzung für das Flowerlebnis ist eine optimale Passung zwischen den Fähigkeiten des Sportlers und den Anforderungen der durch den Sportler zu bewältigenden Aufgabe, wobei beide im Idealfall im mittleren Bereich liegen sollten. Es kommt zu einem Verschmelzen von Handeln und Bewusstsein durch eine Art Versinken in Selbstvergessenheit. Man geht in diesem Augenblick völlig im Sport auf. Die sportliche Tätigkeit wird um ihrer selbst willen ausgeführt. Man ist voll auf die Sache konzentriert, unabhängig von äußeren Bedingungen. Sport ist für Flowerlebnisse geradezu prädestiniert. Ein Beispiel ist das Läuferhoch (Runner's High) beim Laufen, Wellenreiten oder Freiklettern.

> **Fragen 15:**
> Was versteht man unter Kognition? Was sind Kognitionen?

Kognition ist ein Sammelbegriff für alle Prozesse des Wahrnehmens, Denkens, Erkennens, Sich-Vorstellens, Sich-Erinnerns und Sprechens.

Kognitionen sind:
- Gedächtnis
- Denken
- Wahrnehmung
- Aufmerksamkeit, Konzentration
- Sprache
- Entscheidung

Situationen können im Sport mitunter sehr komplex sein und setzen beim Sporttreibenden entsprechende kognitive Fähigkeiten voraus, die wiederum sehr spezifischer Natur sein können. Nicht umsonst spricht man von einer „Spielintelligenz" bei Fußballern, Basketballern oder auch Tennisspielern. Diese Sportler verfügen zum Teil über herausragende Fähigkeiten zu problemlösendem Denken in ihrer Sportart. Man denke an die zahlreichen Spielsituationen in den Sportspielen, die taktischen Vorgaben des Trainers und die situative Anwendung im Spiel. Bei Spielmachern sagt man, dass sie eine besondere Fähigkeit hätten, ein „Spiel zu lesen". Wenn Taktiken vom Trainer/Coach vermittelt werden, müssen die Spielerinnen und Spieler mitdenken. Wenn in der Viertelpause im Basketball der Coach z. B. die Defense-Taktik umstellt, muss diese von den Spielerinnen und Spielern erinnert werden und verstanden worden sein; sie müssen mitdenken und die Taktik im nächsten Viertel umsetzen. Dies setzt kognitive Fähigkeiten voraus. Auch beim Bewegungslernen ist die Kognition beteiligt; Wahrnehmung und Konzentration auf das zu Erlernende sowie das Erinnern an das vom Trainer Vermittelte sind hierbei wichtig.

Sportverletzungen 14

Fragen 1 und 2
1. Welche Verletzungsarten kommen in Ihrer Sportart/Disziplin am häufigsten vor? Was können Sie vorbeugend dagegen unternehmen?
2. Welche Verletzungsursachen sind in Ihrer Sportart/Disziplin zu berücksichtigen? Zu welchen vorbeugenden Maßnahmen muss das beim Trainer bzw. Übungsleiter führen?

Beispielsportart: Tischtennis

Tischtennis ist das schnellste Rückschlagspiel der Welt und seit 1988 olympische Disziplin. Es ist gekennzeichnet durch häufige Richtungswechsel und Abstoppbewegungen in einem sehr kleinen Aktionsradius, extrem schnellkräftige Bewegungen des Schlagarmes und sehr kurze Reaktionszeiten. Die einzelnen Ballwechsel dauern zwischen 1 und 20 Sekunden, die Pausen zwischen 3 und 25 Sekunden. Die durchschnittliche Herzfrequenz liegt zwischen 130 und 150 Schlägen pro Minute bei einer geringen durchschnittlichen Laktatbelastung von ca. 2 mmol/l, die je nach Ballwechselintensität und -dauer bei einzelnen Ballwechseln auch kurzfristig deutlich höher liegen kann. Die Belastungsart ist intervallartig, und Spiele können brutto 15–75 Minuten dauern; ein Viertel dieser Zeit ist Nettobelastung. Besondere Belastungen ergeben sich für den Stütz- und Bewegungsapparat:

- Viele Lauf- und Stoppbewegungen sowie kleine Sprünge belasten die unteren Extremitäten.
- Der schnellkräftige Schlag (VH-Topspin) führt zu einer hohen Belastung der Funktionskette Schulter-Ellbogen-Handgelenk.
- Für die hohe Präzision der Schläge ist eine stabile Rumpfmuskulatur erforderlich. Eine fehlende Rumpfstabilität hat Überlastungsschäden zur Folge.

Aufgrund des fehlenden Gegnerkontakts sind Überlastungsschäden häufiger als akute Verletzungen. Verletzungen betreffen z. B. das obere Sprunggelenk (Supinationstrauma). Es kommt relativ häufig zu Muskelzerrungen und Muskelfaserrissen sowie zu Fingerverletzungen durch Tischkontakt beim Schlagen. Auch Doppelpartner können durch Schläge oder Tritte Verletzungen verursachen. Die prozentuale Verletzungshäufigkeit ist im organisierten TT trotz hoher Trainings- und Wettkampfbelastungen mit 0,4 % vergleichsweise gering (*Schmitt*: Sportorthopädie und -traumatologie im Kindes- und Jugendalter, Deutscher Ärzte-Verlag, Köln, 2013, S. 368–372).

Lokalisation von Sportverletzungen im TT (vgl. *Friedrich* 2020):

Rang	Lokalisation	Anzahl Patienten	Anteil [in %]
1	Lendenbereich	30	25
2	Knie	24	20
3	Schulter	21	17,5
4	Hals	15	12,5
5	Arm	7	5,8
6	Sprunggelenk	6	5,0
7	Brust und Bauch	4	3,3
8	Hand	3	2,5
9	Handgelenk	3	2,5
10	Hüfte	3	2,5
11	Fuß	2	1,7
12	Oberschenkel	2	1,7

Die obige Tabelle ist eine Zusammenstellung des Teamarztes der Chinesischen TT-Nationalmannschaft. Danach weisen die Gelenke der oberen Extremitäten die häufigsten Verletzungen auf. Die Rotatorenmanschette im Schulter-Arm-Bereich ist am häufigsten von Verletzungen betroffen. Bei Nacken- und Lendenverletzungen lag die Morbidität mit 25,8 % ebenfalls sehr hoch. Dies hängt damit zusammen, dass bei fast allen Schlägen der Lendenwirbelbereich mitarbeitet. Die Instabilität der Wirbelsäule kann als ein weiterer Grund für Schmerzen angesehen werden. Zudem kann auch ungenügendes Aufwärmen dafür verantwortlich sein. Die Probleme im Nackenbereich kommen von der Haltung des Kopfes während der Grundposition und im Spiel. Knieverletzungen sind mit 15,8 % aller Verletzungen aufgeführt. Dies hängt mit den starken Belastungen durch die Lauf- und Sprung- sowie Stoppbewegungen zusammen. Die Differenzierung in der Studie war dergestalt, dass noch zusätzlich zwischen sechs Spielsystemen unterschieden wurde.

Als Ursachen wurden drei Hauptgründe erkannt:

1. Der Hauptgrund für Verletzungen im Tischtennis ist in der einseitigen Belastung zu sehen. Eine Überlastung führt zur Ermüdung von Muskelabschnitten, Gelenke und Bändern und kann so Verletzungen nach sich ziehen.
2. Die Muskelermüdung ist ein weiterer Hauptgrund für Verletzungen im TT. Mitverantwortlich sind nachlassende konditionelle Fähigkeiten, welche der Ermüdung respektive der Erschöpfung Vorschub leisten. Koordination, Schlagpräzision und Reaktionsfähigkeit lassen nach.
3. Eine weitere Ursache für Sportverletzungen im Tischtennis wird in der muskulären Dysbalance gesehen. Diese äußert sich hauptsächlich in mangelnder lokaler Muskelkraft, was zu Instabilität in den Gelenken und zu Störungen in der Bewegungskontrolle führen kann.

Schlussfolgerungen:

Das Training sollte dringend auf der Basis wissenschaftlicher Erkenntnisse zur Trainingsbelastung aufgebaut und durchgeführt werden. Stabilisationsübungen für beide Arme, Schultern und Handgelenke sind zu empfehlen. Dadurch kann der muskulären Dysbalance entgegengewirkt werden. Der konditionelle Zustand der Spieler sollte immer wieder getestet werden und die Ergebnisse ihren Niederschlag im Training finden. Die Trainingshäufigkeit sowie der Belastungsumfang und die Belastungsintensität müssen genau auf den Spieler zugeschnitten werden. Bei der Erstellung des Trainingsplans sollte ebenfalls die Verletzungsgeschichte des Spielers Berücksichtigung finden.

Weiterhin wird empfohlen, das Aufwärmen und die vorbereitenden Übungen von der Qualität her zu verbessern. Geeignete Aufwärmübungen zählen zu den wichtigsten Maßnahmen, um Sportverletzungen zu verhindern (vgl. *Friedrich*. Verletzungen bei chinesischen Elite-TT-Spielern. In: TT-Lehre, 3/2020, S. 11–13).

> **Frage 3:**
> Welche extrinsischen bzw. intrinsischen Ursachen für Sportverletzungen sind Ihnen bekannt?

Ursachen für Sportverletzungen	
exogene Ursachen (extrinsisch)	**endogene Ursachen (intrinsisch)**

• **sportartspezifische Verletzungsrisiken:**
  – Gegnereinwirkung
  – hohe Beschleunigungs- und Abbremskräfte etc.
• **Ausrüstung:**
  – Schläger
  – Ski
  – ungeeignete Schuhe
  – Bodenbeschaffenheit
  – Bälle
  – Kleidung
  – Fehlen einer speziellen Schutzausrüstung
  – Tragen von Schmuck
	• **eingeschränkte oder ungenügende sportliche Eignung:**
	  – Gesundheitszustand (vorübergehend oder dauerhaft beeinträchtigt)
	• **konstitutionell bedingte Einschränkungen:**
	  – mangelndes Reaktionsvermögen
	  – mangelndes Anpassungsvermögen
	  – mangelndes Konzentrationsvermögen
	  – Fehlstellungen der Gelenkachsen, der Wirbelsäule, angeborene Fehlstellungen (O-Beine, Beinlängendifferenz)
	  – akute oder kurz zurückliegende Infektionskrankheiten, die zu einer schnelleren Ermüdbarkeit führen
	  – zu frühe Wiederbelastung nach Verletzungen
	  – zu schnelle Belastungssteigerung nach Verletzungen
	• **unausgewogene Ernährung**: insbesondere Flüssigkeits- und Elektrolytzufuhr, Glukosemangel (z. B. Unterzucker oder Hungerast), übermäßiger Konsum von Alkohol oder koffeinhaltigen Getränke

Frage 4:
Was versteht man unter der PECH-Regel? Erläutern Sie diese möglichst genau.

Die häufigste Verletzungsart im Sport ist die stumpfe Sportverletzung, also z. B. eine Prellung (Kontusion) oder eine Stauchung (Distorsion). Um diese Beschwerden zu lindern und einer Verschlimmerung vorzubeugen bzw. eine schnellere Ausheilung zu bewirken, ist sofort mit der Erstversorgung zu beginnen. Dabei soll die Gedankenbrücke – die sog. PECH-Regel – helfen, in der richtigen Reihenfolge gezielt und schnell zu helfen.

Pause
- sportliche Belastung unterbrechen
- sonst ist mit einer Verschlimmerung zu rechnen

Eis
- sofortige Eiskühlung 20–30 Minuten, max. 90 Minuten
- Eis nicht direkt auf Haut. Kühlung führt zu Schmerzlinderung und Muskelentspannung
- durch Gefäßengstellung kommt es zu einer verminderten Einblutung ins verletzte Gewebe
- es kommt zu einer geringeren Ausschüttung lokaler Entzündungsstoffe und Schwellung

Compression
- Ruhigstellung und Stütze duch Bindeverband mit elastischer Binde oder Sportbandage
- dieser darf nicht zu locker und nicht zu fest gewickelt werden
- Gelenke in schmerzarmer, natürlicher Stellung verbinden
- bei Pulsieren etwas lockerer binden
- Tape-Verbände sind keine Erste-Hilfe-Maßnahme

Hochlagern
- die verletzte Extremität über Herzhöhe lagern, um den venösen Rückstrom zu beschleunigen und den arteriellen Zufluss zu drosseln
- so wird die Schwellungsneigung gemindert und der Blutstilleffekt verstärkt

Frage 5:
Was versteht man unter Überlastungsschäden?

Unter Überbelastungsschäden(-syndromen) im Sport versteht man eine mehr oder weniger chronische Überschreitung der Belastungstoleranz der sportlich beanspruchten funktionell-anatomischen Strukturen des Bewegungsapparates, seiner Steuerorgane (Hormon- und Nervensystem) und gelegentlich sogar des Immunsystems.

Frage 6:
Welche Ursachen können für Überlastungsschäden eines Langzeittrainings verantwortlich sein?

Hauptfehler im Trainingsprozess
- vernachlässigte Regeneration
- zu schnell gesteigerte Anforderungen
- zu großer Belastungsumfang maximaler und submaximaler Intensität
- zu hohe Intensität im Ausdauertraining
- zu rasche Erhöhung der Belastung nach Verletzung oder Krankheit
- übermäßig forcierte Technikschulung ohne ausreichende aktive Erholung
- Übermaß an Wettkämpfen
- Häufung von Misserfolgserlebnissen
- übersteigerte Zielsetzung

ungünstige psychische Voraussetzungen
- hoher Erwartungsdruck mit Versagensangst (häufig geht dieser Konflikt von überehrgeizigen Eltern oder Trainern aus)
- Partnerschaftsprobleme (das Hochleistungsalter ist gleichzeitig auch der Zeitabschnitt der Partnersuche und der Partnerbindung)
- Schwierigkeiten in der Schule/im Studium oder im Beruf bei mangelnder psychosozialer Absicherung

Krankheit mit eher schleichendem Verlauf
- Herderkrankungen im Nasen-Rachen-Bereich, z.B. chronische Nebenhöhleneffekte, Zahnherde
- Viruserkrankungen ohne dramatischen Verlauf, z.B. Pfeiffersches Drüsenfieber
- chronische Magen-Darm-Störungen mit Elektrolyt- und Flüssigkeitsverlusten, z.B. intestinale Unverträglichkeitsreaktionen, die bei Leistungssportlern auffallend häufig vorkommen

falsche Lebensweise
- chronisches Schlafdefizit, z.B. bei Sportarten mit häufig wechselndem Wettkampforten
- unzureichende Ernährungsbedingungen, z.B. in exotischen Ländern
- Alkohol, Nikotin, Shishapfeife, Psychostimulanzien, Anabolika, mit der Folge einer mangelhaften Regeneration

> **Frage 7:**
> Welche Symptome kann man bei einem Langzeitübertraining mit Krankheitswert beobachten?

Bei einem Langzeitübertraining sind folgende Symptome mit Krankheitswert auftreten:

Symptome infolge einer Fehlfunktion des Steuersystems
- Affektlabilität: starke Stimmungsschwankungen mit zeitweise aggressiver, aber auch fatalistischer Verhaltensweise
- Antriebslosigkeit: depressive Grundstimmung, erniedrigter oder fehlender Leistungswille
- Schlafstörungen: in der Regel Einschlafstörungen, seltener Durchschlafstörungen
- Konzentrationsstörungen: auffällige Verschlechterung in der Ausführung technischer Bewegungsabläufe, z. B. vermehrte Sturzneigung im Skilanglauf, schlechte Schießergebnisse im Biathlon
- Verschiebung hormoneller Reaktionen: das Verhältnis von aufbauenden (Testosteron) zu abbauenden Hormonen (Kortisol) verschiebt sich zugunsten der abbauenden Hormone. Die Katecholamine (Stresshormone) können entweder übermäßig erhöht oder stark erniedrigt sein.

Symptome infolge Fehlfunktion des Muskel-Energie-Systems
- Muskelschwäche: vorzeitige Ermüdung bereits bei relativ niedriger Belastung
- muskuläre Dysbalance: einseitiges Training/Sportart/-disziplin (Tennis, Tischtennis, Speerwurf) ohne Ausgleichsgymnastik
- Krampfneigung: während des Trainings und vor allem nach dem Training harte Muskulatur bis echte Krämpfe
- Verletzungsneigung: insbesondere Muskelfaserrisse
- Überlastungsschäden: häufig Sehnenansatzentzündungen (Insertionstendinosen)
- Koordinationsstörungen (intermuskuläre Koordination): „eckige" Bewegungsabläufe und fehlerhafte Bewegungsausführung
- Gewichtsabnahme: durch Wasserverluste und leere Energiespeicher
- Veränderung von Laborparametern:
  - Elektrolytverschiebungen mit Kalium- und Magnesiumerniedrigung
  - Veränderungen im Säure-Basen-Haushalt mit pH-Abfall und Milchsäureanstieg bereits bei geringen Belastungen
  - Anstieg der Muskelenzyme bereits unter Ruhebedingungen (CK über das 2- bis 3-fache)
  - erniedrigtes Ausbelastungslaktat im Laktatleistungstest (z. B. um weniger als 30 % im Vergleich zum Vortest)
  - konstante Harnstofferhöhung unter standardisierten Bedingungen über mehrere Tage
  - hormonelle Verschiebungen

Symptome infolge Fehlfunktion des Herz-Lungen-Systems
- Veränderungen im Ruhepulsverhalten: auffällig hoher Ruhepuls; es kann aber auch ein sehr niedriger Ruhepuls auftreten, der sich nicht vom vagotonen Normalzustand eines guten Ausdauerleistungssportlers unterscheidet
- vermehrte Neigung zu Kollapszuständen: beim plötzlichen Lagewechsel von Liegen zum Stehen (orthostatische Dysregulation)
- erhöhte Ruheatmung: (Hyperventilation):
  - Ruheatmung liegt deutlich über 14 Atemzügen pro Minute
  - Zeitweilig findet man auch eine sogenannte „Seufzer"-Atmung mit stark vertieftem Atmungsvorgang, der gelegentlich von Seufzern begleitet wird (depressive Reaktion!).

> **Frage 8:**
> Welche Verletzungen und Probleme können beim Laufen auftreten?

Von der **Stressfraktur** sind überwiegend **Langstreckenläufer und Leichtathleten** betroffen. Aber auch bei den Rückschlagspielen (Tennis, Tischtennis, Badminton, Squash), Fußballern und Tänzern können Ermüdungsfrakturen auftreten. Am häufigsten ist der Bereich des Mittelfußes davon betroffen. Durch Überlastungen des Knochens kommt es zunächst zu einer Stressreaktion des Knochens, bei der noch keine Fraktur vorliegt. Erst durch weitgehend monotone Überlastung kommt es im weiteren Krankheitsverlauf zur Überbeanspruchung des Knochens und damit zur Stressfraktur. Es handelt sich dabei also um einen kontinuierlichen schleichenden Verlauf vom gesunden Knochen über die Stressreaktion bis hin zur Stressfraktur mit Kortikalisunterbrechung.

Stressfrakturen entstehen durch eine Dysbalance zwischen Belastung und Regeneration, bei einer Steigerung von Trainingsumfang und Trainingsintensität. Die Wiederherstellung dieser Balance ist demnach das vordringliche Therapieziel bei der Behandlung von Ermüdungsbrüchen.

Bei Läufern (z.T. auch Springern) kann es durch mechanische Überlastung häufiger zu einer Schienbeinkanten-Entzündung der Knochenhaut (Periost) kommen, einer sog. Periostitis. Die Behandlung erfolgt in Form einer Belastungspause (Schonung) sowie Kühlung.

> **Frage 9:**
> Was zählt zur „female athletes triad"?

Bei Ausdauerathletinnen kann das Auftreten von Stressfrakturen von einer weiteren Störung begleitet sein, und zwar von der „**female athletes triad**". Sie umfasst folgende drei Punkte:
- Amenorrhoe als Regelblutungsstörung
- verminderte Knochendichte (Osteoporose)
- Essstörung (typischerweise Anorexie)

Diese drei Parameter müssen bei Frauen abgeklärt werden, wenn keine traumabedingten Schmerzen vorliegen. Hauptprobleme sind die unzureichende Kalorienaufnahme, die mangelhafte Nahrungszusammensetzung sowie Eisen-, Zink- und Kalziummangel. Die Symptome sind Gewichtsabnahme, vorzeitige Ermüdbarkeit, Eisenmangelanämie, Amenorrhoe sowie Osteoporose.

Kapitel 14: Sportverletzungen

> **Frage 10:**
> Welche gesundheitlichen Probleme können beim Krafttraining auftreten?

Pressatmung

Um eine höhere Kraftleistung erbringen zu können, wird häufig wird die Pressatmung genutzt, da hierbei feste Ansätze für die Muskulatur geschaffen werden. Charakteristika für die Pressatmung sind fehlende Atmung (Mund geschlossen, Stimmritze verschlossen) sowie häufig ein roter Kopf und unter Umständen ein sichtbarer Halsvenenstau. Bei der Pressatmung ist der Blutrückfluss aus Kopf-, Arm- und Beinbereich zum Herzen nicht mehr gewährleistet. In der Folge wird auch der Herzmuskel nicht mehr optimal durchblutet und das Herzminutenvolumen wird zum Teil um die Hälfte reduziert. Durch eine mangelhafte Sauerstoffversorgung des Gehirns oder des Herzmuskels kann es zu erheblichen gesundheitlichen Gefährdungen kommen, z.B. Kreislaufkollaps, Herzrhythmusstörungen, Angina-pectoris-Anfällen oder Gehirnblutungen. Dies ist insbesondere für ältere Sporttreibende, Personen mit Bluthochdruck oder mit anderen Problemen des Herz-Kreislauf-Systems mit einem erhöhten Gesundheitsrisiko verbunden. Daher gilt: Beim Krafttraining im Sport mit älteren Menschen sowie beim Gesundheits- und Fitnesssport sollte Pressatmung vermieden werden.

Auswirkungen auf den Blutdruck

Der Blutdruck kann bei einem Krafttraining sehr hohe Werte von 300 mmHg systolisch erreichen. Der Blutdruck bei körperlichen Belastungen ist von folgenden Faktoren abhängig:

- Belastungsintensität
- Belastungsdauer bzw. Wiederholungszahl
- Dauer der statischen Kraftentwicklung
- beanspruchte Muskelmasse
- Pressatmung
- psychische Faktoren

Die höchsten Blutdruckwerte erzielt man bei Wiederholungsserien im Bereich von 70–95 % der Maximalkraft. Längerfristige negative Blutdruckveränderungen (Hypertonie) können dadurch nicht ausgelöst werden.

Vor allem Sportler mit Bluthochdruck (Hypertoniker) und Herz-Kreislauf-Problemen sollten submaximale und maximale Kraftentwicklung der Muskulatur vermeiden, da dies zu sehr starken Blutdruckanstiegen führen kann; dadurch erhöht sich der Sauerstoffbedarf des Herzens. Wenn die Sauerstoffversorgung jedoch zu stark eingeschränkt wird, kann es zu Arrhythmien (Herzrhythmusstörungen), einem Angina-pectoris-Anfall oder im Extremfall sogar zu einem Herzinfarkt kommen. Aus diesem Grund sind im Gesundheits- und Fitnesssport moderate Kraftausdauerbelastungen zu bevorzugen.

Die hier angesprochenen Probleme weisen nochmals auf die dringende Notwendigkeit einer sportärztlichen Eingangsuntersuchung hin, bevor man mit dem Training beginnt.

Orthopädische Probleme

Während die ersten beiden Problembereiche für Kinder und Jugendliche weniger bedeutsam sind, trifft dies auf den orthopädischen Bereich nicht zu. Insbesondere bei Kindern und Jugendlichen sind die Strukturen des passiven Bewegungsapparates (Bänder, Sehnen, Knorpel, Gelenkkapsel, Knochen) bei unangemessener Belastungsdosierung und fehlerhaftem Bewegungsablauf gefährdet. Das Training muss sich auch bei Gesundheits- und Fitnesssportlern nicht nur an den Kraftmöglichkeiten der Sportler, sondern auch an der Belastbarkeit der passiven Strukturen orientieren. Problematisch sind vor allem exzentrische Muskelkontraktionen mit hohen Gewichten sowie Trainingsmethoden, die zur völligen Erschöpfung führen. Ein weiterer wichtiger Aspekt ist, dass vielen Trainierenden die korrekte technische Ausführung der Kraftübungen nicht bekannt ist. Dies birgt ein erhebliches Verletzungspotenzial, besonders auch im Bereich der Wirbelsäule. Zusätzlich sollte darauf geachtet werden, dass die Übungen nicht den Gelenkknorpel überlasten. Tiefe Kniebeugen mit hohen Gewichten können Arthrose im Kniegelenk verursachen und dies nicht nur bei Heranwachsenden, Gesundheits- und Fitnesssportlern, sondern bei ungünstigen Bedingungen auch bei Leistungssportlern. Die Problematik der korrekten technischen Übungsausführung spricht auch dafür, bei Kindern und Jugendlichen sowie Gesundheits- und Fitnesssportlern das Training durch einen lizenzierten Übungsleiter/Trainer begleiten zu lassen.

Aus heutiger Sicht ist es nicht mehr zu vertreten, der Laktatbildung beim Krafttraining eine gesundheitsgefährdende oder schädliche Wirkung zuzuschreiben. Die neueren Erkenntnisse zum Laktat lassen diese Charakterisierung nicht mehr zeitgemäß erscheinen. Es verhält sich eher gegenteilig nämlich, dass die Laktatbildung z. B. über eine bessere Muskeldurchblutung positive Effekte hat.

Frage 11:
Was versteht man unter den fünf Säulen des gesunden Laufens? Erläutern Sie möglichst genau!

Marquardt nennt fünf Säulen des gesunden Laufens:

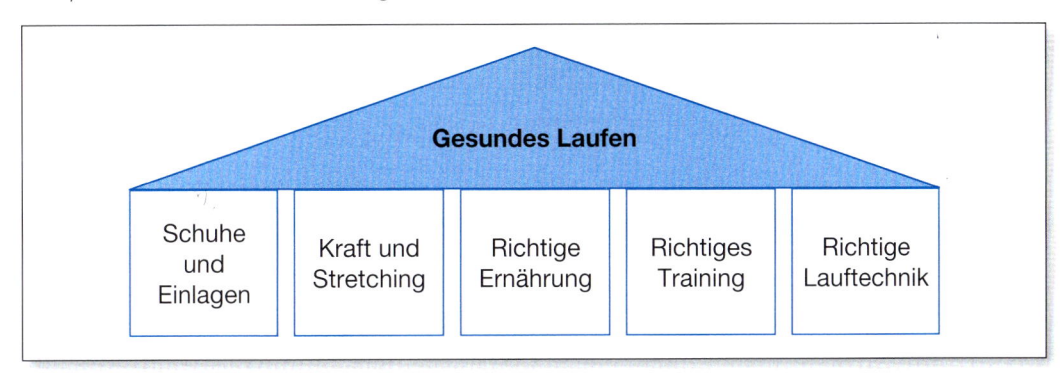

Gesundes Laufen

| Schuhe und Einlagen | Kraft und Stretching | Richtige Ernährung | Richtiges Training | Richtige Lauftechnik |

- Hat ein Schuh die falsche Passform oder falsche Stützelemente, stört er das gesamte System des Läufers. Es ist das wichtigste Sportgerät eines Läufers. Aber beim Kauf eines guten Laufschuhs darf man es nicht belassen, wenn man verletzungsfrei bleiben möchte.

  Verletzungsfördernd: ungeeignetes Schuhwerk, kein Wissen über geeignete Schuhe etc.

- Um als Läufer einen belastungsverträglichen Bewegungsapparat zu bekommen, muss man Stretching und Krafttraining durchführen.

  Verletzungsfördernd: kein Stretching oder Krafttraining (Läufer benötigen z. B. Kraft in den Beinen), falsch ausgeführtes Stretching oder Krafttraining; kein Wissen darüber, welche Muskeln gekräftigt und welche gestretcht werden sollen, muskuläre Dysbalancen etc.

- Eine ausgewogene, vollwertige und auf den Energieverbrauch abgestimmte Ernährung ist für die Gesundheit und Leistungsfähigkeit unerlässlich.

  Verletzungsfördernd: einseitige Ernährung, Fast Food, unnötige Nahrungsergänzungsmittel, Alkoholabusus, zu viel koffeinhaltige Getränke etc.

- Beim richtigen Training spielt der Trainer eine entscheidende Rolle. Training wird mit einem sinnvollen Wechsel von Belastung und Entlastung geplant und ist individuell an den Sportler anzupassen.

  Verletzungsfördernd: kein Wechsel von Belastung und Erholung, kein individuell auf den Läufer abgestimmter Trainingsplan, kein Trainingsplan, keine regenerationsfördernden Maßnahmen, keine oder fehlerhafte Saisonplanung, zu viele Wettkämpfe, zu intensives Training, zu viele Trainingskilometer etc.

  Weiterhin zählen dazu:
  - Geringer Trainingsumfang wird durch erhöhte Intensität kompensiert.
  - Die Wettkämpfe finden zu dicht aufeinander statt.
  - Die Trainingsintensität im GA1-Training ist zu hoch.
  - Das Lauftraining ist zu monoton: immer die gleiche Strecke, die gleichen Methoden, das gleiche Streckenprofil.
  - Die Trainingssteuerung wird nicht beherrscht.

- Richtige Lauftechnik: „Laufen kann jeder", sollte man denken; aber damit unterschätzt man die technischen Details, die einen gesunden Laufstil ausmachen. Man kann richtiges Laufen lernen, so wie man Skilaufen lernen kann. Dazu muss man es sich von einem Trainer/Übungsleiter oder Könner zeigen lassen; zu Beginn ist die Teilnahme an einem Lauftreff zu empfehlen.

  Verletzungsfördernd: kein oder mangelhaftes Wissen über die richtige Lauftechnik, kein Trainer/Übungsleiter für die Bewegungskorrektur; keine Übungen zur Laufkoordination, z. B. Lauf-ABC der Leichtathletik.

> **Frage 12:**
> Welche Rolle kann die Psychologie bei Sportverletzungen spielen?

Eine nicht zu unterschätzende Bedeutung bei Sportverletzungen können sportpsychologische Aspekte haben. Ist ein Sportler z. B. übermotiviert, kann dies zur Fehleinschätzung seiner eigenen Fähigkeiten führen. Er nimmt Belastungen auf sich, für die er körperlich nicht vorbereitet ist, beispielsweise einen Marathonlauf. Übermotivation kann auch dazu führen, dass man sich zu intensiv belastet und durch die früher einsetzende Ermüdung Verletzungen provoziert. Man möchte seinen Trainer durch übertriebenen Einsatz davon überzeugen, in der ersten Elf im Fußball aufgestellt zu werden. Beide Beispiele sind mit dafür verantwortlich, dass die Verletztenzahlen der Fußballbundesligisten in der Vorbereitungsperiode jedes Jahres extrem hoch sind.

Auch aggressives Verhalten kann dazu beitragen, die Verletzungsgefahr – die eigene oder die des Gegners – zu erhöhen. Es ist häufig zu beobachten, dass zum Beispiel Handballer oder Fußballer vor allem in wichtigen Spielen weniger rücksichtsvoll miteinander umgehen. Wer seine Spieler als Trainer dazu auffordert von Anfang an „körperlich hart zu spielen, dem Gegner die Luft zu nehmen" oder „körperlich stark zu verteidigen", provoziert mit solchen Aussagen indirekt Verletzungen. Dieses aggressive Verhalten kann man nicht nur gegenüber der gegnerischen Mannschaft, sondern manchmal auch gegenüber eigenen Mannschaftskollegen beobachten. Hier ist vor allem durch den Trainer, aber auch die Mitspieler ein mäßigender Einfluss.

> **Frage 13:**
> Was versteht man unter einer Sportsuchtgefährdung?

Das Phänomen der Sportsuchtgefährdung wurde vor allem in den Ausdauersportarten stärker untersucht. Eine Untersuchung an 1089 Ausdauersportlern aus den Sportarten Triathlon, Laufen und Radsport erbrachte folgende Ergebnisse. Von allen Probanden wiesen ca. 50 (4,5 %) eine Sportsuchtgefährdung auf. Dabei bestand hinsichtlich des Geschlechts kein Unterschied. Dies ist jedoch nicht auf alle Sportarten/Disziplinen zu übertragen. In einer ähnlichen Studie gaben z. B. Frauen vermehrt an, Sport zu treiben, um ihr körperliches Erscheinungsbild zu verbessern, wohingegen bei Männern die Leistungserbringung und der Muskelaufbau im Vordergrund standen. Interessant war, dass vor allem jüngere Sportler deutlich höhere Gefährdungswerte aufwiesen. Triathlon scheint dabei ein höheres Gefährdungspotenzial zu haben als die anderen untersuchten Sportarten. Hinsichtlich der Trainingsjahre wiesen Sportler, die ihre Sportart schon länger betrieben die höchsten Gefährdungswerte auf. Weiterhin waren Ausdauersportler mit einem hohen Trainingsumfang bzw. einer höheren Trainingshäufigkeit stärker betroffen. Zahlenmäßig sind von dem Problem der Sportsucht eher nur wenige Personen betroffen. Die Gefährdung darf dennoch nicht unterschätzt werden, denn sehr häufig tritt sie in Verbindung mit auffälligem Essverhalten oder Essstörungen (Anorexie-assoziierte Sportsucht) auf.

Kapitel 14: Sportverletzungen

> **Frage 14:**
> Welche Rolle spielt der Einsatz von Schmerzmitteln im Sport?

Die Bedeutung von Schmerzmitteln kann man daran erkennen, dass selbst der Sportausschuss des Bundestages sich zu Beginn der Jahres 2021 mit der Thematik befasste.

Um weiter Sport treiben zu können (Marktwertaspekte), greifen manche Spieler selbst zu Schmerzmitteln, häufig ohne den Arzt oder Physiotherapeuten darüber zu informieren. Ein ehemaliger Dortmunder Fußballprofi sprach von Kollegen, die Schmerzmittel wie „Smarties" einnehmen würden. Viele Spieler tun dies auch prophylaktisch:

- 55 % der befragten Läufer des Boston-Marathons nahmen im Jahr 2002 Schmerzmittel ein.
- 86 % der befragten italienischen Fußballprofis der Liga A und B gaben 2007 an, am Spieltag Schmerzmittel zu nehmen.
- 43 % der befragten Fußballer der U20 und U17-WM gaben im Zeitraum von 2002 bis 2014 an, während des Turniers Schmerzmittel genommen zu haben.

Die Einnahme von Schmerzmitteln ist aber auch bei Breiten- und Freizeitsportlern, vor allem bei jenen mit Wettkampfteilnahme weit verbreitet. Das Problem besteht u. a. darin, dass viele Präparate rezeptfrei zu bekommen sind und ihre Wirkstoffe sich nicht auf der Dopingliste befinden. Die gesundheitlichen Gefahren von nichtsteroidalen Antiphlogistika (NSAR) sind:

- Magen-Darm-Beschwerden bis zur Entstehung von Magengeschwüren und Magen-Darm-Blutungen
- erhöhtes Risikos arterieller thrombotischer Ereignisse (z. B. akuter Herzinfarkt)
- verminderte Nierenperfusion, verschlechterte der Nierenfunktion bis hin zum akuten Nierenversagen

Neuere Untersuchungen sprechen im Hinblick auf den Heilungsprozess gegen eine längere Einnahme von Schmerzmitteln bei verletzten Sportler. Auch wenn NSAR rezeptfrei erhältlich sind, weisen diese Präparate ein erhebliches Nebenwirkungs- und Gefahrenpotenzial auf.

Das Recherchezentrum „Correctiv" und die ARD-Dopingredaktion haben das Thema 2020 medial aufbereitet und in den Blickpunkt gerückt.

> **Frage 15:**
> Was versteht man unter der „willingness to play hurt"?

Im Spitzenfußball hat die Gesundheit eine spezifische Bedeutung. Man ist so lange gesund, wie man ohne gravierende körperliche Beeinträchtigungen trainieren oder Wettkämpfe bestreiten kann. Im Spitzensport werden Sportverletzungen häufig bagatellisiert oder sogar ignoriert. Oft wird viel zu spät ärztliche Hilfe in Anspruch genommen und es erfolgt ein zum Teil massiver Einsatz von Schmerzmitteln. Das Ziel ist, möglichst schnell, aber eigentlich viel zu früh in das Training oder den

Wettkampf zurückzukehren, was Verletzungsserien nach sich ziehen kann. Diese Verhaltensweisen finden sich auch schon im Jugendalter.

Dieses Verhalten wird im Leistungssport erwartet, zum Teil sogar regelrecht glorifiziert und als „culture of risk" bezeichnet. Die damit einhergehende Inkaufnahme gesundheitlicher Folgeschäden zugunsten des Sports lässt sich auch in niedrigen Leistungsklassen beobachten. Spitzensportler, Trainer und Betreuer leben in einer Kultur des Risikos, die sich am deutlichsten im „playing hurt", der Teilnahme am Wettkampf oder Training trotz vorliegender Schmerzen, Verletzungen oder/und Krankheiten zeigt. Einer Studie zufolge lernen z. B. Jungprofis im englischen Fußball schnell, dass man trotz Schmerzen „die Zähne zusammenbeißen und trotz Verletzung alles für das Team zu geben hat", sie sollen in einem Spiel die „Verletzung herauslaufen". Zudem wird von Spielern im englischen Fußball erwartet, dass sie nach einem Foul möglichst sofort aufstehen und weiterspielen, Liegenbleiben gilt als „unsportlich". Wer dennoch nicht spielen will, läuft Gefahr, vom Club als nutzlos betrachtet zu werden und vom Trainer ignoriert zu werden.

In der Fußballbundesligasaison 2019/2020 hat die Berufsgenossenschaft im Durchschnitt 50,4 Verletzungen pro 1000 Stunden Wettkampf errechnet. In der Saison 2020/2021 lag z. B. der Wert beim VfB Stuttgart (1. Bundesliga) 8 Spieltage vor Saisonende bei 24,6 Verletzungen.

Die Rolle des medizinischen Personals vor allem im Profifußball kann als schwierig bezeichnet werden. In manchen Fußballprofivereinen werden die medizinischen Abteilungen und ihr Personal abschätzig auch als „Reparaturabteilungen" bezeichnet. Es soll auf der einen Seite für eine schnelle Genesung der Spieler sorgen, auf der anderen Seite möglichst „stillschweigend" das „playing hurt" akzeptieren. Auf diesen Deal gehen bei weitem nicht alle Ärzte oder Physiotherapeuten ein. Kehren aber die Spieler für den Club oder Trainer nicht schnell genug in das Training oder den Wettkampf zurück, werden sie unter Umständen vom Trainer, Manager oder auch Spielerberater (Marktwert seines Spielers) dafür kritisiert. Wenn Ärzte oder Physiotherapeuten fest bei einem Verein angestellt sind, wird sowohl bei „playing hurt decisions" als auch bei „return to play decisions" Druck auf sie ausgeübt. Manche Spieler werden gegen den Rat der Ärzte zur Anwesenheit im Training gezwungen.

Wenig hilfreich erscheinen in diesem Zusammenhang auch Entscheidungen im Frühjahr 2021 im internationalen Fußball die Anzahl der Champions-League-Teilnehmer von 32 auf 36 zu erhöhen. Durch die gestiegene Anzahl an Mannschaften und durch einen geänderten Spielmodus gibt es künftig anstatt 125 insgesamt 225 Spiele. Die Belastung der Spieler nimmt nochmals stark zu, Regenerationszeiten und -möglichkeiten werden weiter stark eingeschränkt. Eine Aufblähung haben in den letzten Jahren auch Fußball-WM oder -EM erfahren. Die Teilnehmerzahl der Fußball-EM 2021 wurde im Vergleich zur letzten EM von 16 auf 24 Teams aufgestockt, die der Fußball-WM wird 2022 von 32 Teams auf sage und schreibe 48 Teams im Jahr 2026 vergrößert. Die Belastungssteuerung wird dadurch weiter erschwert und das Verletzungsrisiko der Spieler wird deutlich erhöht.

15 Doping

Frage 1:
Welche Folgen kann Doping für einen betroffenen Sportler haben?
Beschreiben Sie bitte möglichst genau.

Es können sportliche, gesundheitliche, rechtliche, soziale und finanzielle Folgen auftreten.

- **Gesundheitliche Folgen**: Dopingsubstanzen wie Anabolika erhöhen das Herzinfarkt- und Krebsrisiko. Vielen dopenden Sportlern ist anfangs nicht bekannt, dass im Laufe der Zeit immer höhere Dosen notwendig sind, um die Wirksamkeit zu erhalten. Bei Frauen kann es zur Vermännlichung kommen (z. B. Bartwuchs und tiefe Stimme). Das Wachstumshormon HGH kann zu Entstellungen im Gesicht führen.
- **Finanzielle Folgen**: Wer beim Doping erwischt wird, kann auch massive finanzielle Einbußen erleiden. Preis – und Sponsorengelder können – zum Teil auch rückwirkend – zurückgefordert werden. Die Zahlungen der Deutschen Sporthilfe können zurückgefordert werden.
- **Sportliche Folgen**: Ein positiver Dopingtest kann die sportliche Karriere beenden oder zu einer Unterbrechung führen, nach der der Anschluss an die sportliche Konkurrenz nicht mehr gelingt. Dadurch kann die Lebensplanung stark leiden, da sich das Leben von Profis normalerweise völlig um den Sport dreht; er ist der Mittelpunkt des Lebens, der dann plötzlich fehlt.
- **Soziale Folgen**: Das eigene Image kann durch eine Sperre massiv geschädigt werden. Sponsoren gehen unter Umständen auf Abstand. Auch das Image der Sportart nimmt dadurch Schaden. Die Fans und Zuschauer fühlen sich betrogen. Auch der Freundes- und Bekanntenkreis kann davon betroffen sein. Insgesamt verliert der Sport an Ansehen und das Image in der Öffentlichkeit leidet (soziale Isolation).
- **Rechtliche Folgen**: Seit dem 01.01.2016 gilt in Deutschland das neue Antidopinggesetz. Es sieht vor, dass ein Sportler wegen Dopings auch strafrechtlich verfolgt werden kann. Er kann zu einer Geldstrafe oder Freiheitsstrafe verurteilt werden.

Vergleichen Sie hierzu auch die Antwort auf die Frage 8, Seite 154.

> **Frage 2:**
> Was hat sich seit dem 01.01.2016 an der rechtlichen Situation im Doping verändert? Wer ist in Deutschland für Dopingkontrollen zuständig, wer im internationalen Sport?

International ist die World Anti Doping Agency (WADA) verantwortlich. Sie hat dazu ein Regelwerk aufgestellt, das auf der ganzen Welt verpflichtend gilt und einen fairen sowie gerechten Sport garantieren soll. Die WADA koordiniert den Anti-Doping-Kampf auf internationaler Ebene. Das Pendant auf nationaler Ebene ist die Nationale Anti Doping Agentur (NADA) mit Sitz in Bonn. Sie ist für die Dopingbekämpfung in Deutschland zuständig. Ihre Ressorts sind Recht, Medizin, Prävention und das Doping-Kontrollsystem.

Der Court of Arbitration for Sport (CAS) mit Sitz in Lausanne, auch Internationaler Sportgerichtshof genannt, ist eine Einrichtung, welche im internationalen Sportrecht eine Entscheidungsinstanz darstellt. Zu ihren Aufgaben gehören unter anderem die Klärung von Disziplinarfragen (Regelverstöße), Verfahrensfragen bei Spielertransfers, Dopingfragen und sportbezogene Vertragsfragen (Sponsoring, TV-Rechte; www.wikipaedia.de).

Veränderung seit 01.01.2016 siehe Frage 1, „Rechtliche Folgen".

> **Frage 3:**
> Ist Doping lediglich eine Erscheinung der letzten 50 Jahre? Wie hat sich Doping geschichtlich entwickelt?

Geschichtlich gesehen gibt es Doping wahrscheinlich schon so lange, wie es den Sport gibt. Es begann bereits bei den Gladiatoren ca. 600 Jahre vor Christi Geburt. Vermutlich ging es danach in ähnlicher Art und Weise weiter. Bezeichnend war, dass darin ethisch-moralisch sehr lange nichts Anrüchiges oder Verwerfliches gesehen wurde. Auch bei Olympischen Spielen zu Beginn des 20. Jahrhunderts sah man in der Einnahme aufputschender oder leistungssteigernder Substanzen nichts Verbotenes. Dies änderte sich erst nach dem Ersten Weltkrieg. Bereits 1928 nahm der internationale Leichtathletikverband Dopingbestimmungen in sein Regelwerk auf.

> **Frage 4:**
> Ist Doping lediglich eine Erscheinung des modernen Leistungssports?

Nein, das ist es nicht, denn auch im Breiten- und Freizeitsport wird schon seit Jahren zu Dopingmitteln gegriffen. Es gibt schon längere Zeit Hinweise, dass Doping im Breitensport eine nicht zu unterschätzende Rolle spielt. Bei Umfragen gaben zwischen 10 und 20 % der Mitglieder von Fitnessstudios an, bereits einmal Dopingmittel verwendet zu haben. Zu einer Dreiviertelmillion Männer kamen ca. 300 000 Frauen hinzu. Die Dunkelziffer dürfte wesentlich höher liegen. Im Bodybuildingbereich ist die Wahrscheinlichkeit groß, dass zusätzlich verbotene leistungssteigernde Präparate von den Sportlern eingenommen werden. Hier lag die Quote zwischen 20 und 62 %. Zum Doping in Freizeitwettkämpfen im Triathlon, Radsport oder Laufbereich liegen kaum Daten vor, da dort nicht auf Doping getestet wird. Es liegt aber auf der Hand, dass die Versuchung hier groß ist.

> **Frage 5:**
> Nennen Sie die gesundheitlichen Nebenwirkungen der bekanntesten Dopingmittel.

Dopingmittel	Nebenwirkungen
Erythropoetin (EPO)	**Wirkungen**: dient zur vermehrten Bildung von roten Blutkörperchen, was die Sauerstoffaufnahme verbessert und dadurch die Leistung anhebt (vor allem in den Ausdauersportarten und -disziplinen) **Nebenwirkungen:** EPO führt zu einer Verdickung des Blutes, worunter die Fließeigenschaften leiden. Es kann zu Embolien, Thrombosen, Herzinfarkten und Schlaganfällen führen.
Anabolika	Anabolika werden am häufigsten bei Dopingkontrollen gefunden. **Wirkungen:** verstärkter Muskelaufbau, bessere Regeneration **Nebenwirkungen:** schwere Herz- und Leberschäden, Brustvergrößerung bei Männern, Vermännlichung bei Frauen, vorzeitiger Wachstumsstopp bei Kindern, Akne bei Erwachsenen
Asthmamittel	**Wirkungen:** erhöhte Herzfrequenz, Leistungssteigerung im Ausdauerbereich, bei hoher Konzentration auch Muskelaufbau **Nebenwirkungen:** Herzschäden, erhöhter Blutdruck, Erhöhung des Blutzuckers, Muskelzittern
Stimulanzien	**Wirkungen:** anregende, stimulierende Wirkung, erhöhte Sauerstoffaufnahme **Nebenwirkungen:** erhöhter Blutdruck, Herzrhythmusstörungen, Unterdrückung von Ermüdungsgefühlen, was bis zur totalen Erschöpfung führen kann

> **Frage 6:**
> Welche Testpools gibt es? Wird nur im Wettkampf getestet?

Dopingkontrollen finden nicht nur im Wettkampf, sondern auch im Training statt. In Deutschland gibt es je nach Gefährdung eine Einteilung in 3 Testpools:

Registered Testing Pool (RTP): ca. 600 Athleten, A-Kader-Athleten des Bundes aus Sportarten der Risikogruppe A (mit hohem Dopingrisiko) sowie Athleten des vom internationalen Verband festgelegten International Registered Testing Pool

National Testing Pool (NTP): ca. 1400 Athleten, A-Kader-Athleten des Bundes aus Sportarten der Risikogruppen B und C (mit einem geringen bis mittleren Dopingrisiko)

Allgemeiner Testpool (ATP): ca. 5000 Athleten, alle weiteren Kader-Athleten, das bedeutet aus dem B- und C-Kader sowie D/C-Kader

> **Frage 7:**
> Nennen Sie Argumente, die für eine Dopingfreigabe sprechen.

Eine Dopingfreigabe würde bedeuten, auf die zentralen Kernbestandteile der traditionellen Sportmoral zu verzichten. Man würde damit den Standpunkt aufgeben, dass Doping etwas dem Sport moralisch Wesensfremdes sei. Die Konsequenz wäre, dass man das Doping nicht länger als ein zu bekämpfendes und zu beseitigendes Problem, sondern als einen hinzunehmenden Tatbestand einstufen würde. Es war nie das Hauptargument der Befürworter der Dopingfreigabe, dass Doping etwas Gutes oder gar zu Förderndes sei. Man solle eher die Realität so akzeptieren, wie sie ist, dass nämlich Doping nicht zu verhindern sei. Bei der Forderung nach der Dopingfreigabe gehe man davon aus, dass eine effektive Dopingbekämpfung personell, logistisch und finanziell zu aufwendig sei. Aufwand (Dopingkontrollen) und Ertrag (erwischte Doper) stünden in keinem Verhältnis zueinander. Zum Beispiel führte die NADA im Jahr 2010 in Deutschland insgesamt 8.108 Trainings- und Wettkampfkontrollen durch, wobei 66 Verstöße festgestellt wurden, was einer Quote von ca. 0,8 % entspricht.

Über die Jahre wurde festgestellt, dass der ständig wachsende strukturelle Erfolgsdruck eine wesentliche Ursache für das Doping ist. Die Athleten selbst sehen in den Antidopingmaßnahmen eine starke Einschränkung ihrer Bewegungsfreiheit sowie einen starken Eingriff in ihre Persönlichkeitsrechte. Sie beklagen sich auch, dass manche Normen für die Qualifikation zu internationalen Meisterschaften von den Spitzenfachverbänden so hoch angesetzt werden, dass es fast unmöglich ist, diese ohne Doping zu erreichen. Erschwerend hinzu kommt eine steigende Wettkampfdichte, die das Verletzungsrisiko erhöht und die Rekonvaleszenzzeit oder Regenerationszeit drastisch verkürzt.

Die Einstellung und Haltung der Medien zum Thema Doping ist ambivalent. Zum Beispiel wird ein schlechtes Abschneiden deutscher Athleten zum Teil heftig kritisiert, gleichzeitig sind es aber gerade diese Medien, die den moralischen Zeigefinger erheben und das Doping sowie die Doper kritisieren. Die begründete Forderung nach Dopingfreigabe kostete einem Präsidenten eines Spitzenfachverbandes (hauptberuflich Richter!) in den 1990er-Jahren seinen Posten. Er sprach sich für die Dopingfreigabe unter medizinischer Aufsicht aus, aber nicht für Doping von Kindern und Heranwachsenden. Seine Widersacher argumentierten, dass man sich quasi öffentlich zum Doping bekenne. Das Doping unter medizinischer Aufsicht sei weniger gesundheitsgefährdend als ein individuelles Herumexperimentieren der Sportler im Verborgenen. Auch die Variante eines Medikamentenpasses wurde damals bereits erwogen, was aber eine begrenzte Dopingfreigabe bedeutet hätte. Dieses Modell konnte sich ebenfalls nicht durchsetzen.

Bei einer Dopingfreigabe käme es zu einem Tabubruch mit problematischen Folgen. Das Zuschauerinteresse könnte sich weg vom Athleten hin zu anderen Bedingungen verschieben, die ebenfalls am Erfolg mitbeteiligt waren, wie etwa medizinische Betreuer, gute Trainingsbedingungen, fürsorgliche Vereins- oder Verbandsfunktionäre, finanzielle Unterstützung und Absicherung sowie weitere Akteure im Unterstützungsumfeld. Auch der sportwissenschaftlichen Optimierung würde ein Beitrag am Erfolg zugeschrieben. Bei der Dopingfreigabe würde der Erfolg des Sportlers weit mehr als bisher als eine von Ärzten hervorgebrachte Leistung gesehen werden. Der Athlet wäre nur noch eine ausführende Instanz seiner Ärzte und würde dadurch an Ansehen verlieren.

Viele Sportmediziner sind heute in Dopingaktivitäten involviert. Probleme würde die Freigabe für Ärzte in der Art mit sich bringen, dass ihre medizinische Standesethik und die darauf beruhenden rechtlichen Regelungen davon betroffen wären. Das Dopingverbot ist für Ärzte, die den Schutz und die Wiederherstellung der Gesundheit der Sportler zum Ziel haben, im Hinblick auf ihre Standesethik vereinbar, eine Dopingfreigabe hingegen nicht. Es ginge nicht mehr darum, Kranke zu heilen, sondern gesunde Menschen für die Verbesserung ihrer körperlichen Leistungsfähigkeit erheblichen Gesundheitsgefährdungen auszusetzen. Wenn die Freigabe eine (verständliche) Verweigerungshaltung vieler Ärzte bewirken würde, könnte dies eine problematische Entwicklung für den Sportler und damit den Sport zur Folge haben.

Bei einer Freigabe würden die Sportler schnell zu einem Experimentierfeld für Doper werden. Der strukturelle Druck auf die Sportler durch ihr Umfeld würde extrem zunehmen. Eine Karriere als Profisportler anzustreben würde bedeuten, sich einen gesundheitlich sehr riskanten Beruf herauszusuchen. Das mag so manchen Sportler davon abhalten, diesen Weg einzuschlagen. Eine Folge davon könnten Rekrutierungsprobleme für den Nachwuchs im Sport bedeuten. Eltern könnten frühzeitig verhindern, dass die Kinder sich für diesen Weg entscheiden und sie unter Umständen sogar vom Sport komplett fernhalten. Es geht hier um die elterliche Fürsorgepflicht.

Die Sportverbände befinden sich ebenfalls in einer schwierigen Position. Durch herausragende Platzierungen und Leistungen ihrer Sportler möchten sie Sponsoren und Geldgeber akquirieren sowie sich die Unterstützung vom Staat (Bundespolizei, Bundeswehr, Grenzschutz etc.), den Ländern und Gemeinden sichern. Gleichzeitig müssen sie Doping hinnehmen bzw. stillschweigend „dulden", da sonst unter Umständen internationale Spitzenplatzierungen, von denen die Mittelvergabe abhängt, nicht erreicht werden könnten. Schließlich wurde auch gemutmaßt, dass bestimmte hohe Spitzenfunktionäre des Radsports von positiven Dopingproben des Radstars *Lance Armstrong* wussten, diese jedoch nicht veröffentlichten, da dies fatale Folgen für den Radsport gehabt hätte, was ja schlussendlich nach dessen Dopinggeständnissen auch der Fall war. Zudem könnten internationale Großereignisse wie Weltmeisterschaften oder Olympische Spiele Schwierigkeiten mit der Finanzierung bekommen, was sogar existenzbedrohende Formen annehmen könnte. Es könnte eine sportliche Parallelwelt entstehen mit Meisterschaften für Gedopte und Meisterschaften für Ungedopte.

Die Dopingfreigabe wäre insgesamt gesehen mit einer hohen Unsicherheit behaftet. Die Sportverbände würden ein hohes Risiko eingehen, Medien könnten sich zurückziehen (so bereits geschehen bei der Tour de France), Sponsoren sich abwenden und Ärzte ihre Mitarbeit verweigern respektive aufkündigen. Auch die staatliche Unterstützung könnte eingestellt werden, ein wichtiges Standbein des Leistungssports in Deutschland. Fatal wären auf jeden Fall die zu erwartenden Nachwuchsprobleme. Ehrenamtlich Tätige, ein weiteres wichtiges Merkmal des deutschen Sports, könnten sich abwenden, mit negativen Folgen für das wichtige Vereinswesen, ohne das es Sport in Deutschland nicht in dieser Form, wie wir ihn momentan erleben, geben könnte bzw. würde.

> **Frage 8:**
> Was versteht man im Zusammenhang mit Doping unter der „Operation Aderlass?"

Unter der Bezeichnung „Operation Aderlass" wurde ein Dopingskandal im Jahr 2019 bei den Nordischen Skiweltmeisterschaften bekannt. Die staatsanwaltlichen Ermittlungen wurden durch die Aussage des früheren österreichischen Langläufers *Johannes Dürr* ausgelöst. Gegen insgesamt 50 Personen, Sportler, Ärzte, Betreuer und Helfer richteten sich die Ermittlungen, die am 27. Februar 2019 zu Razzien führten. Der Hauptangeklagte deutsche Arzt Dr. *M. Schmidt* wurde im Januar 2021 zu einer Haftstrafe von 4 Jahren und 10 Monaten verurteilt. Das Landgericht München II befand den Sportmediziner in 24 Fällen der Anwendung von verbotenen Dopingmethoden und in zwei Fällen des unerlaubten Inverkehrbringens von Arzneimitteln für schuldig. Gleichzeitig erhielt der Arzt 3 Jahre Berufsverbot und eine Geldstrafe von 158 000 Euro.

> **Frage 9:**
> Wie lauten die drei Hauptargumente für das Dopingverbot? Erläutern Sie möglichst genau!

1. Gesundheitsargument: Der Schutz der Gesundheit der Sportler steht im Vordergrund.
2. Argument der Fairness und Chancengleichheit: Wahrung der Werte Fairness und der Chancengleichheit
3. Natürlichkeitsargument: Für das Resultat im Wettbewerb sollen lediglich das natürliche sportliche Talent, Fleiß im Training und der Siegeswille maßgeblich sein.

Zu 1: Das Gesundheitsargument hat eine eingeschränkte Überzeugungskraft. Es gibt Sportarten, bei denen die Gesundheit des Sportlers geschädigt werden kann, wie z. B. im Boxen, Karate oder Judo, oder das Risiko hoch ist, sich schwer zu verletzen, wie beim Motocross, Motorbootrennen oder Big Air (Straight Jump) mit dem Snowboard über eine Sprungschanze. Das Gewichtmachen im Boxen oder Ringen ist mit gesundheitlichen Risiken behaftet, radikale Gewichtsverluste wie bei Skispringern oder rhythmischen Sportgymnastinnen können gesundheitlich schwere Folgen nach sich ziehen. Hinzukommt das „Fitspritzen" in Ballsportarten, um bestimmte Körperteile lokal zu betäuben. Des Weiteren gibt es diverse Formen der medikamentösen Regenerationsverkürzung und Erhaltung der Leistungsfähigkeit bei hoher Wettkampffrequenz (Stichwort: „sich durchwettkämpfen"). Auch eine immer höhere Anzahl an Wettkämpfen ist für die Gesundheit der Athleten nicht nützlich. Die Verantwortung hierfür tragen vor allem die Spitzenfachverbände auf internationaler Ebene.

Zu 2: Argument der Fairness und Chancengleichheit: Ein Wettkampf soll danach nur durch unterschiedliche Talentierung sowie unterschiedlich starke Anstrengungen zu einem ungleichen Ausgang führen. Dies ist nur dann als Begründung für ein Dopingverbot geeignet, wenn die Durchsetzung tatsächlich international überall gelingt und erstens ein Fehlverhalten konsequent bestraft wird und die Bestrafung zweitens für alle Sportler in allen Ländern auf internationaler Ebene annähernd gleich ist. Wenn daran größere Zweifel bestehen, steigt die Wahrscheinlichkeit, dass sich ein Sportler eines Landes dopt, um für sich Chancengleichheit – wenn auch auf illegale Weise – herzustellen.

In bestimmten Bereichen existieren auch ohne das Zutun von Sportlern „Ungleichheiten". Diese können z. B. im Verdienst des Sportlers, in der Qualität der Sportgeräte/Sportstätten, den unterschiedlichen nationalen Förderstrukturen und Förderintensitäten liegen. Auch diese können als Argumente (Legitimation) zum Dopen wegen der Chancenungleichheit herangezogen werden. Die Bedeutung der sozialen Absicherung eines Sportlers darf bei der „Chancengleichheit" nicht unterschätzt werden. Auch sie kann als Legitimation für Doping in „ärmeren Ländern" auf internationalem Niveau gesehen werden.

Zu 3: Das Natürlichkeitsargument bezieht sich darauf, dass sich die Faszination des Sports aus der Authentizität der sportlichen Leistung heraus entwickelt. Spitzenleistungen im Sport entstehen durch natürliche, dem Menschen gegebene Möglichkeiten wie Talent, Begabung, Genetik, Training, Ernährung und Motivation.

Zwischen erlaubten Mitteln wie Kreatin und unerlaubten wie EPO oder der Eigenblutretransfusion sind die Grenzen jedoch nicht scharf, sondern fließend gezogen. Die zugeführten hohen Kreatinphosphatmengen kann man z. B. über „natürlichen" Fleischverzehr nicht erreichen. Es stellt sich auch die Frage nach der „Natürlichkeit" von Unterdruckkammern, durch die man (Sauerstoff-) Bedingungen wie beim Höhentraining simulieren kann. Wäre es auch legitim, EPO quasi als „Ausgleich" an Athleten zu verabreichen, die nicht im Hochland von Kenia aufgewachsen sind oder dort trainieren können? Ein Sportler mit einem genetisch bedingten erhöhten Hämatokritwert kann zu Unrecht als Doper gebrandmarkt zu werden, obwohl er nicht manipuliert hat. Basketballern schreibt man auch keine limitierte Körpergröße vor, wohingegen Sportler mit genetisch veränderten Blutwerten schnell des Dopings verdächtigt werden.

> **Frage 10:**
> Erläutern Sie externe und interne Gründe für Doping. Wie kann es zu einer Dopingmentalität bei Sportlern kommen?

Nach sportpsychologischer Auffassung wird Doping in sozialen Prozessen gelernt. Die Versuchung wird besonders relevant, wenn begünstigende Gelegenheitsstrukturen dafür gegeben sind (z. B. verschreibungsfreundliche Ärzte, leicht erreichbare und zugängliche Schwarzmarktstrukturen, „hilfsbereite" Personen im Umfeld des Sportlers). Entscheidend für eine Dopingmentalität eines Sportlers wäre ein direktes Umfeld, das sich ablehnend oder begünstigend verhält, je nachdem, ob Doping erwartet und belohnt oder bestraft wird. Das operante Konditionieren spielt dabei eine große Rolle. Der Sportler kann seine eigenen Regeln nur schützen, wenn eine deutliche soziale Kontrolle durch positive und negative Sanktionen stattfindet. „Die Gruppe kontrolliert ihre Mitglieder, indem sie diesen Belohnungen bereitstellt, mit deren Entzug sie dann auch drohen kann." Die Autoren *Singler* und *Treutlein* schlussfolgern daraus, dass sich nur auf dieser Grundlage Selbstkontrolle und das Respektieren der eigenen Grenzen entwickeln, letztendlich auch der mündige Umgang mit dem Leistungssport. Man geht weiterhin in der soziologischen Betrachtung des Dopingproblems davon aus, dass die sozialen Bedingungen des Spitzensports dieses deviante Verhalten mehr oder weniger stark beeinflussen.

> **Frage 11:**
> Wie sind Sportler durch das Coping biografischer Risiken gefährdet?

Der Leistungsdruck bewirkt eine Totalisierung der Sportlerrolle. Das gesamte Leben wird vom Leistungssportler auf den Sport konzentriert, davon sind alle Lebensbereiche mehr oder weniger stark betroffen. Der Körper ist „das Kapital" des Profisportlers, entsprechend wird alles unternommen, um diesen leistungsbezogen zu perfektionieren. Schon im Schul- und Jugendalter wird das Leben eines zukünftigen Leistungssportlers daraufhin ausgerichtet. Ohne Eltern, die zum Beginn der Leistungssportlerlaufbahn zum Teil über viele Jahre erhebliche Anstrengungen (Investitionen) unternehmen (Fahrten zum täglichen Training, Fahrten zu Kaderlehrgängen, sportgerechte Ernährung) sind solche „Karrieren" nicht denkbar. Für die Sportler entsteht eine sog. Hochkostensituation. Leistungssportler ist man an 7 Tagen in der Woche und das 24 Stunden lang, weshalb man auch von einer Hyperinklusion in das Spitzensportsystem spricht. Alles im Leben dreht sich nur noch um den Sport. Der Sportler gerät in eine „biografische Falle", aus der es kaum ein Entrinnen gibt. Einfach von heute auf morgen aufzuhören ist nicht so einfach, wie man sich dies vorstellen mag; die Verluste wiegen schwer (kein Öffentlichkeitsinteresse mehr, Sozialbeziehungen brechen weg, Sinngebung des Lebens verschwindet). Sehr häufig haben Sportler keine Alternativexistenzen zu ihrer Spitzensportkarriere aufgebaut und hoffen nach Karriereende *irgendwie/irgendwo* im „System Sport" unterzukommen.

Der Sportler befindet sich in einer Hochrisikosituation, in der Doping eingesetzt wird, um das Scheitern der Karriere zu verhindern und die Unsicherheit der Zukunft zu minimieren. Doping wird damit zu einer Art Copingstrategie (Bewältigungsstrategie), um die Nebenwirkungen einer biografischen Fixierung auf die Sportlerrolle abzumildern. Zu dieser Kategorie zählt auch der Medikamentenmissbrauch, um verletzungs- oder krankheitsbedingte Leistungseinbußen zu vermeiden oder abzuschwächen oder ökonomische Risiken zu reduzieren. Wenn man die Dopingproblematik vor diesem Hintergrund betrachtet, wird deutlich, dass sich eine zielgerichtete Dopingbekämpfung sehr schwierig gestaltet.

> **Frage 12:**
> Was versteht man unter der Nachteilsvermeidung durch Unterstellung des Dopings bei anderen?

Von großer Bedeutung für das Doping ist für Sportler das Motiv der Nachteilsvermeidung. Um diese Situation der Spitzensportler zu simulieren, kann man auf das spieltheoretische Modell des Gefangenendilemmas zurückgreifen. An dieser Stelle wird nicht näher auf dieses Modell eingegangen. Im Wesentlichen geht es dabei um Folgendes: Entscheidungssituationen lassen sich dadurch charakterisieren, dass sich das Verhalten von mehreren Beteiligten gegenseitig beeinflusst. Ein Sportler kann seinem Gegner nicht 100-prozentig vertrauen, da einerseits Doping verdeckt angewendet wird. Andererseits bedeutet die Tatsache, dass jemand nicht des Dopings überführt wurde, nicht automatisch, dass er „sauber" ist. Ein Sportler muss also immer die Möglichkeit einkalkulieren, dass sein Gegner dopt, auch wenn er selbst das nicht tut. Wenn dies der Fall ist, hat der nicht dopende „cleane" Athlet automatisch den geringsten Nutzen (nämlich zu verlieren mit allen Folgen und Folgesfolgen), während sein sich dopender Konkurrent den höchsten Nutzen hat. Wenn sich beide für das Dopen entscheiden, hat jeder aus seiner Perspektive heraus betrachtet wenigstens den durch das Dopen seines Gegners bedingten Nachteil ausgeglichen. Diese Umstände können für manchen Sportler, der eigentlich gegen das Dopen ist, Grund genug sein, selbst zu dopen. Hierzu genügt bereits die Vermutung, dass sich die Konkurrenz dopt. Da sich nicht nur der Sportler selbst, sondern auch die Personen in seinem relevanten Umfeld in diesem Dilemma befinden, wird Dopingprävention zu einem schwierigen Unterfangen.

Frage 13:
Welche Möglichkeiten bzw. präventive Maßnahmen gegen Doping im Sport kennen Sie? Erläutern Sie!

Wenn beim Entwicklungsprozess junger Sportler das Interesse an Rekorden und Medaillen sowie die Verdienstmöglichkeiten (man spricht dann von Sach- und Produktorientierung) über dem Wohl der Sportler stehen und Grenzen nicht akzeptiert werden, wie natürliche Leistungsvoraussetzungen und Regeln, sind Gefahren vorprogrammiert. *Singer* und *Treutlein* und halten folgende Schritte für notwendig:

- Informieren: vor allem Wirkungen/Nebenwirkungen von Mitteln und Methoden des Dopings
- Reflektieren: kurz- und langfristige Vor- und Nachteile, Sinn des Sporttreibens
- Argumentieren: Wie reagiere ich auf Menschen, die mir Manipulation/Doping empfehlen?
- Mental stärken: Zufriedenheit mit seinen Grenzen/mit sich selbst lernen
- Entscheiden: Jeder hat zumindest in gewissem Umfang Entscheidungsfreiheit.
- Verantworten: Ich muss die Folgen und Auswirkungen meiner Entscheidungen selbst tragen und verantworten.

Literatur- und Dokutipps zum Thema Doping:
Seppelt: Feinde des Sports. Ullstein, Berlin 2019.
Matschiner: Grenzwertig. Riva-Sportverlag, München 2011.
Generell sehenswert sind die Rechercheberichte der ARD-Dopingredaktion unter Leitung von *Hajo Seppelt*: www.sportschau.de/doping

Sportsoziologische Aspekte des Sporttreibens – Werte – Fairness 16

Frage 1:
Mit welcher Thematik beschäftigt sich die Soziologie im Sport?

Der Sport hat als ein Teilbereich der heutigen Gesellschaft eine enorme Ausbreitung und Entwicklung bedingt durch Einwirkungen seitens der Wissenschaft und Wirtschaft genommen. Das „System Sport" kann seine Leistungen nur erbringen und seine Funktionen nur erfüllen, wenn es Faktoren miteinander verbindet, die es nicht selbst erbringen kann. Der Sport ist auf finanzielle Unterstützung aus der Wirtschaft angewiesen. Auch vom Staat wird der Sport finanziell und ideell gefördert und begünstigt. In den Familien findet quasi eine „Vorsozialisation" der Sportler statt.

Sportsoziologie ist sowohl spezifische Soziologie als auch spezifische Sportwissenschaft. Die Sportsoziologie thematisiert das Handlungsfeld Sport in seiner inneren Struktur, seiner Entwicklung innerhalb und in Abhängigkeit einer Gesellschaft sowie seine jeweiligen Bedeutungen und Wirkungen.

Der Sport in Deutschland stellt sich als ein sehr stark ausdifferenzierter Gesellschaftsbereich dar, der eng mit anderen Bereichen der Gesellschaft wie Medien, Wirtschaft, Gesundheit oder Bildung verzahnt ist. Der hohe Stellenwert, den der Sport heute besitzt, ist das Ergebnis verschiedener Entwicklungs- und Wandlungsprozesse. Die Existenz eines eigenständigen und politisch unabhängigen Sports ist keine Selbstverständlichkeit.

Der deutsche Soziologe *Luhmann* hat sich in seiner Systemtheorie mit einem differenzierten Blick auf die Gesellschaft befasst. Nach der soziologischen Systemtheorie ist der Sport ein soziales System. Nach *Luhmanns* Theorie operieren soziale Systeme als spezifischer Sinnzusammenhang weitgehend selbstbezogen, organisieren sich auch selbst und reproduzieren die sog. Autopoiesis. Autopoiesis bzw. Selbstreferenz bedeutet, dass Systeme ihre Elemente selbst, also in Eigenregie, bilden. Wenn man diese Systemtheorie stark vereinfacht, ist sie eine Weiterentwicklung der Theorie der gesellschaftlichen Arbeitsteilung, die gesamtgesellschaftlich bis hin zur Entwicklung eigener Systeme mit jeweils spezifischer Funktion voranschreitet. In unserer modernen Gesellschaft gibt es unterschiedliche spezialisierte Systeme, wie z.B. das Rechtssystem, das Wirtschaftssystem, das Militärsystem, das Gesundheitssystem und das politische System. Hierzu zählt auch das Sportsystem.

Aus systemtheoretischer Sicht spricht für die Rolle des Sports als eigenständiges Funktionssystem, dass der Sport eigenen Sinnorientierungen folgt. Dies bedeutet, dass der Sieger nach sportlichen Kriterien ermittelt wird und nicht nach politischen, wirtschaftlichen oder anderen. Bei Korruptionsskandalen (z. B. Weltgewichtheberverband 2020) wird gleichzeitig eine Anfälligkeit des Systems sichtbar. Der Sport erbringt auch viele Funktionen z. B. im Gesundheitssystem, Militärsystem und im Bildungssystem. Es handelt sich daher beim Sport wohl eher um ein soziales System, dessen zentrale Funktionserbringung (sportliches Leisten/Nichtleisten im Breitensport bzw. Sieg/Niederlage im Leistungssport) nicht nur auf das Sportsystem beschränkt bleibt, sondern sich auch auf die gesamten Systeme erstreckt.

> **Frage 2:**
> Welche drei Gesellschaftssysteme unterscheidet *Luhmann*? Erläutern Sie diese so genau wie möglich.

Luhmann unterscheidet in seiner Systemtheorie drei unterschiedlich stark differenzierte Gesellschaftssysteme: segmentär, stratifikatorisch und funktional differenzierte Gesellschaften. Das Kennzeichen für die gesellschaftlichen Entwicklungen ist die Zunahme sozialer Komplexität.

1. **Segmentär differenzierte Gesellschaften**: Archaische Gesellschaften bestehen aus kleinen Einheiten (z. B. Haushalt, Familie, Stamm), die unterschiedlich groß sein können und gewöhnlich nicht miteinander verbunden sind. Ein Charakteristikum ist, dass es eine geringe Rollendifferenzierung gibt, z. B. das Familienoberhaupt, der Krieger oder der Schamane. Die Verständigung in diese Gesellschaftsform erfolgt durch orale Kommunikation.

2. **Stratifikatorisch differenzierte Gesellschaften**: Diese Gesellschaftsformen traten vor allem im Mittelalter auf, weisen aber einen höheren Differenzierungsgrad auf als segmentäre Gesellschaften. Es handelt sich dabei um eine hierarchisch organisierte Gesellschaft, bei der es klar voneinander getrennte Schichten gibt. In diesen Gesellschaften kommt es zu Veränderungen der Kommunikationsformen, was durch die Entwicklung der Schrift und des Buchdruckes möglich wird.

3. **Funktional differenzierte Gesellschaften**: Sie stellen die komplexeste Form in dieser Gesellschaftsentwicklung dar. Sie bilden Funktionssysteme aus, die spezifische, gesellschaftlich relevante Funktionen übernehmen. Hierzu zählen Politik, Religion, Recht, Wirtschaft, Wissenschaft, Gesundheit oder Erziehung. Gesellschaftliche Teilsysteme (Subsysteme) entwickeln spezifische Regeln und Organisationsstrukturen, sind autonom und weisen eine charakteristische Rollendifferenzierung auf. Ein Beispiel für diese Differenzierung und die Zunahme an gesellschaftlicher Komplexität ist die Gewaltenteilung in Exekutive, Legislative und Judikative.

Frage 3:
Wie gliedert sich der heutige Sportmarkt auf?

Viele Bereiche des kommerzialisierten Sports wären ohne die Verbindung bzw. Verzahnung mit dem Wirtschaftssystem nicht existent oder zumindest in ihrer heutigen Form undenkbar. Sport ist für viele nicht mehr nur die schönste Nebensache der Welt. Sport als Sammelbegriff schließt neben körperlicher Aktivität in seinem Umfeld zahlreiche andere Erscheinungsformen mit ein wie z. B. die Sportartikelindustrie, sportbezogene Dienstleistungen bis hin zu Sportgroßveranstaltungen wie Olympische Spiele. Der Sportmarkt kann heute folgendermaßen dargestellt werden:

Sportvereinigungen	Staatliche Sportförderung	Medien	Wettgesellschaften	Sportwirtschaftsunternehmen	Sport-Sponsoring
• Vereine • Verbände	• Kommunale Haushalte • Länderhaushalte • Bundeshaushalt	• Öffentlich-rechtliche Medien • Privatrechtliche Medien	• Öffentlich-rechtliche Wettgesellschaften • Privatrechtliche Wettgesellschaften	• Sport- und Fitnessstudios • Sportfachhandel • Sportindustrie • Sportdienstleistungen	• Externe Unternehmen

Im Kontext des Sports haben sich im Laufe der Zeit zahlreiche Sportmärkte entwickelt, die dem Sport heute zu einem wirtschaftlich relevanten Gut etabliert haben, das auf sportbezogenen Märkten angeboten und nachgefragt wird. Der Sport hat sich mittlerweile zu einer wesentlichen Säule der Unterhaltungsindustrie entwickelt. Im Fokus des gegenwärtigen Sportsystems steht die Erbringung sportspezifischer Dienstleistungen durch kommerzielle Sportanbieter. Als Beispiel können traditionelle Fußballvereine herangezogen werden, die sich zu gewinnorientierten Sportunternehmen gewandelt haben. Vorhandenes statistisches Zahlenmaterial zeigt und beweist die enge Verbindung zwischen Sport und Wirtschaft. Der Sport wird beispielsweise auch im Sportbericht des Bundestages als ein Wirtschaftsfaktor von hohem Rang eingestuft, der in Deutschland einen bedeutenden Anteil am Bruttoinlandsprodukt erzielt. Dies zeigt die Bedeutung und Verbindung des Sports mit der Politik auf.

Frage 4:
Was versteht man unter dem „Magischen Dreieck?"

Der sportliche Erfolg führt nicht automatisch zu wirtschaftlichem Erfolg, was jedoch bei reinen Wirtschaftsunternehmen der Fall ist. Der Sport ist Mittel zum Zweck. Medial bedeutsame Sportarten wie Golf, Fußball, American Football, National Basketball-League (USA), Formel 1, Eishockey oder Handball werden als Plattformen für nichtsportliche, wirtschaftliche Geschäfte benutzt. Der

Sport fungiert als Werbeplattform und Netzwerk für globale Wirtschaftsaktivitäten, als nationale Repräsentation wirtschaftlicher Stärke sowie als Symbol technischer Leistungsfähigkeit. Sport, Wirtschaft und Medien sind zu einem „Magischen Dreieck" geworden.

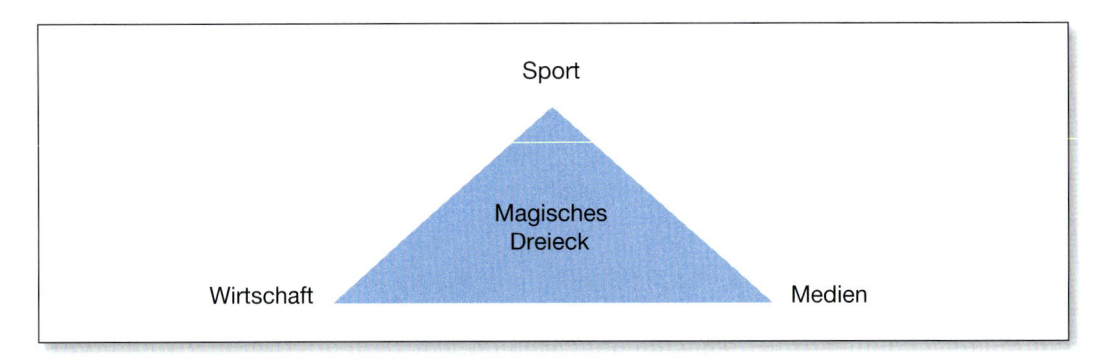

```
              Sport
               /\
              /  \
             / Magisches \
            /  Dreieck    \
  Wirtschaft ──────────── Medien
```

Der Sport „produziert" als Ware seine sportliche Leistung, die auf dem Unterhaltungsmarkt von den Medien angeboten wird und dadurch Geld einbringt. Der Sport ist ein einzigartiges System, das eine „eigene Ökonomik" rechtfertigt: die Ware Sport.

> **Frage 5:**
> Welche Rolle spielen heute die Medien im Sport? Was hat sich seit 1984 in Deutschland diesbezüglich geändert?

Die englischen Premiere-League-Fußballklubs werden durch die Einnahmen ihrer immensen TV-Gelder zum Beispiel immer unabhängiger von Einnahmen aus dem Ticketverkauf an die Zuschauer im Stadion. Laut englischer BBC hätten 10 der 20 Klubs in der Saison 2016/2017 auch dann einen Gewinn vor Steuern erzielt, wenn überhaupt keine Zuschauer zu den Spielen gekommen wären. Im Vergleich zu den deutschen Bundesligaklubs erhalten englische Premiere-League-Klubs etwa doppelt so viel Geld an TV-Einnahmen.

Im Gegensatz dazu sind die deutschen Handball-Bundesligaklubs sehr stark auf die Einnahmen des Ticketverkaufs angewiesen. Dies wurde in Deutschland der Öffentlichkeit erst während der Corona-Pandemie 2020 bekannt. Selbst Spitzenklubs kamen durch die damit einhergehenden Sponsoringrückgänge finanziell in Bedrängnis. Die Klubs mussten zum Teil Gehaltsverzichte mit ihren Spielern aushandeln, um zu überleben.

Seit 1984 gibt es in Deutschland das duale System im TV-Bereich, bestehend aus öffentlich-rechtlichen und privaten Fernsehanstalten. Vor diesem System waren es lediglich die Sportverbände und Veranstalter sowie die öffentlich-rechtlichen Fernsehanstalten, die über die Übertragungskonditionen der jeweiligen Sportveranstaltung verhandelten. Durch die Markterweiterung kam es in der Folgezeit zu einem intensiven Wettbewerb um Sportübertragungen. Im Prinzip besteht das Geschäft daraus, dass der Verein seine Werberechte temporär gegen Geld an eine Medienanstalt verkauft, in der Regel über Agenturen. Dieses Modell war der Anfang eines äußerst lukrativen Geschäfts vor allem für medial interessante Sportarten.

Als die Fußball-Bundesliga 1963 gegründet wurde, mussten die Vereine für die Übertragung von Spielen sogar noch Geld bezahlen. Die DFL (Deutsche Fußball-Liga) kassierte für den Vertrag über die Medienrechte von den kommerziellen und öffentlich-rechtlichen TV-Anstalten für die Spielzeiten 2021 bis 2025 (für 4 Spielzeiten) insgesamt 4,4 Milliarden Euro. Dieser Betrag wird auf 36 Klubs der ersten und zweiten Bundesliga verteilt (www.sport1.de). Im Vergleich dazu erhielt die englische Premiere League für die 3 Spielzeiten von 2019 bis 2022 rund 5 Milliarden Euro. Dies waren allerdings ca. 10 % weniger als beim letzten Deal. Es gibt Hinweise darauf, dass hier möglicherweise eine Grenze erreicht worden ist.

Die Rechtekosten für die Fußball-Bundesliga stiegen zum Beispiel von 1985 bis zum Jahr 2000 um 6259 %, die Fußball-EM um 4380 %, die Fußball-WM um 6880 % und die Olympischen Spiele um 7720 %. Dieser starke Anstieg wird über das Verhältnis von Angebot und Nachfrage erklärt. Das Angebot an massenattraktiven Sportgroßereignissen ist begrenzt. Das bringt den Sport in eine Monopolstellung gegenüber den Medien.

> **Frage 6:**
> Nennen Sie die Ziele des Sponsoring-Werbeengagements im Sport.

- eigenen Bekanntheitsgrad steigern
- Imageveränderung des Produkts oder der Firma
- Schaffen eines komparativen Wettbewerbsvorteils
- Kontaktpflege (Kunden- und Mittarbeiterbindung)
- indirekte Produktinformation

> **Frage 7:**
> Welche Rechte können Vereine oder Verbände im Sponsoring verkaufen?

Folgende Rechte können im Sportsponsoring verkauft werden:

- **Werberechte** – Trikot, Sportgeräte, Programmhefte, Eintrittskarten, Bandenwerbung
- **Ausrüster- und Servicerechte** – Wettkampfkleidung, Trainingskleidung, Einspielkleidung, Messeeinrichtungen, Nahrungsmittel, Transportmittel
- **Teilnahmerechte** – Eintrittskarte, Vergabe von Frei- und Ehrenkarten, Raumdifferenzierung (VIP-Logen), Bewirtungsräume, Parkplätze, Ehrengasträume

- **Lizenzrechte** – Möglichkeit Namen, Embleme, Maskottchen für werbliche Zwecke, für Produktnamen etc. zu nutzen
- **Verwertungsrechte** – Möglichkeit Fernsehübertragungen oder Videoaufnahmen zu machen, wobei insbesondere der Verkauf von Übertragungsrechten zu einer der wichtigsten Einnahmequellen für größere Sportereignisse geworden ist.
- **Verkaufs- und Bewirtschaftungsrechte** – Dies ist die Möglichkeit im Stadion, der Sporthalle oder dem Veranstaltungsgelände Produkte zu verkaufen (Sportgeräte, Sportkleidung, Literatur, Sportausrüstung...) bzw. die Bewirtschaftung mit Getränken und Nahrungsmitteln zu übernehmen.
- **Identifikationsrechte** – beinhalten zum einen eine exklusive Verbindung eines Veranstaltungstitels mit einem Produktnamen, zum anderen die Verbindung bekannter Sportler oder Mannschaften mit einzelnen Produkten oder Firmen
- **Förderprädikate** – bieten zum einen das Recht, die Bezeichnung „Förderer von..." für einzelne Produkte oder Produktgruppen verwenden zu können oder gezielt sportliche Projekte zu unterstützen, z.B. Talentförderung (vgl. *Heinemann, K.* Sponsoring, in: Sportwissenschaftliches Lexikon, Hofmann-Verlag, Schorndorf, 2003).

Frage 8:
Profitiert nur der Sport von Großveranstaltungen bzw. Events?

Sportveranstaltungen haben sich in den letzten Jahrzehnten elementar verändert. Früher stand bei den klassischen (Vereins-)Sportveranstaltungen der Sport völlig im Vordergrund. Heutzutage inszeniert man viele Veranstaltungen zu einem „Event", um das sich ein mehr oder weniger umfangreiches Rahmenprogramm etabliert hat. Man möchte damit nicht nur die Sportfans erreichen und für das Event begeistern, sondern sie auch an diesem Event teilhaben lassen. Olympische Spiele sind ein gutes Beispiel dafür, dass sie auch auf die breite Bevölkerung sowie Wirtschaft und Medien eine große Anziehungskraft ausüben. Bei den ersten Olympischen Spielen der Neuzeit in Paris 1896 gab es 9 Sportarten und 43 Wettbewerbe bei den Sommerspielen. Bei den Olympischen Sommerspielen in Peking 2008 waren es 36 Sportarten mit 306 Wettbewerben. Die Athletenzahl stieg von 2400 im Jahr 1896 (Paris) auf 11 000 Athleten im Jahr 2008 in Peking. Diese Zahlen machen das ökonomische Wachstum der Spiele deutlich. Größere Sportereignisse in Deutschland in diesem Jahrtausend waren die Fußball-WM 2006 („das Sommermärchen"), die TT-WM 2006, die Handball-WM 2007 oder die Frauenfußball-WM 2011. Die Marketingplanungen wurden z.B. im Fußball von Veranstaltung zu Veranstaltung weiterentwickelt und ausdifferenziert. Bei der Fußball-WM 1954 in der Schweiz, als die deutsche Fußballnationalmannschaft der Männer zum ersten Mal Weltmeister wurde, existierten auf Seiten der FIFA noch keinerlei Marketinggedanken.

Die Finanzströme der WM 2006 in Deutschland zeigte eine Bilanz der Bundesregierung auf:
- Der Einzelhandel konnte Mehreinnahmen von 2 Mrd. Euro verbuchen.
- Der Bund investierte 3,7 Mrd. Euro in den Ausbau des Straßennetzes.
- Der Bund investierte weitere Mrd. Euro in den Ausbau und die Modernisierung der WM-Stadien

Diese Bilanzaufstellung ist ein eindeutiges Zeichen für das hohe nationale Interesse des Staates an einer weltweiten Präsentation seiner technologischen und sportlichen Leistungen, welche gleichzeitig einen Hinweis auf die wirtschaftliche Stärke des Landes darstellen.

Frage 9:
Welches sind die Kennzeichen bzw. Merkmale von Vereinen in Deutschland?

Sportvereine sind soziale Organisationen, die sich idealtypisch durch folgende Merkmale kennzeichnen:
- freiwillige Mitgliedschaft
- Unabhängigkeit vom Staat
- Orientierung an den Interessen der Mitglieder
- demokratische Entscheidungsstrukturen
- ehrenamtliche Mitarbeit

Das soziale und kulturelle Leben in den Städten und Gemeinden in Deutschland wird wesentlich von den Sportvereinen getragen und geprägt. Man kann es auch sagen, dass die tragende Säule des deutschen Sports der Sportverein ist.

Ein Verein besitzt in der Regel die Rechtsform des eingetragenen Vereins (Abkürzung: e.V.) im Vereinsregister des zuständigen Amtsgerichts und damit die Qualität einer juristischen Person. Die Mitgliederversammlung ist das höchste Vereinsorgan. Sie wählt den Vorstand, der den Verein leitet und organisiert, ihn in Rechtsangelegenheiten vertritt und nach außen repräsentiert. Der Vorstand ist der Mitgliederversammlung gegenüber verpflichtet, Rechenschaft abzulegen, sodass letztendlich die Mitglieder des Vereins Ziele und Gestaltung ihres Vereins bestimmen. Das Vereinsmitglied hat Pflichten (Satzung) und auch Rechte. Verstöße gegen die Pflichten können zu Sanktionen führen. Vereine sind im Hinblick auf ihren Organisationsgrad sehr unterschiedlich. Über 40 % der Vereine im DOSB (Deutschen Olympischen Sportbund) wurden nach 1979 gegründet, wozu auch die Wiedervereinigung 1989 beitrug. Der älteste deutsche Sportverein wurde bereits im Jahr 1816 gegründet.

Die Sportvereine in Deutschland sind fachlich und überfachlich in Stadt-, Kreis-, Bezirks- und Landesverbände Mitglied und über die Mitgliedsorganisationen des DOSB auf Bundesebene zusammengeschlossen. Sport wird in Deutschland primär in Vereinen betrieben. Aber die Vereine haben in den letzten Jahren Konkurrenz auf dem Sportanbietermarkt erhalten und ihr Monopol teilweise eingebüßt.

Frage 10:
Welche Rolle spielt das Ehrenamt im deutschen Sport?

Das freiwillige Ehrenamt ist ein zentrales Kennzeichen der Sportvereine, man spricht eigentlich nur vom „Ehrenamt". Der Sportverein ist von der Ehrenamtlichkeit seiner Mitglieder abhängig, welche die Unabhängigkeit von Staat und Wirtschaft absichern. Im Durchschnitt werden monatlich 21,1 Stunden bei Übungsleitern und Trainern, 16,5 Stunden bei Vorstandsmitgliedern und 12,5 Stunden bei Helfern aufgebracht. Frauen sind beim Ehrenamt ihrem Mitgliederanteil entsprechend vertreten. Dies gilt jedoch nicht für Vorstandspositionen, die zu drei Vierteln von Männern besetzt sind. Junge Menschen und Jugendliche engagieren sich in erheblichem Maße als Mentoren, Übungsleiter oder Helfer.

Frage 11:
Was versteht man unter den Werten im Sport? Welche vier Wertdimensionen kennen Sie?

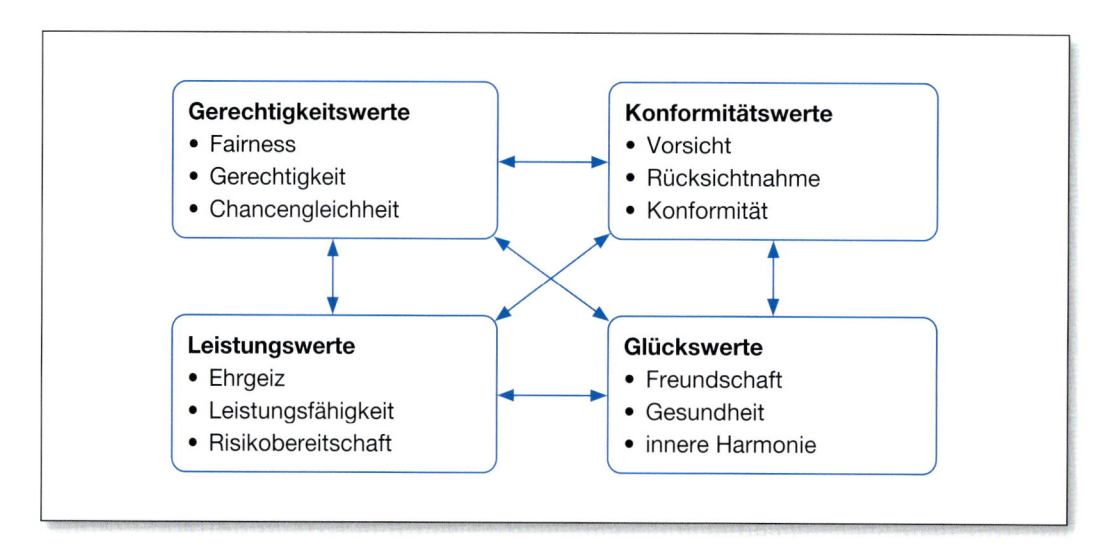

Gerechtigkeitswerte
- Fairness
- Gerechtigkeit
- Chancengleichheit

Konformitätswerte
- Vorsicht
- Rücksichtnahme
- Konformität

Leistungswerte
- Ehrgeiz
- Leistungsfähigkeit
- Risikobereitschaft

Glückswerte
- Freundschaft
- Gesundheit
- innere Harmonie

Das soziale Handeln wird im Sport nicht nur von Normen und Regeln, sondern auch von Werten bestimmt. Die Wettkämpfe im Sport unterliegen beispielsweise spezifischen (Be-)Wertungen. Bei einem Weltrekordversuch in den leichtathletischen Laufdisziplinen mit einem tempomachenden „Hasen" wird das Grundprinzip des Wettkampfes unterlaufen zugunsten einer Rekordjagd unter Sonderbedingungen. Man stellt diesen Rekordversuch über die Chancengleichheit. Die „Wertigkeit" eines solchen Laufes stößt bei den Sportlern daher zumindest auf ein geteiltes Echo. Werte sind die von einer Gruppe geteilten Vorstellungen über das Wünschenswerte, die sich in Entscheidungsaktionen als Maßstab herausstellen und die menschliche Handlung lenken. Werte bilden sozusagen die Grundlage der Normen.

Es kommt im Sport immer wieder zu moralischen Wertungen, etwa wenn ein Spieler einer Fußballmannschaft ausgerechnet gegen die Mannschaft ein Tor erzielt, von der er zur laufenden Saison zu seinem heutigen Team gewechselt ist. Dann ist häufig zu beobachten, dass die Spieler auf einen größeren Jubel „verzichten". Wettkämpfe im Sport sind wertgebundene Institutionen unserer Kultur und unterliegen neben dem Ergebnis auch immer spezifischen Wertungen. Wird gegen diese Erwartungen verstoßen, etwa wenn man bei der offensichtlich schweren Verletzung eines Gegners weiterspielt, reagieren die Zuschauer mit Empörung. Wer also in einem solchen Fall einfach weiterspielt, begeht damit zwar keinen strafbaren formellen Normenverstoß (gelbe oder rote Karte), verstößt damit jedoch gegen inoffiziell geltende moralische Normen.

Wert bezeichnet eine Zielvorstellung individuellen Handelns oder einen Maßstab der Beurteilung, unabhängig davon, ob die Zielsetzung oder das Beurteilungskriterium gesellschaftlich eingeführt ist oder nicht. Die empirische Wertforschung unterscheidet folgende vier Wertdimensionen.

> **Frage 12:**
> Was versteht man unter Normen im Sport? Was versteht man unter konstitutiven Regeln im Sport?

Norm bezeichnet ausschließlich eingeführte Regeln, die zwar auf Werten beruhen, aber auch Wirkungskraft unabhängig davon haben, ob die ihnen zugrunde liegende Werthaltung von den einzelnen sich nach ihnen richtenden Individuen geteilt wird oder nicht.

Abhängig von der jeweiligen Zielsetzung, mit der man seinen Sport betreibt, z. B. als Fußball-Kneipenmannschaft oder als Mannschaft der 1. Fußballbundesliga, entstehen spezifische Normen, die entweder auf das soziale Gruppenziel (Kneipenmannschaft) oder das Leistungsziel der Mannschaft ausgerichtet sind. Normen sind für Sportler verbindliche Verhaltenserwartungen, die seiner Handlung stabile und kalkulierbare, mit anderen Interaktionen abgestimmte und soziale, d. h. kontrollierte und sanktionierte Geltung verleihen. Die Norm bewirkt, dass der Sportler sich nicht zufällig so benimmt wie er gerade möchte, sondern sich an wechselseitigen Erwartungen, gemeinsamen Einschätzungen und Bewertungen der Handlungssituation orientiert. Wenn man sich im Sport nicht an die gültigen Normen hält, gilt man als „Störenfried" und wird mit Strafmaßnahmen oder Ausschluss belegt.

Wer gegen formelle Regeln, die im schriftlich niedergelegten Regelwerk einer Sportart oder Sportdisziplin festgehalten sind, verstößt, wird in aller Regel vom Schiedsrichter sanktioniert.

Praxisbeispiel 5:
informelle Normen

> Foulspiel oder Handspiel im Fußball ziehen Sanktionen durch den Schiedsrichter nach sich. Wenn es um Einstellungsmuster handelt, die während der Teamzugehörigkeit erlernt werden und sich in einer spezifischen Denkweise ausprägen, spricht man von informellen Normen.

Das Fair-Play oder eine profihafte Einstellung einer Bundesligamannschaft können hierfür als Beispiele dienen. Normen werden durch das Verhalten und durch die Einstellung festgelegt. Die Einhaltung formeller Normen wird umso strenger beachtet, je leistungsbezogener die Mannschaftsziele sind. Bei Freizeitfußballern wie der Kneipenmannschaft überwiegt der informelle Charakter, da das Normensystem flexibler und weniger (bis gar nicht) festgeschrieben ist und persönliche Eigenheiten und Wünsche stärker toleriert werden.

Konstitutive Regeln: Im Tischtennis darf der Ball – im Gegensatz zum Tennis – z. B. nicht volley aus der Luft geschlagen werden, sondern erst, wenn er auf der eigenen Tischhälfte aufgesprungen ist. Würde diese Regel nicht existieren, würde der Charakter des Spiels massiv verändert werden. Ebenso muss im Doppel oder Mixed im Tischtennis der Ball abwechselnd von dem einen Spieler und von dem anderen Spieler des gleichen Doppels geschlagen werden. Auch diese Regel gilt im Tennis nicht. Die Regeln legen also fest, wie die Sportart in der Praxis betrieben werden muss. Man spricht hier von konstitutiven Regeln. Würde ein Spieler im Tischtennis den Ball volley schlagen, würde dies vom Schiedsrichter geahndet werden. Die Regel hat somit auch regulierende Funktion. Sie werden z. B. im Handball folgendermaßen wirksam:

- Der Ball besteht aus einer Leder- oder Kunststoffhülle.
- Die Spielfläche ist ein Rechteck von 40 m Länge und 20 m Breite und umfasst zwei Torräume und ein Spielfeld.
- Die 7-m-Linie ist eine 1 m lange Linie vor dem Tor.
- Für die einzelnen Mannschaftskategorien sind folgende Ballgrößen, d. h. Umfang und Gewicht, vorgeschrieben:
    - 58–60 cm und 425–475 g (IHF-Größe 3) für Männer und männliche Jugend (16 Jahre und älter)

Frage 13:
Was versteht man unter strategischen Regeln im Sport?

Strategische Regeln

Wer in seiner Sportart erfolgreich sein möchte, befolgt die strategischen Regeln. Es gibt z. B. im Tischtennis mehrere Handlungsalternativen, welche die Art und Weise betreffen, wie das Ziel des Spiels, nämlich einen Punkt zu erzielen, erreicht werden kann. Im Tischtennis hat man Taktiken (= strategische Regeln) entwickelt, wie man am besten/wahrscheinlichsten zum Punkterfolg kommen kann. Wer die strategischen Regeln nicht beherrscht oder befolgt, geht ein erhöhtes Misserfolgsrisiko ein und riskiert, das Spiel zu verlieren. Im Rahmentrainingsplan des DTTB ist zu lesen (Zitat):

„Unter Taktik versteht man die Fähigkeit, eigene technische, konditionelle und psychische Fertigkeiten sowie die theoretischen Kenntnisse dauerhaft für Punktgewinne einzusetzen und Wettkämpfe zu gewinnen. Es gibt zwei Möglichkeiten dies zu erreichen: durch das Einsetzen der eigenen Stärken und das Ausnutzen der gegnerischen Schwächen oder dem Gegner nicht ermöglichen, seine Stärken einzusetzen."

Frage 14:
Was versteht man im Sport unter ethisch-moralischen Regeln?

Ethisch-moralische Regeln

Obwohl diese nicht verschriftet sind und auch keinen offiziellen Sanktionen (durch Schiedsrichter) unterliegen, spielen sie dennoch im Sport eine große Rolle. Man versteht darunter Verhaltensweisen, die eine faire Ausführung der Sportart und -disziplin für alle Beteiligten sicherstellen. Sie werden auf folgende Weise in der Praxis wirksam:

- Sei fair.
- Erkenne deinen Gegner als Partner an.
- Gewährleiste Chancengleichheit.
- Achte auf die körperliche und persönliche Unversehrtheit deiner Partner.
- Schütze vor allem die Schwächeren.
- Beachte die vereinbarten Regeln.

Die Einhaltung und die Durchsetzung von Spielregeln sind durch Sanktionen (Belohnung und Strafe) abgesichert, was unter die Aufgabe der Schiedsrichter oder Kampfrichter oder Wertungsrichter fällt.

Die Einhaltung von Spielregeln sowie die Durchsetzung sind durch Sanktionen (Belohnung und Strafe) abgesichert, was unter die Aufgabe von Schiedsrichter oder Kampfrichter oder Wertungsrichter fällt.

Jede Sportart konstituiert sich über ihre Regeln, wobei dazu alleine konstitutive und strategische Regeln nicht genügen. Sie wirken im Verbund mit den ethisch-moralischen Regeln. Die ethisch-moralischen Regeln sind quasi der „Kitt", der alles zusammenhält. Regeln bieten auch Verlässlichkeit, denn jeder, der am Sport teilnimmt, gibt sozusagen ein Versprechen ab, dass er die Mitgliedschaftsregeln des Sportsystems einhält. Jeder Sportler geht davon aus, dass sein Partner ebenso aufrichtig wie er selbst bemüht ist, die Regeln des Sports genau einzuhalten. Regeln sind nie auf Dauer festgeschrieben, sie sind in einem gewissen Rahmen veränderbar, können sogar ganz abgeschafft werden.

> **Frage 15:**
> Was versteht man unter Fairness im Sport? Geben Sie Beispiele zu fairem Verhalten im Sport.

Fairness im Sport

Fairness ist zugleich eine Tugend und moralische Haltung. Man versteht darunter nicht nur die Einhaltung von Regeln, sondern versucht auch, die sportliche Einstellung und die Beachtung des Geistes der Regeln zu erfassen. Fairness sollte aus eigenem Antrieb im Sport praktiziert werden. Die Fairness im Sport beeinflusst aber nicht nur die Akteure im Sport, sondern auch die Menschen in ihrem Umfeld wie Funktionäre, Wissenschaftler Journalisten etc. Man kann zwei Formen der Fairness unterscheiden:

1. **formelle Fairness:** Einhaltung der Spielregeln (konstitutive Regeln)
2. **informelle Fairness:** ethisch-moralische Haltung des Sportlers

Eine faire Handlung liegt nur dann vor, wenn der Sportler in seiner ganzen Einstellung sein Interesse an der Wahrung des Spiels als Spiel sichtbar werden lässt. Die faire Handlung oder Einstellung kann man einem Sportler nur ansehen, wenn er sie auch praktiziert.

Praxisbeispiele 6: faires und unfaires Handeln

> Wer z. B. einen Elfmeter im Fußball zurücknimmt, indem er beim Schiedsrichter klarstellt, dass er nicht gefoult worden ist, handelt fair. Im Gegensatz dazu ist das „Elfmeterschinden" (auch Herausholen eines Elfmeters) eine unfaire Handlung.
>
> Zusammenfassend kann man **Fairness** folgendermaßen definieren:
> - Fairness beinhaltet die Einhaltung der konstitutiven Regeln,
> - die Beachtung der regulativen/strategischen Regeln,
> - das Spielen-Wollen (die Regeln zur Spielidee) sowie
> - grundsätzlich die Achtung des Geistes der Regeln.
> - Zu einem fairen Verhalten im Sport gehört darüber hinaus die Befolgung der Urteile des Schiedsrichters oder Kampfrichters.
> - Weiterhin hat Fairness mit dem Bemühen um Chancengleichheit und Chancengerechtigkeit zu tun sowie
> - mit der Achtung des Gegners als Person und Partner, ohne den das Spiel/der Wettkampf nicht zustande käme.

> **Beispiel:** Für sein Verhalten beim Fußball-Oberliga-Spitzenspiel der von ihm trainierten Stuttgarter Kickers bekam der Trainer *Ramon Gehrmann* viel Lob von seinen Kollegen für sein Fair-Play-Verhalten am 18. Oktober 2020. Dazu kam es durch folgende Aktion. Ein Kickers-Spieler hatte nicht gesehen, dass ein Spieler des FC Nöttingen verletzt am Boden lag und ein Mitspieler aus Nöttingen deshalb den Ball ins Aus beförderte, damit man sich um den Verletzten kümmern konnte. Der Kickers-Spieler warf den Ball zu seinem eigenen Mitspieler und aus diesem Angriff ergab sich ein Tor, gegen das jedoch die Nöttinger protestierten. Nach einer kurzen Absprache mit dem gegnerischen Trainer wies *Gehrman* sein Team an, ein Eigentor zu schießen.

> **Frage 16:**
> Wie unterscheiden sich Männer und Frauen im Hinblick auf Muskulatur und Krafttraining? Worin liegt der Hauptunterschied? Erläutern Sie dies möglichst genau.

Kraft und Krafttraining

Der Anteil der Muskulatur beträgt bei der untrainierten Frau 30–40 %, beim untrainierten Mann 40–50 %. In absoluten Zahlen bedeutet dies: Die Frau weist 23 kg Muskelmasse, der Mann 35 kg auf.

Die für die Kraftentwicklung eines Muskels wichtige Muskelfaserquerschnittsfläche ist bei der Frau deutlich kleiner. Muskelbioptische Befunde an 21 Mittelstreckenläufern und 13 Mittelstreckenläuferinnen zeigten, dass der Muskelfaserdurchmesser (Muskelfaserquerschnitt) der Frauen deutlich kleiner war als derjenige der Männer (vgl. *Hottenrott*. Die sportliche Frau. In: Gynäkologie, 2015, S. 6–10). Die Werte der Frauen lagen zwischen 54 und 80 % der Männerwerte. Relativ gesehen kann der Muskelquerschnitt von Männern um 20 % größer sein als der von Frauen. Frauen haben eine geringere Maximalkraft und Schnellkraft als Männer. Dies darf man jedoch nicht so interpretieren, dass Mann und Frau sich hinsichtlich der Trainierbarkeit der Kraftfähigkeiten unterschieden.

Der Krafttrainingseffekt für Rumpf-, Bauchmuskulatur sowie die Muskulatur der unteren Extremitäten ist bei beiden Geschlechtern annähernd gleich. Dies gilt nicht für die oberen Extremitäten, die bei Männern deutlich besser auf Training ansprechen: Die Werte, welche Frauen durch Training erreichen können, liegen nur zwischen 30 und 50 % der Männerwerte. Muskelgruppen, die überwiegend dynamische Bewegungsaufgaben ausführen, weisen eine geschlechterspezifische Differenz hinsichtlich der Größe der Trainierbarkeit auf.

Die Unterschiede im Krafttrainingsbereich lassen sich durch höhere Testosteronwerte erklären; Testosteron kurbelt den Eiweißstoffwechsel stark an. Training hat aber auch Auswirkung auf den Testosteronspiegel. Bei Leistungssportlern und Leistungssportlerinnen kommt es mit dem Anstieg der sportlichen Leistung zu einem Anstieg der Testosteronwerte. Männliche Ausdauersportler weisen gegenüber Sportlerinnen höhere Kraftausdauer und Schnellkraftausdauer auf. Frauen erreichen nicht die Maximalkraft und Schnellkraftwerte von Männern, die Werte liegen bei den Sportlerinnen um ca. 15–20 % unter denen der Sportler.

> **Frage 17:**
> Wie unterscheiden sich Männer und Frauen im Hinblick auf kardiopulmonale Leistung und Ausdauertraining? Worin liegt der Hauptunterschied? Erläutern Sie dies möglichst genau.

Kardiopulmonale Leistungsfähigkeit und Ausdauertraining

Unterschiede in Bezug auf die Herzgröße zwischen trainierten Männern und Frauen zeigen sich auch im Hinblick auf das Herz-Kreislauf-System. Das Herzvolumen und das Herzgewicht des Mannes sind größer als bei der Frau, zudem sind beim Mann die Herzkammern und der Aortendurchmesser größer.

Bei gleicher muskulärer Stoffwechselbeanspruchung ist die Herzfrequenz bei Frauen signifikant höher als bei Männern. Der gegenwärtige Geschlechtsunterschied beim maximalen Sauerstoffaufnahmevermögen (VO_2max) beträgt in vielen Sportarten 10–15 %. Die Höchstwerte in der Literatur betragen bei Frauen 75 ml/min/kg gegenüber 90 ml/min/kg bei Männern. Dafür mitverantwortlich sind z. B. geringere Hämoglobinwerte bei Frauen; sie verfügen über ca. 75–80 % des männlichen Hämoglobingesamtgehalts. Muskelbiopsien zeigen, dass die Muskeln der Frauen im Vergleich zu denen der Männer weniger Mitochondrien und ein geringeres Mitochondrienvolumen aufweisen. Die Muskulatur von Frauen ist weniger stark kapillarisiert und besitzt weniger kleine Mitochondrien als die männliche Muskulatur. Der Mann besitzt ca. 1,4-mal mehr Mitochondrien als die Frau. Es gibt jedoch keinerlei Unterschiede in der Substratbevorratung (Kreatinphosphat und Glykogengehalt) sowie der glykolytischen und oxidativen Enzymkapazitäten. Die geringeren Ausdauerleistungen der Frauen sind auch darauf zurückzuführen.

Frauen weisen einen höheren Fettgehalt in den Muskelfasern und daraus resultierend einen höheren Fettumsatz unter Belastung auf. Aus metabolischer Sicht weist die Frau also einen größeren Fettabbau auf, einen niedrigeren Proteinabbau und eine geringe Verstoffwechselung von Kohlenhydraten. Bei Langzeitbelastungen haben Läuferinnen einen geringeren Proteinkatabolismus als Männer, aber eine höhere Fettoxidationsrate. Gegenüber den Sportlern derselben Sportart ist die oxidative Kapazität von Sportlerinnen um etwa 10–15 % niedriger. Bei Ausdauerbelastungen im submaximalen Bereich weisen Sportlerinnen eine höhere Herzfrequenz, eine höhere Fettoxidationsrate, einen geringeren Eiweißstoffwechsel sowie einen niedrigeren Kohlenhydratumsatz auf. Die Differenzen innerhalb der kardiovaskulären Funktionsgrößen sind bei Frauen und Männern individuell sehr verschieden und abhängig bzw. beeinflusst vom Ausprägungsgrad der Anpassung an Trainingsbelastungen. Insgesamt sind die Werte der Männer im Mittel höher als die der Frauen.

Frage 18:
Nennen Sie Werte des Herz-Kreislauf-Systems sowie des Atmungssystems bei Männern und Frauen.

Kennwerte des HKS	Frauen	Männer
Herzvolumen	500–600 ml	600–800 ml
Schlagvolumen	70–90 ml (max. Belastung)	110–130 ml (max. Belastung)
Herzminutenvolumen	12–14 l (max. Belastung)	18–20 l (max. Belastung)
Herzfrequenz	220 minus LA/min	220 minus LA/min
Herzgewicht	250–300 g	300–350 g
Atemtyp	Brustatmung	Bauchatmung
Atemfrequenz	14–18/min	12–16/min
Atemzugvolumen	ca. 400 ml	ca. 500 ml
Atemgrenzwert	110 l/min	160 l/min
Atemminutenvolumen (absolut)	90 l/min	110 l/min
Thoraxvolumen	4 l	5 l

LA = Lebensalter

Frage 19:
Welche Leistungsunterschiede im Bereich der Leichtathletik sind Ihnen bekannt? Welche beim Schwimmen?

Der Großteil der Leistungsdifferenzen zwischen Mann und Frau sind nicht auf rein anatomische und physiologische Unterschiede, sondern auf traditionsbedingte Einflüsse zurückzuführen. In der Leichtathletik wird bei Mädchen die maximale Grundschnelligkeit im Alter von 14–17 Jahren erreicht, bei Jungen erst im Alter von 18–22 Jahren. Ein spezifisches Schnelligkeitstraining sollte daher nicht vor dem 12. Lebensjahr begonnen werden. Auf der Kurzstrecke der Leichtathletik ergeben sich die Unterschiede nicht nur durch die geringere Körpergröße der Frauen, sondern auch durch die geringere Muskelmasse. Auf der Langstrecke der Leichtathletik sind Frauen aufgrund des geringeren Herzvolumens, der geringeren Sauerstoffaufnahmekapazität sowie der niedrigeren Hämoglobinwerte im Nachteil. Im Ultralangstreckenbereich werden diese Nachteile durch die bessere Fettsäureverbrennung überwiegend ausgeglichen.

In den Wurfdisziplinen haben Frauen die größte Verbesserung der Leistungen in der Leichtathletik erzielt. Die augenblickliche (2015) geschlechtsspezifische Differenz bei Läufen von 800 m bis Marathon ergibt einen Wert von 11,6 %. In den kürzeren Sprintdisziplinen ist die Differenz um ca. 1,5 % geringer als in den Mittel- und Langstrecken. Bei den Schnellkraftleistungen sind die geschlechtsspezifischen Unterschiede deutlich größer. Im Stabhochsprung ist die Differenz deshalb noch so groß, weil die Frauen erst seit 1999 an Weltmeisterschaften teilnehmen dürfen.

In den Schwimmdisziplinen können die Frauen unter allen Sportarten am nächsten an die Leistungen der Männer heranreichen. Folgende Vorteile bringen Frauen für das Schwimmen mit:

- geringerer Strömungswiderstand durch eine schmälere, rundere und daher mehr stromlinienförmige Figur
- bessere Auftriebsverhältnisse durch ein geringeres spezifisches Gewicht bzw. eine geringere Dichte
- größere Fettpolster, daher besserer Schutz vor Wärmeverlusten

Beim Schwimmen sind die Unterschiede etwas geringer als beim leichtathletischen Lauf, wobei mit zunehmender Schwimmstrecke die Unterschiede deutlich kleiner werden und bei 1500-m-Freistil lediglich noch 5,6 % betragen. Durch die relativ geringen Unterschiede bestehen im Schwimmsport keine wesentlichen Unterschiede im Trainingsaufbau von Frauen und Männern.

Frage 20:
Was versteht man unter Gender? Was unter Gender-Mainstream?

Sport und Gender

Die Körper- und Leistungsideale des Sports sind eng verknüpft mit Annahmen über das Geschlecht. „Im Sport dominiert die Vorstellung einer eindeutigen Zweigeschlechtlichkeit und einer damit einhergehenden natürlichen Leistungsdifferenz; Männer gelten im Vergleich zu Frauen als größer, muskulöser und körperlich leistungsfähiger." Deutlich wird dies in Sportarten bzw. -disziplinen, die in Frauenteams und Männerteams unterteilt sind und getrennte Männer- und Frauenwettbewerbe aufweisen. Dadurch entstehen quasi zwei Welten des Sports: eine Welt des Männersports und eine Welt des Frauensports. Geschichtlich gesehen ist diese Trennung in einem häufig (sport-)medizinisch begründeten defizitären Blick auf den weiblichen Körper, der vielfach den Ausschluss von Frauen legitimierte. Frauen durften lange Zeit nicht Fußballspielen, Ringen oder Gewichtheben. Auch Skispringen war bis vor ein paar Jahren den Frauen verboten.

Man geht davon aus, dass Frauen von Natur aus Männern im Sport unterlegen sind und nur in einer separaten Leistungsklasse erfolgreich sein können. Frauen spielen nicht Baseball, sondern Softball, laufen im Biathlon kürzere Distanzen und bestreiten einen Siebenkampf im Vergleich zum Zehnkampf der Männer. Auch sprachlich wird zwischen Frauenfußball und Fußball sowie Gewichtheben und Frauengewichtheben unterschieden. In der Sportberichterstattung sind Frauen stark unterrepräsentiert, nur 5–15 % der tagesaktuellen Print- und Fernsehberichterstattung thematisieren einen von Frauen ausgeübten Sport. Diese mediale Unterrepräsentation erschwert für die Frauensportarten in der Folge die Suche nach Sponsoren. Die Bewertung von Schwulsein im Männersport ist eine andere wie Lesbischsein im Frauensport.

Dass sich wenig im Sport ändert oder Veränderungsprozesse erhebliche Zeit in Anspruch nehmen, hat zum Teil mit mangelnder Genderkompetenz der Verantwortlichen und Handelnden zu tun. Gender wird im sprachwissenschaftlichen Gebrauch als Bezeichnung für das soziale Geschlecht und in Abgrenzung dazu Sex als biologisches Geschlecht definiert. Geschlechterrollen in der Gesellschaft sind kein biologisches Phänomen, sondern stellen soziale Zuschreibungen dar. Genderkompetenz kann als die Fähigkeit und Motivation bezeichnet werden, soziale Zuschreibungen in Bezug auf Geschlecht auf Grundlage des Wissens über ihre Entstehung und Auswirkungen auf gesellschaftliche Machtverhältnisse kritisch reflektieren zu können.

Unter Gender-Mainstreaming versteht man eine gleichstellungspolitische Strategie, die zum Ziel hat, sämtliche Entscheidungen in einer Organisation kritisch auf ihre Auswirkungen auf die von geschlechterbezogenen Ungleichheiten unterschiedlich geprägte Lebensrealität von Frauen und Männern zu überprüfen und diesbezüglich bestehende Differenzen abzubauen. Da Gender-Mainstreaming geschichtlich auf die internationale Frauenbewegung und ihre Forderung nach Gerechtigkeit zurückgeht, ist es zulässig, ihr Anliegen grundsätzlich als im Kern emanzipatorisch zu beschreiben. Durch die Aufnahme des Gender-Mainstreaming in den Amsterdamer Vertrag der Europäischen Union ist es in Deutschland für alle Bereiche der Bundespolitik und Bundesverwaltung verbindlich. Zielgruppe von Gender-Mainstreaming sind alle Angehörigen einer Organisation.

> **Frage 21:**
> Welche Phasen der Teamentwicklung gibt es? Erläutern Sie möglichst genau.

Phasen der Teamentwicklung im Sport

Damit aus einer losen Gruppe von Einzelsportlern eine Mannschaft entsteht, ist ein Prozess notwendig, der eine gewisse Zeit in Anspruch nimmt. Teambildung (eng. Teambuilding) kommt eigentlich nie richtig zum Stillstand, sondern ist durch permanente Bewegung und Weiterentwicklung gekennzeichnet, die durch externe und interne Faktoren beeinflusst werden kann. Im Profifußball können z. B. halbjährlich neue Mitspieler dazukommen. Der Trainer Sir Alex Ferguson, der 20 Jahre beim englischen Fußballrekordmeister Manchester United arbeitete, hatte insgesamt 7 verschiedene Teams. Beim Teambuilding wird ein vierstufiger Prozess durchlaufen. In manchen Teambuildingmodellen geht man von einem fünfstufigen Modell aus, nämlich zusätzlich als fünfte Stufe von der Gruppenauflösung.

> **Stufe 1: Kennenlernen**
> Die einzelnen Sportler machen sich hier miteinander vertraut. Man checkt, ob man dazugehören möchte und welche Rolle man einnehmen könnte. Man knüpft erste Kontakte und stellt Beziehungen her. Um eine positive Anfangssituation herzustellen, ist in dieser Phase eine gute Atmosphäre bzw. Stimmung notwendig.

Der Trainer (Coach, Übungsleiter) versucht in dieser Phase, etwas über die einzelnen Motive und Erwartungen der Sportler herauszufinden. Er gibt Orientierungshilfen und erläutert die ersten Regeln. Außerdem vermittelt er den Teammitgliedern seine eigenen Erwartungen und Vorstellungen.

Stufe 2: Konfliktphase

Hier kommt es häufig zu mehr oder weniger großen „Machtkämpfen", Konflikten, Widerständen, Aufbegehren gegen den Trainer oder die Gruppennormen. Es kommt zu Klärungen von Machtpositionen, es geht um Führungsansprüche und Findung der eignen Rolle im Team. Dabei ist die Rangordnung noch relativ unklar. Es kann auch zu Streitereien kommen.

Der Trainer muss darauf achten, dass die Disziplin gewahrt bleibt und die Konflikte nicht ausarten. Er sollte die Stärken und Schwächen der Spieler nun besser kennen und beurteilen, wie er zu den Rolleneinnahmen steht. Die einzelnen Sportler finden langsam ihren Platz im Team, befassen sich mit der Rolle der übrigen Teammitglieder und stellen sich auf sie ein (vgl. *Baumann*. Mannschaftspsychologie. Meyer & Meyer Verlag, Aachen 2002).

Stufe 3: Festigungsphase

In dieser Phase ersetzen Solidarität und Kooperation die bisherigen Streitereien und Abneigungen. Dies ist gut zu erkennen bei Spitzenteams in der jeweiligen Sportart, wenn weitere „Stars" verpflichtet werden. Der Teamzusammenhalt (die Kohäsion) und die Zufriedenheit der Teammitglieder steigen, man ordnet sich dem gemeinsamen Ziel unter. Die Sportler akzeptieren ihre Rolle und zeigen im Umgang miteinander Respekt. Die Machtkämpfe um die Positionen im Team sind mehr oder weniger beendet und die Sportler engagieren sich, um ihre Rolle im Team effektiv zu erfüllen.

Stufe 4: Leistung

Das zentrale Ziel auf dieser Stufe ist der Erfolg. Streitereien sind beigelegt, die gesamte Energie wird gebündelt, um das gemeinsame Ziel zu erreichen.

In dieser integrativen Phase ist es sehr wichtig, dass **der Trainer** den einzelnen Spielern positive Rückmeldungen gibt. Er darf dabei keinen Spieler außer Acht lassen, sondern muss jedem das Gefühl vermitteln, seinen Teil zur Mannschaftsleistung beigetragen zu haben. Die Mannschaft verfügt über ein starkes „Wir-Gefühl"

Im gesamten Teambuildingprozess wird deutlich, dass **Trainer** hier eine zentrale Rolle spielen, sie sind **Führungspersonen**, die Vertrauen zu ihren Mannschaftsmitgliedern aufbauen müssen. Die Kenntnis über die Stufen des Teambuildings ist daher wichtig für die Trainer, da sie dann auf jeder dieser Stufen gezielte Maßnahmen ergreifen können oder auch müssen, um den Teambuildingprozess positiv zu beeinflussen bzw. ihn zu lenken. Hier ist insbesondere die Sozialkompetenz des Trainers gefragt.

Es gibt fließende Übergänge zwischen den einzelnen Stufen des Teambuildings und nicht alle müssen zwangsläufig durchlaufen werden. Bei Mannschaften ist es in der Regel so, dass nicht für jede neue Wettkampfsaison gleichzeitig ein neues Team gebildet werden muss. Es kommen einzelne Spieler hinzu, die sich in das bereits existierende Team integrieren müssen. Der langjährige erfolgreiche Trainer des englischen Premiere League Clubs Arsenal London, der Elsässer Arsène Wenger, achtete z. B. stets darauf, pro Saison nicht mehr als 2 bis maximal 3 neue Spieler in das Team zu holen. Bei einer höheren Anzahl sah er Schwierigkeiten der Integration und der Teambuildingprozesse. Der ehemalige Bundestrainer des Deutschen Basketballbundes, Chris Fleming, wählte seine neuen Spieler für sein damaliges Vereinsteam auch nach deren Charaktereigenschaften aus. Dafür verbrachte er in den ersten Tagen sehr viel Zeit mit den neuen Spielern.

> **Frage 22:**
> Was versteht man unter dem Aufgabenzusammenhalt? Was unter der Gruppenkohäsion? Wie hängen die beiden miteinander zusammen? Erläutern Sie dies möglichst genau.

Teambuilding – Teamgeist – Kohäsion

In vielen Sportarten machen Trainer und Spieler den Erfolg oder Misserfolg daran fest, wie gut das Team funktioniert. Das geht so weit, dass man diese Kooperation und Kameradschaft im Team hauptsächlich für den Erfolg verantwortlich macht. Beim DFB ging man soweit, dass 2015 das neue Logo „Die Mannschaft" lautete, womit man diese Bedeutung auch nach außen hin demonstrieren wollte. Den Mannschaftszusammenhalt oder Gruppenzusammenhalt bezeichnet man auch als Kohäsion. Es gibt zwei Kräftedimensionen, die auf Sportler einwirken, um Mitglieder im Sportteam zu werden oder zu bleiben:

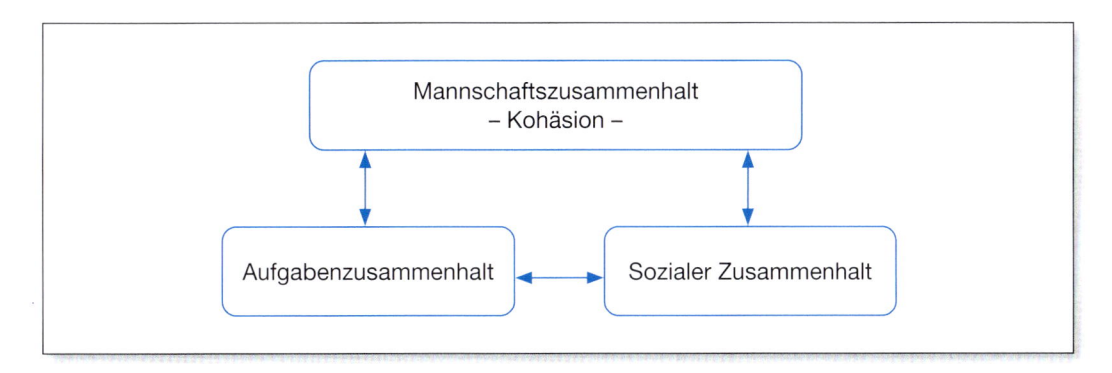

```
           Mannschaftszusammenhalt
              – Kohäsion –
              ↑         ↑
              ↓         ↓
   Aufgabenzusammenhalt ↔ Sozialer Zusammenhalt
```

Der Aufgabenzusammenhalt beschreibt das Ausmaß, in dem eine Mannschaft zusammenarbeitet, um eine gemeinsame Aufgabe zu erfüllen und gemeinsame Ziele zu erreichen. Während bei leistungssportlich orientierten Teams der Aufgabenzusammenhalt dominiert, steht bei Freizeitgruppen (z. B. Thekenmannschaften) oder Feierabendmannschaften der zwischenmenschliche Bereich, der sog. **soziale Zusammenhalt**, im Vordergrund. Für leistungsorientierte Teams ist er selbstverständlich auch wichtig, damit keine unnötige Energie durch Reibungsverluste im zwischenmenschlichen Bereich den Aufgabenzusammenhalt negativ beeinflusst. Der soziale Zusammenhalt stützt und trägt den Aufgabenzusammenhalt.

Mannschaftssportarten wie Handball, Basketball, Fußball oder Volleyball, die ein hohes Maß an Interaktion, Kooperation und gegenseitiger Unterstützen erfordern, erreichen am häufigsten positive Beziehungen zwischen Zusammenhalt (Kohäsion) und Leistung. Leistung scheint den späteren Zusammenhalt zu stärken und dies wiederum beeinflusst die weitere Leistung. **Gruppenkohäsion** ist ein dynamischer Prozess, der sich im Bestreben einer Gruppe zeigt, zusammenzuhalten und zum Zweck der Erreichung ihrer Ziele und Zwecke vereint zu bleiben.

> **Wesentliche Ergebnisse der Kohäsionsforschung sind:**
>
> - Man hat keinen oder sogar einen negativen Zusammenhang zwischen Kohäsion und Leistung bei additiven oder summativen Sportarten gefunden (Tischtennis, Judo, Tennis, Rudern).
> - Positive Zusammenhänge zwischen Kohäsion und Leistung kann man eher zwischen Aufgabenzusammenhalt und Leistung als zwischen sozialem Zusammenhalt und Leistung feststellen.
> - Leistung scheint eine stärkere Wirkung auf den Zusammenhalt zu haben als Zusammenhalt auf Leistung.
> - Die Beziehung zwischen Zusammenhalt und Leistung ist wechselseitig, das bedeutet, Leistung stärkt den Zusammenhalt, dieser wiederum führt zu verbesserter Leistung

Kohäsion wirkt sich dort positiv auf die **Mannschaftsleistung** aus, wo es sich um Teams handelt, die eine abhängige Aufgabenstruktur aufweisen, also ein Maß an wechselseitigen Interaktionen gegeben ist, wie im Volleyball, Basketball, Handball, Hockey oder Fußball. Hier kann man einen positiven Leistungseffekt durch hohe Kohäsion feststellen.

> **Frage 23:**
> Nennen Sie Beispiele aus dem Sportbereich zu additiven Teams, summativen Teams und interaktiven Teams. Wie kommt die Leistung dort jeweils zustande?

Bei additiven Mannschaften, bei denen der Erfolg durch die Addition der Einzelergebnisse der Sportler zustande kommt, ist Kohäsion für die Mannschaftsleistung weniger wichtig: Tischtennis, Tennis, Judo oder Karate. Bei leistungsorientierten Teams beeinflusst nicht die Kohäsion die Mannschaftsleistung, sondern umgekehrt eher der Erfolg/Misserfolg die Kohäsion.

Leistungsergebnis

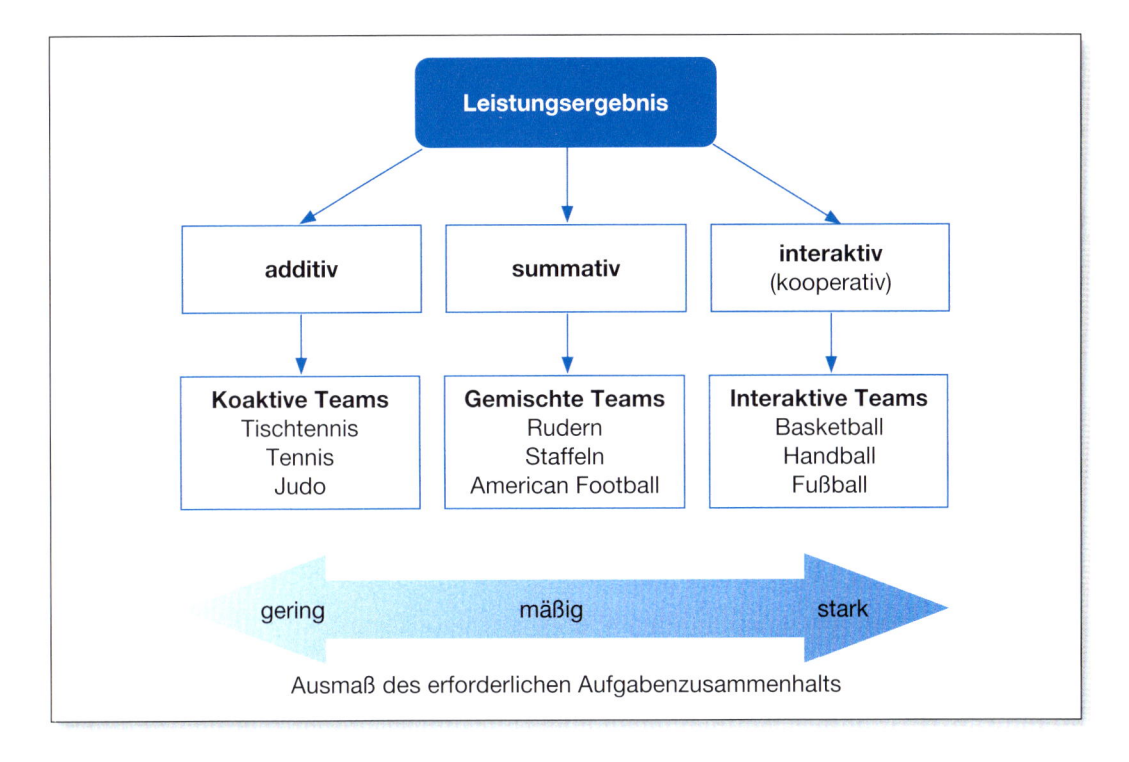

- **additiv** → **Koaktive Teams**: Tischtennis, Tennis, Judo
- **summativ** → **Gemischte Teams**: Rudern, Staffeln, American Football
- **interaktiv (kooperativ)** → **Interaktive Teams**: Basketball, Handball, Fußball

Ausmaß des erforderlichen Aufgabenzusammenhalts: gering – mäßig – stark

Mitglieder fühlen sich in Gruppen mit hoher Kohäsion zufriedener; die Wahrscheinlichkeit, dass sie dem Sport den Rücken kehren, ist dort geringer.

Tischtennis- oder Tennismannschaftsspiele kann man nicht alleine gewinnen oder verlieren. Durch Addition der gewonnenen und verlorenen Spiele ergibt sich der Sieger bzw. Verlierer. Um in den Mannschaftsspielen Basketball, Handball oder Fußball erfolgreich zu sein, muss man mit seinen Mannschaftskollegen kooperieren. Man kann quasi ein Spiel nicht alleine bestreiten. Dies gilt auch für summative Teams, denn beim Ruder-Achter kann sich nicht einer der Ruderer für eine geringere Zugfrequenz entscheiden oder sich zwischendurch „ausruhen", indem er ein paar Schläge aussetzt. Bei Ruderern oder Rennkajakfahrern ist es nicht möglich, nach einem Sieg einen einzigen Sportler hervorzuheben und ihm Sieg oder Niederlage zuzuschreiben.

Frage 24:
Was können einzelne Sportler für die Kohäsion in einem Team tun? Erläutern Sie die einzelnen Aspekte.

Um den Teambuildingprozess und die Kohäsion zu unterstützen, kommt es bei jedem einzelnen Teammitglied auf Folgendes an:

Aktionen	Erläuterungen
• sich untereinander kennenlernen	• Es ist für die einzelnen Teammitglieder einfacher, individuelle Unterschiede zu tolerieren, wenn sich die Teammitglieder untereinander besser kennen.
• gemeinsame Ziele setzen und sich dazu bekennen	• Der Trainer sollte keine Ziele ausgeben, ohne dass alle Teammitglieder diese akzeptieren. Es muss bei allen die Bereitschaft vorhanden sein, dafür zu kämpfen und die eigenen Ziele hintenanzustellen, zu verändern oder unterzuordnen. Dadurch übernehmen alle Teammitglieder Verantwortung für die Aufgabenstellung. Dann ist der Trainer im Falle des Misserfolgs nicht der Alleinschuldige. Gemeinsame Verantwortung für eine Niederlage kann sich positiv auf das Mannschaftsgefüge auswirken, um es dann beim nächsten Mal besser zu machen.
• sich verstehen und miteinander reden • (effektive Kommunikation)	• Eine effektive und lebhafte Kommunikation innerhalb der Mannschaft gehört zu den wichtigsten Faktoren, um den Mannschaftszusammenhalt zu stärken. Die Teammitglieder sollen sowohl im Sport als auch außerhalb offen miteinander sprechen. Sie sollen sich zuhören, sich aufeinander konzentrieren und sich gegenseitig bei der Lösung von Problemen helfen. Je stärker die Kommunikation wächst, umso mehr entwickelt sich auch der Zusammenhalt.
• einander helfen und loben	• In einer Mannschaft sind die Teammitglieder aufeinander angewiesen. Dadurch dass man sich gegenseitig hilft, stärkt man den Teamgeist und dies wiederum führt zu einer Kontaktverbesserung.
• Verantwortung übernehmen	• Wenn sich Schwierigkeiten oder Misserfolge einstellen, sollten sich die Mitglieder nicht beschweren, sondern konstruktiv an den Veränderungen zum Positiven mitwirken, um sich selbst wieder auf den richtigen Weg zu bringen. Jeder übernimmt eine ihm angemessene Verantwortung und keinesfalls darf man die Schuld bei anderen suchen.
• sich gegenseitig unterstützen	• Wenn Teammitglieder eine Formkrise durchmachen, verletzt waren oder private Probleme haben, brauchen sie die Unterstützung der anderen Teammitglieder. Deren Unterstützung trägt wesentlich mehr dazu bei, wieder Normalform zu erreichen, als negativ oder kritisch zu sein oder Ärger über deren Schwächen zu zeigen.
• Offenheit gegenüber dem Trainer	• Je offener und ehrlicher das Verhältnis zum Trainer gestaltet wird, umso größer sind die Chancen, ein erfolgreiches und harmonisches Team zu werden.
• sich 100-prozentig einsetzen	• Es wirkt ansteckend auf die anderen, wenn Spieler mit gutem Beispiel vorangehen. Volle Einsatzbereitschaft, vor allem auch im Training, trägt dazu bei, den anderen näher zu kommen. Wenn man sich anstrengt, beweist das, dass man seine volle Kraft für die Mannschaft zur Verfügung stellt.
• Konflikte sofort ansprechen	• Wenn Teammitglieder Beschwerden haben oder untereinander streiten, sollten sofort Initiativen ergriffen werden, um die Situation zu klären und die Sache zu bereinigen. Es ist wichtig, Konflikte und Probleme sofort zu lösen bzw. zu beseitigen, da sich Konfliktpotenzial anstaut, das sich explosionsartig entladen und den Zusammenhalt gefährden kann (vgl. *Baumann*: Mannschaftspsychologie. Meyer & Meyer Verlag, Aachen 2002, S. 63–65)

> **Frage 25:**
> Was kann ein Trainer tun, um die Kohäsion zu fördern? Erläutern Sie die einzelnen Aspekte.

Wenn die Interaktionen und die Kommunikation zwischen Trainer und Teammitgliedern von Offenheit und Ehrlichkeit geprägt sind, können Trainer den Teamzusammenhalt auf vielfältige Art und Weise stärken.

Aktionen	Erläuterungen
• effektive Verständigung	• Ist eine der wichtigsten Faktoren für die Schaffung eines optimalen Mannschaftszusammenhalts. Dies gilt sowohl für den Bereich des Sports als auch für die Bereiche außerhalb des Sports. Der Trainer muss den Spielern zuhören und offen mit ihnen kommunizieren. Er muss sich auf seine Spieler konzentrieren und ihnen bei der Lösung von Problemen helfen.
• Klarstellen der Rolle jedes Einzelnen für den Teamerfolg	• Der Trainer muss allen Teammitgliedern ihre Rolle aufzeigen und die Bedeutung für die Mannschaft und den Erfolg hervorheben. Sehen immer mehr Teammitglieder ihre Rolle als unwichtig an, werden sie apathischer und spannungsloser. Die Rolle muss für die Mannschaft erläutert werden, und der Trainer muss dafür sorgen, dass der Spieler die Chance hat, sich in das Team einzubringen. Man muss sich auch in die Rolle des anderen hineinversetzen können. Die Spieler sollen aus den Fehler der anderen lernen und die Schwierigkeiten dieser Rollen erkennen. Dadurch verstärkt sich die Empathie und die Bereitschaft zur gegenseitigen Unterstützung wird gestärkt.
• Förderung des Stolzes innerhalb der Mannschaftsteile	• Auch Spieler mit sog. Wasserträgerfunktion sollen stolz auf ihren Beitrag zum gemeinsamen Erfolg sein. In Tischtennismannschaften, die z. B. eine hierarchische Struktur aufweisen, sollen auch die Spieler des hinteren Paarkreuzes stolz auf ihren Beitrag zum Gesamterfolg sein. Denn: „Ohne uns Underdogs seid auch ihr chancenlos!"
• Setzen von Teamzielen, die alle fordern	• Die Ziele sollen so formuliert werden, dass gleich zu Beginn klar ist: Alle Teammitglieder sind gefordert. Auch den Ersatzspielern kann aufgezeigt werden, dass ihre Anwesenheit zum gemeinsamen Erfolg sehr wichtig ist. Diese Ziele der Mannschaftsteile sollen sich mehr an den Fähigkeiten der Spieler orientieren und weniger an den Ergebnissen. Ein Führungsspieler sorgt zum Beispiel für Ordnung und Ruhe in hektischen Situationen. Flexible einsetzbare Spieler erfüllen Funktionen, die weniger spektakulär, aber für die Einheit des mannschaftlichen Geschehens notwendig sind.
• Vertiefen der Teamidentität	• Die Identität des Teams wird in der Abgrenzung und im Vergleich mit anderen entwickelt. Dies können sein: gemeinsame Kleidung, gemeinsame Rituale zum Beispiel vor Spielbeginn oder nach Spieleende, gemeinsame Zusammenkünfte oder gemeinsame Normen, sich vor dem Wettkampf abklatschen, sich Glück wünschen. Dies verstärkt die Identität und den Zusammenhalt. Dennoch sollte der optimale Individualisierungsgrad des Einzelnen und die Identität der Mannschaftsteile nicht beeinträchtigt werden.

Aktionen	Erläuterungen
• Verhindern des Entstehens sozialer Cliquen	• Die Bildung von Cliquen und Grüppchen kann sich sehr negativ auf den Zusammenhalt auswirken. Diese bilden sich häufig, wenn das Team verliert, wenn die Erwartungen nicht erfüllt werden und dadurch Frustrationen entstehen oder wenn der Trainer Sportler unterschiedlich viel Aufmerksamkeit zuwendet, sodass sich von ihm falsch behandelte Spieler zusammentun und sich von den anderen entfernen. Grüppchenbildung wirkt sich meistens negativ und störend auf das Team aus. Der Trainer sollte daher möglichst früh den Grund herausfinden, um dies zu verhindern. Dies kann durch Zimmerbelegung auf Reisen geschehen oder dadurch, dass der Spieler mit anderen Aufgaben betraut wird.
• Vermeidung zu häufigen Personalwechsels	• Zu häufiger Personalwechsel verhindert, dass sich die Spieler untereinander kennen lernen und gegenseitigen Kontakt aufbauen können. Die Einordnung in die Mannschaftshierarchie oder das eigene Rollenverständnis für die Aufgabe und die Funktion der anderen wird erschwert. Wenn neue Spieler hinzukommen, sollten ältere oder erfahrenere Spieler dabei helfen, die Neuen im Team zu integrieren. Neuankömmlinge sollten in offener und ehrlicher Art erfahren, welche Erwartungen die Mannschaft an sie und ihre Aufgabe stellt. Der langjährige Erfolgstrainer des FC Arsenal London, *Arsène Wenger*, spricht sich aus diesem Grund für nicht mehr als 2–3 neue Spieler pro Saison aus.
• Ansetzung regelmäßiger Teamzusammenkünfte	• Es sollten Möglichkeiten existieren, um über Probleme und Konflikte zu diskutieren, bevor diese zu ernsten Störungen heranwachsen. Das Team kann seine internen Konflikte nur lösen und seine Reserven nur dann mobilisieren und innovative Handlungen vollbringen, wenn die Möglichkeit besteht, seine Erfahrungen immer wieder neu zu bewerten. Nur so kann man aus Fehlern lernen, neue Ziele finden, andere Wege einschlagen oder die Beibehaltung des Bewährten diskutieren. Dazu kann es günstig sein, dass sich der Trainer auch einmal zurückzieht, um die Teammitglieder sich selbst zu überlassen und sich hinterher über das Ergebnis informieren zu lassen.
• sensibel bleiben für die Atmosphäre im Team	• Der Trainer sollte im Laufe der Zeit ein Gefühl dafür entwickeln, ob die Spieler offen miteinander umgehen oder ob versteckte Animositäten, Missstimmungen, Streitbereitschaften oder schwelende Konflikte den Zusammenhalt bedrohen. Denn: Es ist schwierig auf Probleme der Spieler angemessen zu reagieren, wenn man sie nicht kennt! Erfahrene Teammitglieder oder Mannschaftsführer können dem Trainer dabei helfen. Ein guter emotionaler Kontakt zwischen Trainer und Team schafft die Möglichkeit, Ideen, Meinungen und Gefühle, also alles, was im Team vor sich geht, zu erkennen und für weitere Aufgabenstellungen zu berücksichtigen.
• Wissen um Persönliches	• Teammitglieder mögen es, wenn sich der Trainer auch für Dinge außerhalb ihres Lebens im Sport interessiert. Kleine Events wie Geburtstage oder familiäre Veränderungen zeigen, dass die Teammitglieder ihrem Trainer nicht gleichgültig sind. Der Trainer sollte auch über negative Ereignisse wie Scheidung, Beziehungsprobleme, Schul-, Studien- oder Berufsprobleme Bescheid wissen und sich Zeit nehmen, um seinen Spielern zuzuhören.
• Konflikte sofort lösen	• Wenn ein Konflikt sofort gelöst wird, bietet sich die Chance für gemeinsame Maßnahmen. Je früher der Konflikt erkannt wird und gelöst werden kann, desto geringer ist die Gefahr, dass er sich schließlich explosionsartig entlädt.

Aktionen	Erläuterungen
• Vorbild sein	• Der Trainer muss seine Vorbildfunktion erfüllen. Er kann nur Disziplin erfordern, wenn er selbst diszipliniert ist. Man kann Spieler nicht zu respektvollem Verhalten ermahnen, wenn man sich nicht selbst respektvoll verhält. Auch das Eingestehen von Fehleinschätzungen oder Fehlern gehört zur Vorbildfunktion eines Trainers. Dadurch erfahren die Spieler, dass der Trainer ehrlich ist und versucht, seine Arbeit für das Team stets als neue Herausforderung zu erfassen (vgl. *Baumann*. Mannschaftspsychologie. Meyer & Meyer Verlag, Aachen 2002, S. 65–69)

Frage 26:
Was versteht man unter Teamkillern. Erläutern Sie die einzelnen Aspekte.

Aktionen	Erläuterungen
• Egoismus	• Ist nicht grundsätzlich schädlich. Ein gewisses Maß an Egoismus ist für die Mannschaft sogar förderlich. Es wird nur problematisch, wenn der Egoismus des Einzelnen zu groß wird, weil dann die Gefahr besteht, dass er seine eigenen Interessen über die der Mannschaft stellt.
• Neid	• Neidisch zu sein, ist etwas völlig Menschliches. Aber da Neid mit Missgunst verbunden ist, kann dies zu sehr kritischen Spannungen im Team führen. Dies insbesondere, da die wenigsten Menschen den Mut haben, ihren Neid offen anzusprechen. Man tuschelt lieber hinter vorgehaltener Hand und untergräbt dadurch den Mannschaftszusammenhalt.
• Einflussnahme von außen	• Innerhalb einer Mannschaft einen gemeinsamen Geist zu entwickeln, ist noch verhältnismäßig einfach. Wenn jedoch der Einfluss von außen (Eltern, Lebenspartner, Vorstand, Presse, Spielerberater) zu stark wird, kann dies nicht mehr gelingen. Die Interessen sind zu unterschiedlich, die Perspektiven zu egoistisch, als dass sich alles noch vereinbaren ließe. Deshalb müssen solche Einflüsse so stark wie möglich begrenzt werden.
• zu viel Zeit miteinander	• Wenn Sportler zu viel Zeit miteinander verbringen, gehen sie sich manchmal mehr oder weniger stark auf die Nerven. Bei Trainingslagern ist dies unter dem Begriff „Lagerkoller" bekannt geworden. Daher ist es wichtig, in Trainingslagern den Spielern auch genügend Zeit für sich selbst einzuräumen.
• zu großer Konformitätsdruck	• Ein zu großer Konformitätsdruck herrscht vor, wenn das Team zu wenig Individualismus zulässt. Das kann bei einzelnen Spielern zu Ausbruchtendenzen führen.
• anhaltender Misserfolg sowie zu viel Erfolg	• Spätestens nach drei Niederlagen in Serie sagte der langjährige Trainer des FC Arsenal London, Arsène Wenger, ist das Selbstvertrauen des Teams im Keller. Anhaltende Misserfolge bedrohen tatsächlich den Zusammenhalt, indem ein Zersetzungsprozess in Gang gesetzt wird. Über das Team kann der Einzelne kein Selbstwertgefühl mehr aufbauen. Er tendiert eventuell dann dazu, sich von der Gruppe zu distanzieren. Ist der Erfolg zu groß, werden viele Spieler ihren Anteil am Erfolg reklamieren und fordern dann höheres Gehalt oder mehr Spielzeit oder bringen sich bei anderen höherklassigen Vereinen zur Sprache.

Aktionen	Erläuterungen
• Grüppchenbildung	• Diese stellt zunächst einmal nicht unbedingt ein Problem dar, wird jedoch zum Problem, wenn die Cliquen immer weniger Kontakt zueinander haben, sich abschotten und die Grenzen undurchlässig werden. Es ist dann nicht mehr weit zu verdeckter Kommunikation, Neid und anderen hier aufgelisteten Teamkillern.
• fehlende und verdeckte Kommunikation	• Für gut funktionierende Teams bildet die Kommunikation ein wesentliches Grundelement. Die Kommunikation ist wichtig, damit sich die Teammitglieder austauschen können, sich mitteilen können und gemeinsame Ziele und Strategien vereinbaren können. Ohne offene Kommunikation, wenn nur noch verdeckt kommuniziert wird, fehlt dem Team die gemeinsame Basis. Die Wirkungen davon sind schnell zu erkennen. Häufig hört man nach Trainerentlassungen: „Der Trainer konnte die Spieler/ Mannschaft nicht mehr erreichen."
• Konfliktvermeidung	• Wenn Konflikte auftreten, sollten diese auch angesprochen werden. Wenn man Konflikten aus dem Weg geht, hat dies eine schädigende Wirkung für das Team, da die Probleme nicht gelöst, sondern nur übergangen werden. Dadurch gärt es unter der Oberfläche weiter und dies kann langfristig zu viel größeren Schäden führen. Man muss also den Mut aufbringen, Konflikte anzusprechen. In den meisten Fällen ist dies die beste Taktik für eine Verbesserung der Situation.
• unzufriedene Reservespieler	• Diese können eine Quelle der Unruhe für ein Team sein, die auf das gesamte Team übergreifen kann. Daher müssen der Trainer und auch die Mitspieler versuchen, diesen ihre Bedeutung für die Mannschaft klar zu machen (vgl. *Linz*. Erfolgreiches Teamcoaching. Meyer & Meyer-Verlag, Aachen 2004, S. 103–105).

Frage 27:
Erläutern Sie das Vier-Ohren-Modell von *Schulz von Thun* möglichst genau.

Vier-Ohren-Modell der Kommunikation nach *Schulz von Thun*

Nach *Schulz von Thun* gibt es in der Kommunikation einen Sender, der etwas sagt bzw. mitteilt. Diese Nachricht ist an den Empfänger gerichtet, der diese Nachricht entschlüsseln muss. Wenn die gesendete Nachricht und die empfangene Nachricht übereinstimmen, hat eine Verständigung stattgefunden. Ganz so einfach, wie sich dies anhört, ist es in der Praxis natürlich nicht, denn ein und dieselbe Nachricht kann mehrere Botschaften gleichzeitig enthalten. Genau darin liegt die Grundproblematik der Kommunikation. Es gibt nämlich nicht nur die Sachinformation, sondern drei weitere Botschaften.

1. Sachinhalt – worüber ich informiere

Jede Nachricht enthält eine Sachinformation. Wenn es um eine Sachinformation geht, sollte diese auch möglichst im Vordergrund stehen.

2. Selbstoffenbarung – was ich von mir selbst kundgebe

In der vom Sender übermittelten Nachricht sind nicht nur Sachinformationen enthalten, sondern auch Informationen über die Person des Sprechers. Es geht somit um Selbstoffenbarung des Senders, eine Art Selbstdarstellung als auch um eine mehr oder weniger bewusste Selbstenthüllung. Diese Seite ist psychologisch äußerst heikel.

3. Beziehung – was ich von dir halte und wie wir zueinander stehen

Mit der Nachricht wird auch übermittelt, was der Sender vom Empfänger hält und wie er zu ihm steht. Aspekte können die gewählte Formulierung, der Tonfall und andere nichtsprachliche Begleitsignale sein.

Wichtig: Für diese Seite der Nachricht hat der Empfänger ein besonders empfindliches Ohr! Durch diese Botschaft der Nachricht fühlt sich der Empfänger in einer bestimmten Weise vom Sender behandelt oder misshandelt! Man drückt in seiner Nachricht an den anderen auch immer aus, in welcher Beziehung man zu ihm steht.

4. Appell – wozu ich dich veranlassen möchte

Man sagt nicht nur etwas so dahin, sondern möchte häufig mit dem Gesagten Einfluss auf den Empfänger nehmen. Das Gesagte (die Nachricht) hat also den Zweck, den Empfänger dazu zu bringen, bestimmte Dinge zu tun oder zu unterlassen, zu denken oder zu fühlen.

Nachfolgend dargestellt sind die vier Seiten (Aspekte) einer Nachricht – ein psychologisches Modell der zwischenmenschlichen Kommunikation.

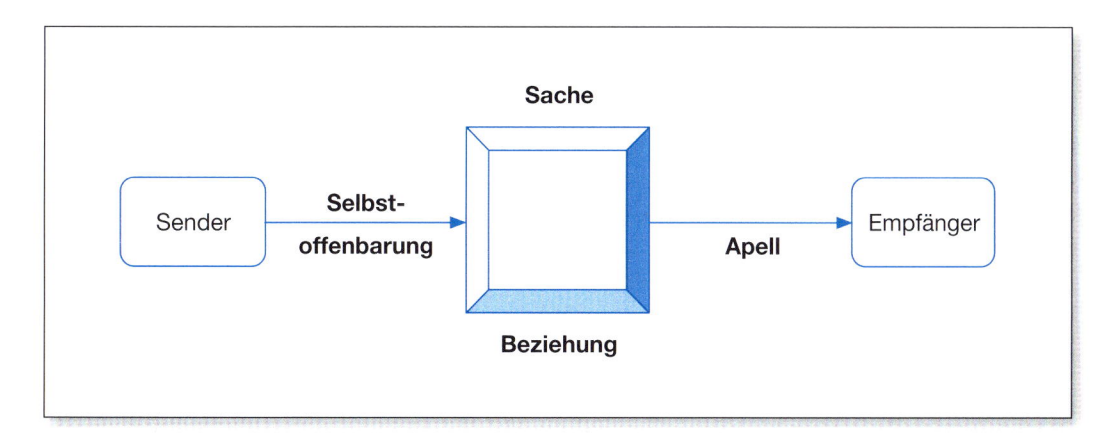

Kapitel 16: Sportsoziologische Aspekte des Sporttreibens – Werte – Fairness

> **Frage 28:**
> Welche triebtheoretischen Ansätze der Aggressionsforschung gibt es nach *Gabler*?

Nach Gabler gibt es drei theoretische Ansätze in der Aggressionsforschung:

1. **Trieb- und instinkttheoretische Konzepte:** Man geht davon aus, dass aggressive Verhaltensweisen vom Aggressionstrieb bzw. Aggressionsinstinkt als angeborener Energiequelle angetrieben werden. Der Sport stellt ein günstiges Ventil dar, bei dem angestaute Aggressionen entladen werden können. Eine Schädigung anderer Personen ist nicht impliziert.

2. **Lern- und sozialisationstheoretische Konzepte:** Aggressionen sind nach diesem Konzept das Ergebnis von Lernprozessen. Hat man im Handball mit aggressiven Handlungen Erfolg, wiederholt man diese Handlung mit größerer Wahrscheinlichkeit als eine nicht erfolgreiche Handlung. Es gibt ein Lernen durch Nachahmung, ein Lernen am Erfolg. Man sieht, wie ein anderer Erfolg hat mit einer aggressiven Handlung, und ahmt diese nach.

3. **Die Frustrations-Aggressions-Hypothese:** Das Auftreten von aggressivem Verhalten ist die Folge von Frustrationserlebnissen. Eine mögliche Reaktion auf Frustration kann Aggression sein, aber es muss nicht immer auf Frustration auch Aggression folgen. Es ist noch unklar, ob die Aggression als Reaktion auf Frustration angeboren oder erlernt ist.

Die Vertreter der Frustrations-Aggressions-Hypothese lehnen das Vorhandensein eines Aggressions- oder Gewalttriebes ab, der dann durch Sporttreiben abgebaut werden kann bzw. muss.

> **Frage 29:**
> Beschreiben Sie möglichst genau, was man unter Aggression und aggressivem Verhalten im Zusammenhang mit dem Sport verstehen kann.

Im Fernsehen sind manche Schiedsrichterentscheidungen, ob ein Foul oder kein Foul vorliegt oder ob man nur von „gesunder Härte(!)" sprechen kann, zum Teil Bestandteile vieler (Experten-)Diskussionen. Selbst nach der Einführung des Videoassistenten (VAR: Video Assistant Referee) in der ersten Fußballbundesliga zur Saison 2017/2018 wird über manche Entscheidungen weiterdiskutiert und bleibt Vieles strittig. Wenn man in Handball seinen Gegner zielgerichtet angreift und anpackt, ist dies im Rahmen des Konkurrenzverhaltens erlaubt, taktisch erwünscht, regelkonform, aber nicht automatisch mit aggressivem Verhalten gleichzusetzen. Würde man dies tun, müsste die überwiegende Mehrzahl der Handlungen z. B. im Handball, Fußball oder Eishockey als aggressives Verhalten angesehen werden. Eine Unterscheidung von aggressivem und nichtaggressivem Verhalten wäre dann eigentlich nicht mehr möglich. Wer allerdings mit seinem Verhalten eine Schädigung beabsichtigt, handelt aggressiv.

> **Aggressionen** sind Verhaltensweisen, die auf die soziale Umwelt im Sinne einer Schädigung gerichtet sind.

In Ergänzung dazu wird die überdauernde Bereitschaft (das Motiv), in bestimmten Situationen aggressiv zu handeln als Aggressivität bezeichnet. In diesem Sinne wird eine Handlung auch dann als aggressiv bezeichnet, wenn lediglich die Absicht zur Schädigung gegeben ist, auch dann, wenn dies letztendlich nicht erreicht wird.

Man kann den sportlichen Wettkampf nicht automatisch mit sozialer Schädigung gleichsetzen, da er ein spezifisches Bezugssystem besitzt, das den Rahmen für aggressive und nichtaggressive Handlungen vorgibt. Dieses Bezugssystem wird verkörpert von den sportartspezifischen Regeln und Normen, an denen sich der Sport orientieren und an den die Sportler sich auch halten müssen.

> Eine Handlung im Sport ist dann als aggressiv zu bezeichnen, wenn ein Sportler in Abweichung von sportlichen Normen mit seiner Handlung intendiert, einem anderen Sportler Schaden im Sinne einer „personalen Schädigung" zuzufügen, wobei diese Schädigung in Form von körperlicher (oder psychischer) Verletzung und Schmerzen erfolgen.

Zwei weitere Klassen von aggressiven Handlungen lassen sich unterscheiden:

1. **Explizite Aggression:** Der Sportler A möchte mit seiner Aggression explizit (direkt) die Schädigung des Sportlers B erreichen. Dies kann sich innerhalb oder außerhalb des sportlichen Geschehens ereignen.
2. **Instrumentelle Aggression**: Es gibt auch aggressive Handlungen im Sport, die nicht direkt die Schädigung des Gegners zum Ziel haben. Mit der Handlung wird vielmehr bezweckt, die Leistung zu verbessern und dabei die mögliche Schädigung des Gegners zugunsten des übergeordneten Leistungsziels implizit in Kauf zu nehmen. Die Schädigung des Gegners wird quasi indirekt als „Kollateralschaden" in Kauf genommen. Hier liegt eine instrumentelle Aggression vor.

Aggressive Handlungen können weiterhin nach der äußeren Unterscheidungsform unterteilt werden:

- **Körperliche Aggressionen** werden mit verschiedenen Körperteilen, hauptsächlich mit Armen und Beinen, oder auch mit Sportgeräten verübt.
- **Verbale Aggressionen:** durch abfällige Bemerkungen, Flüche, Drohungen, um eine persönliche Herabsetzung des Gegenspielers, Mitspielers oder Schiedsrichters zu bewirken.
- **Symbolische Aggression:** z. B. das Drohen mit der Faust oder dem Schläger, abfällige Handbewegungen, Gesten, Mimik, als symbolische körperliche bzw. verbale Aggression
- Solche Verhaltensweisen sind auch zwischen Zuschauern und Sportlern zu beobachten.

> **Frage 30:**
> Was versteht man unter „Lernen am Modell"?

Nach dem Modellernen von *Bandura* ist es möglich, dass durch Beobachten und Nachahmen anderer Handelnder, also auch von seinen Teamkollegen, ganze Verhaltensmuster übernommen werden. Man beobachtet, wie ein Kollege im Fußball durch eine aggressive Handlung Erfolg hat und kopiert diese. Man beobachtet, wie im Profi-Handball der Mitspieler nach einem harten Einsteigen seinem Gegner wieder dabei hilft aufzustehen. Auch faires Verhalten kann durch Lernen am Modell erworben werden. Beim Modelllernen (auch Beobachtungslernen und Nachahmungslernen) werden neue Verhaltensweisen erworben, indem man das „Vorbild" nachahmt. Das Modelllernen erstreckt sich auf alle menschlichen Verhaltensweisen, also auch auf den Bereich der Aggression. Bandura begründete das Modelllernen unter dem Begriff „sozial-kognitive Theorie".

Man unterscheidet beim Modelllernen zwischen

- der Aneignung des modellierten Verhaltens und
- der Ausführung

Die Aneignung ist ein kognitiver Prozess, während die Ausführung in erster Linie über die Erwartung und Verstärkung, also motivational gesteuert ist.

Modelldarbietung kann folgende unterschiedliche Effekte haben:

- Der Beobachter übernimmt neue Verhaltensmuster, indem bisher unbekannte Reaktionen übernommen oder bereits bekannte Reaktionen neu kombiniert werden.
- Bereits vorhandene Verhaltensweisen beim Beobachter werden verstärkt oder gehemmt.
- Beim Beobachter werden bereits gelernte Verhalten ausgelöst; man klatscht, wenn andere klatschen, man pfeift und buht den Spieler aus, weil dies andere auch tun.
- Das Modellverhalten kann auch die Aufmerksamkeit des Beobachters auf bestimmte Objekte oder Settings lenken, welche das Modell favorisiert. Der Beobachter orientiert sich bei seinem künftigen Verhalten daran.
- Ein Modell, das in Verbindung mit bestimmten Plätzen, Personen oder Dingen emotionale Reaktionen zeigt, kann beim Beobachter dazu führen, dass er antizipatorische emotionale Reaktionen gegenüber diesen Reizen entwickelt.

Frage 31:
Welche vier Prozesse steuern das Modelllernen?

Die folgenden vier Prozesse steuern das Modelllernen:

1. Aufmerksamkeitsprozesse: Die selektive Aufmerksamkeit ist eine entscheidende Bedingung beim Modelllernen. Welche modellierten Aktionen beobachtet werden, hängt von folgenden Faktoren ab:
   - Herausgehobenheit und Differenziertheit, die das Modell auszeichnen
   - Anreiz, der im Lernen des modellierten Verhaltens liegt
   - Lenkung der Aufmerksamkeit durch Instruktionen oder Akzentuierungen auf die relevanten Merkmale des Modellverhaltens
   - Motivation und psychische Eigenschaften des Beobachters

- positive emotionale Bindung zum Modell oder erlebte Ähnlichkeit mit dem Modell (Geschlecht, Alter, Herkunft etc.)
- Attraktivität, Prestige, Macht, Intelligenz und Fähigkeit des Modells

2. **Gedächtnisprozesse:** Das Modellverhalten muss gespeichert werden können, damit es später reproduziert werden kann. Es kommt dabei zu einer **internen Repräsentation**, die kein exaktes Abbild des Modells darstellen muss. Das Gedächtnis ist dann für die spätere Reproduktion verantwortlich. Die Umsetzung des beobachteten Verhaltens ist schwierig, wenn

   - das Modellverhalten nur kurz oder nur sporadisch beobachtet werden konnte.
   - die körperlichen Voraussetzungen fehlen.
   - die entscheidenden Bestandteile kaum zu beobachten und sprachlich nur schwer auszudrücken sind.
   - es sich z. B. um sehr komplexe motorische Fähigkeiten handelt, bei denen man einen Großteil der Bewegungen, die vom Modell ausgeführt werden, nicht sehen kann und auf kinästhetische Informationen angewiesen ist.

3. **Motorische Reproduktionsprozesse:** Dabei geht es darum, ob überhaupt und in welcher Qualität die spätere Reproduktion vom Beobachter ausgeführt werden kann und von welcher Qualität die Fertigkeitskomponenten des Modellverhaltens im motorischen Repertoire des Beobachters verfügbar sind.

4. **Motivationale Prozesse:** Die Verstärkungs- und Motivationsprozesse sind von großer Bedeutung für das Modelllernen. Wenn ein Modellverhalten verstärkt wird, wird der Beobachter einem solchen Modell wahrscheinlich vermehrt seine Aufmerksamkeit zuwenden.

Für die Ausführung des Verhaltens ist die Verstärkung von großer Wichtigkeit. Die Verstärkung kann dabei wie folgt sein:

- externen Ursprungs (Nachahmungsreaktionen, die verstärkt werden, werden wahrscheinlicher)
- stellvertretend (ein Modellverhalten, das verstärkt wurde, führt eher zu Nachahmungsreaktionen)
- oder selbstverstärkend (auf der Grundlage von Ansprüchen an sich und sein Verhalten kann sich der Mensch selbst bewerten)

Modelllernen ist in erster Linie ein Informationsverarbeitungsprozess. Es handelt sich beim Modelllernen nicht nur um ein simples „Kopieren", da in der Phase der Aneignung ein aktiver Informationsverarbeitungsprozess stattfindet. Es wird häufig im Zusammenhang mit dem Erlernen von sozialem und antisozialem Verhalten genannt und hat im Sport eine weite Verbreitung gefunden, z. B. im Zusammenhang mit Fairness, Aggression, Techniklernen, Führung oder Vorurteilen. Die nachfolgende Grafik veranschaulicht die Teilprozesse, die das Lernen am Modell steuern.

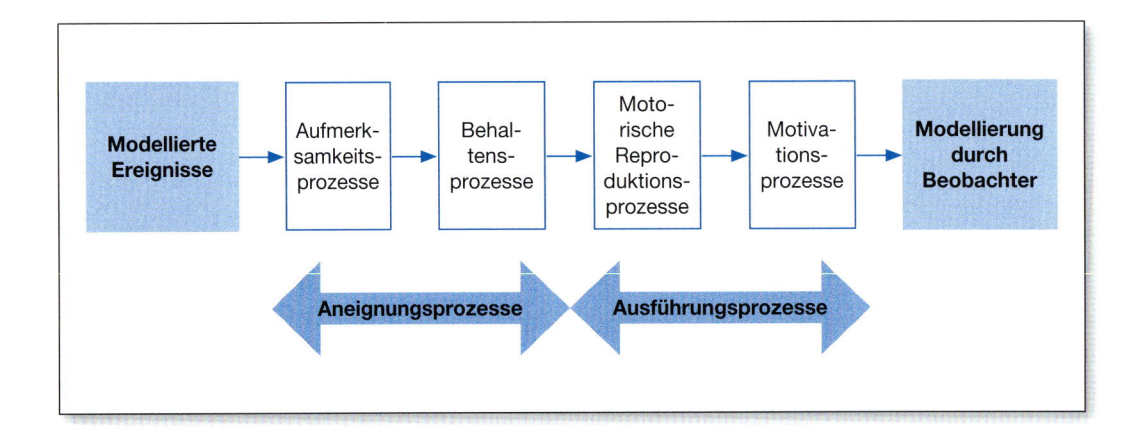

Frage 32:
Was versteht man unter dem Desintegrationsansatz?

Der Desintegrationsansatz von *Heitinger* bezieht sich auf Individualisierungstendenzen und den daraus entstehenden gesellschaftlichen Ambivalenzen. *Heitinger* führt in seinem Desintegrationsansatz das Ausmaß gewalttätigen Verhaltens (Aggression) vor allem im Jugendalter auf den schnellen strukturellen Wandel in der Gesellschaft zurück. Dieser hält für die Zukunft vielfältige Optionen offen, lässt Lebenslinien jedoch unklar. Diese sind mit vielfältigen Problemlagen verbunden wie Arbeitslosigkeit, beengte Wohnverhältnisse, Konkurrenzdruck etc. Die Folgen davon sind Desintegration, Gleichgültigkeit und Misstrauen gegenüber anderen sowie Verunsicherung, die in unterschiedlichen sozialen Schichten unterschiedlich weit fortgeschritten sind.

Gewalt (Aggression) erscheint neben Alkoholkonsum, unnormalem Sozialverhalten oder Essstörungen eine Bewältigungsstrategie zu sein, die Jugendlichen die Möglichkeit gibt, sich durchzusetzen und von anderen Menschen wahrgenommen zu werden. Gewalt oder auch aggressives Verhalten ist somit auch ein Ausdruck einer mangelnden Problemlösekompetenz. Um gegen Aggression vorzugehen, gibt es folgende Möglichkeiten:

- strikte Bestrafung aggressiver Handlungen und antisozialen Verhaltens
- Besprechen klarer (Verhaltens-)Regeln
- Vermitteln und Einüben von Fair Play bereits im Jugendbereich
- realistischer Umgang der Medien mit Aggressionen
- Fortbildung aller Akteure (Trainer, Coaches, Übungsleiter, Manager etc.)
- Teilnahme an Antiaggressionsprogrammen

Bewegungslehre des Sports

17

Frage 1:
Beurteilen Sie anhand der „Merkmale von sportlichen Bewegungen" den e-Sport. Handelt es sich hier Ihrer Meinung nach um Sport? Begründen Sie bitte Ihre Entscheidung.
Lesen Sie dazu bitte die beiden nachfolgenden Artikel[1] von Prof. Dr. Ansgar Thiel (Uni Tübingen) und Prof.*in Dr. Carmen Borggrefe (Uni Stuffgart).

Artikel 1: Prof. Dr. Ansgar Thiel (Institut für Sportwissenschaft der Universität Tübingen)

Aufnahme von e-sport in den organisierten Sport ist überlegenswert

e-Sport erfordert intensive motorische Aktivität

Die motorische Aktivität beim e-Sport beschränkt sich zwar in der Regel auf die Bewegung weniger Finger bzw. der Hände. Doch um Leistung auf hohem Niveau erbringen und im Wettkampf erfolgreich sein zu können, braucht es regelmäßiges und intensives und systematisches Trainieren und Üben, sagt der Sportsoziologe Ansgar Thiel. Denn bei e-sport-Aktivitäten seien neben Fingermuskelkraft und lokaler Schnelligkeit etwa auch lokale und allgemeine Ausdauer wichtig, um am Controller und vor dem Schirm nicht zu schnell zu ermüden. Zudem würden Aufmerksamkeit und Wahrnehmungsfähigkeit eine entscheidende Rolle für den Ausgang des Wettkamps spielen.

Konditionell-koordinative Fähigkeiten und Fertigkeiten, gekoppelt mit Wahrnehmungs- und Reaktionsfähigkeit sind also entscheidende Bedingungen für den Erfolg im virtuellen Wettkampf. „Dieses Anforderungsprofil ist vergleichbar mit herkömmlichen Sportarten", stellt Thiel fest. Außerdem zeigten einige Studien, dass die motorische Aktivität beim e-Sport tatsächlich körperlich und geistig anstrengend und mit einem signifikanten Energieverbrauch verbunden sind.

---

1 Quelle: Sport in BW Heft 4/2018, S. 22/23

Avatar auf dem Bildschirm ist erweiterte Körperlichkeit

Das Argument der Contra-Seite, dass die motorische Aktivität bei unterschiedlichen e-Sport-Spielen nicht unterscheidbar ist und durch das Klicken am Controller kein sportlicher Sinn entsteht, weil der erst in der virtuellen Darstellung auf dem Bildschirm dargestellt wird, hält Prof. Thiel nicht für überzeugend. „Spiel- und Bewegungshandlungen beim e-Sport sind untrennbar an die motorische Aktivität gekoppelt, denn diese löst die Spiel- und Bewegungshandlungen im virtuellen Wettkampf aus. Der eigentlich Ausführende der Spiel- und Bewegungshandlungen ist, auch wenn es durch einen Avatar vermittelt wird, immer noch der Spieler beziehungsweise die Spielerin", erklärt Prof. Thiel. Hinzu komme, dass auch in den e-Sport-Spielen das Taktikwissen für den Erfolg im Wettkampf eine maßgebliche Rolle spiele. Man müsse dabei nicht nur die Fähigkeiten des menschlichen Gegenübers einbeziehen, sondern auch die der Avatare – und zwar sowohl jene des Gegners als auch derer des eigenen Teams. Auch darin sieht Prof. Thiel eine große Parallele zwischen e-Sport und klassischem Sport.

Ablehnung von e-Sport führt zu Begründungsproblemen

Aus Sicht des Leiters des Instituts für Sportwissenschaft der Universität Tübingen sprechen die vielen Analogien dafür, eine Anerkennung des e-Sport als eigenständigen Sport ernsthaft in Betracht zu ziehen. Würde sich der organisierte Sport einfach nur aus Traditionsgründen dem e-Sport versagen, so Thiel, dürfte er sich über kurz oder lang einem Begründungsproblem gegenübersehen – zum Beispiel, wenn die Gesellschaft e-Sport als Sport verstehe – der organisierte Sport aber nicht. Der organisierte Sport tue nicht gut daran, starr an einer einmal in der Vergangenheit festgelegten Sportdefinition festzuhalten. „Sportvereine, und damit auch das Sportverständnis, verändern sich über die Zeit. Und daher darf man kein absolutes, unveränderbares Verständnis von Sport voraussetzen," erklärt Prof Thiel.

„Passungsschwierigkeiten" sieht der Leiter des WLSB-Wissenschaftsforums bei den Organisationsstrukturen von e-Sport und „traditionellem" Sport: „Da ist zum einen die Abhängigkeit des e-Sports von profitorientierten Unternehmen, die das Setting vorgeben. So sind ein unabhängiges und flächendeckendes Vereins- und Verbandssystem sowie die Gemeinwohlorientierung notwendige Voraussetzungen für die Aufnahme eines e-Sport-verbandes. Organisational steht im Moment insbesondere der fehlende Gemeinnützigkeitsstatus der e-Sport-Organisationen ihrer Integration in das Sportverbändesystem entgegen." Zudem seien e-Sport-Spiele mit Gewalt und Töten mit dem Selbstverständnis des organisierten Sports unvereinbar und deshalb auszuschließen.

Für gänzlich unüberwindbar hält Thiel diese Hürden jedoch nicht, zumal eine Aufnahme ihm aus mehreren Gründen sinnvoll erscheint. Langfristige Stabilität, zusätzliche Einnahmen, die in die gemeinnützigen Zwecke investiert werden können, oder eine größere Unabhängigkeit von kommerziellen Unternehmen gehören für ihn zu den Vorteilen. Darüber hinaus würde eine verbandliche Organisation im DOSB eine Qualitätskontrolle der Angebotsentwicklung ermöglichen.

Artikel 2: Prof. Dr. Carmen Borggrefe (Institut für Sport- und Bewegungswissenschaft der Universität Stuttgart)

e-Sport gehört nicht unter das Dach des organisierten Sports

e-Sport konterkariert die wertvollen Wirkungen des Sports

Der Sport ist für die Gesellschaft nicht zuletzt aufgrund seiner gesundheitlichen und erzieherischen Wirkungen ein bedeutsames Gut, weshalb er auch von staatlicher Seite gefördert wird. Wenn e-Sport von den Sportverbänden als Sport anerkannt werden sollte, laufe der organisierte Sport allerdings Gefahr, einen gesellschaftlichen Legitimationsverlust zu erleiden, warnt Sportsoziologin Prof. Carmen Borggrefe. Computerspiele würden häufig mit Gewalt, Spielsucht, Übergewicht, Bewegungsarmut sowie motorischen Defiziten von Kindern und Jugendlichen in Verbindung gebracht, und diese Negativkommunikation schade dem Image eines gesundheitsförderlichen und pädagogisch wertvollen Sports.

Warum die e-Sport-Szene die Nähe zum organisierten Sport sucht und auf die Mitgliedschaft in den Verbänden hofft, liegt für Prof. Borggrefe auf der Hand: „Dadurch würde der e-Sport nicht nur die Möglichkeit erhalten, an der öffentlichen Sportförderung zu partizipieren, sondern er würde auch einen deutlichen Legitimations- und Imagegewinn erzielen."

e-Sport ist kein Sport, weil der sportliche Sinn fehlt

In der Diskussion um e-Sport geht es auch um die Frage: Was ist eigentlich Sport? In der Aufnahmeordnung des DOSB wird unter anderem auf das Kriterium einer „sportartbestimmenden motorischen Aktivität" verwiesen. „Von einer solchen könne im Hinblick auf e-Sport keine Rede sein", so Prof. Borggrefe. Denn die motorische Aktivität beschränke sich hier auf die Bedienung eines Controllers, über den Bewegungen eines Avatars in einer virtuellen Welt erzeugt werden. Damit unterscheide sich diese Tätigkeit fundamental von sportlichen Aktivitäten, bei denen es um Bewegungen des Körpers in der realen Welt geht. Die Zuteilung von Sieg und Niederlage erfolge im e-Sport nicht darüber, wie viele Klicks pro Minute jemand schafft oder welche Tastenkombinationen koordinativ bewältigt werden, sondern darüber, wie viele Tore ein Avatar bei der Fußballsimulation schießt, wie viele gegnerische Monster getötet oder Panzer vernichtet werden, um Geländegewinne zu erzielen, etc. „Man sieht in den e-Sport-Übertragungen gar nicht die motorische Aktivität der Spieler, sondern nur das virtuelle Geschehen an der Leinwand, das auch von den Zuschauern vor Ort beobachtet wird", erläutert Prof. Borggrefe. Die motorische Aktivität der Spieler spiele also für die Beobachtung des e-Sports gar keine Rolle, was ihn fundamental vom Sport unterscheidet. Man könne vor allem deshalb nicht von einer sportartbestimmenden motorischen Aktivität sprechen, weil durch das Mausklicken kein sportlicher Sinn entsteht. „Es geht ja eben nicht darum zu zeigen, dass man ‚klicken' kann oder besser ‚klicken' kann als andere, sondern Sinn ergibt das Ganze erst durch die virtuellen Handlungen, die erzeugt werden", so Borggrefe. Im Sport geht es hingegen um unmittelbares körperbezogenes Handeln, das auch so vom Zuschauer beobachtet wird und das die Differenzierung in unterschiedliche Sportarten erst ermöglicht.

Auch für das Aufnahmekriterium der „Einhaltung ethischer Werte" sieht Borggrefe im Hinblick auf e-Sport deutliche Probleme. Bei den in der e-Sport-Szene sehr bedeutsamen Ego-Shooter und MOBA-Spielen gehe es um Tötungshandlungen, die dem Sinnkontext des Sports vollständig widersprechen. „Dabei macht es in der Sache gar keinen Unterschied, ob nun menschenähnliche Figuren oder Fantasiefiguren virtuell getötet werden, sondern das Problem ist, dass Töten generell mit Sport und seinen ethischen Werten nichts zu tun hat", argumentiert die Sportsoziologin.

Sport als Refugium in der digitalisierten Welt

Angesichts der zu erwartenden legitimations- und Abgrenzungsprobleme rät Borggrefe dringend davon ab, den e-Sport unter dem Dach des organisierten Sports aufzunehmen: „Der Sport wäre schlecht beraten, auf bloße Maximierungsstrategien und ein Wachstum um jeden Preis zu setzen". Vor dem Hintergrund der fortschreitenden Digitalisierung in der Gesellschaft erachtet Borggrefe es für den Fortbestand des Sports vielmehr als funktional, dass sich dieser als Refugium gegenüber der digitalen Welt profiliert und weiterhin durch unmittelbares, authentisches, körperbezogenes Handeln geprägt ist. Dies setze eine aktive Abgrenzungspolitik gegenüber dem e-Sport voraus.

Frage 2:
Beschreiben Sie die morphologische Betrachtungsweise der sportlichen Bewegungen.

Die morphologische Betrachtungsweise

Das primäre Ziel der **morphologischen Betrachtungsweise** besteht darin, dem Trainer oder Sportler alle erforderlichen Informationen für die Beschreibung, Anleitung und Korrektur von Bewegungsausführungen zu liefern. Kernstück der morphologischen Betrachtungsweise ist die Selbstbeobachtung, die auf der Selbstwahrnehmung der eigenen Bewegung beruht, und die Fremdbeobachtung, z. B. durch Trainer Übungsleiter oder Sportlehrer (vgl. *Roth.* In: *Eberspächer*: Bewegungslehre / Bewegungswissenschaft, Rowohlt Verlag, 1987, S. 56f.). Die morphologische Perspektive ist als ganzheitliche Betrachtungsweise einzuordnen, mit der schwerpunktmäßig jene Aspekte der Bewegung erfasst werden, die einer analytischen Betrachtung gar nicht oder nur sehr schwer zugänglich sind. (z. B. Bewegungsdynamik, Bewegungselastizität). Weiterhin stellt sie der Bemühung nach Objektivität die Bedeutung der subjektiven Wahrnehmung entgegen bzw. zur Seite. Die Zuverlässigkeit und Differenziertheit hängt dabei ganz entscheidend von der jeweiligen Erfahrung des Beobachters im Bewegungssehen ab, seiner Fähigkeit zum Nachvollziehen der Bewegung sowie von der Schnelligkeit und Vielseitigkeit seiner Betrachtungen.

> **Frage 3:**
> Was versteht man unter Bewegungsrhythmus und Antizipation? Geben Sie dazu Beispiele aus der Praxis!

Der Bewegungsrhythmus kommt in der Gliederung und Akzentuierung der Muskeldynamik objektiv zum Ausdruck und prägt sich auch in den Weg-Zeitverläufen aus. Ein wesentliches Merkmal von vielen sportlichen Bewegungen ist ein alternierender Wechsel in der Dynamik, quasi ein ständiger fließender Wechsel von Spannung und Entspannung der Muskulatur.

Der Bewegungsrhythmus erfasst die spezifische, charakteristische zeitliche Ordnung einer sportlichen Bewegung.

Im Bewegungsrhythmus tritt auch die motorische Koordination in Erscheinung. Die Rhythmisierungsfähigkeit ist eine koordinative Fähigkeit. Dass die Bewegungen von Tänzern einen Rhythmus aufweisen, ist offensichtlich. Hierzu zählen: Standard-Tanz, Latein-Tanz, Rock´n Roll-Tanz und Boogie-Woogie, Stepptanz, aber auch Jazztanz. Einen Bewegungsrhythmus kann man beim Anlauf zum Korbleger im Basketball erkennen und nutzt diesen z.B. in der Methodik zum Erlernen dieser Fertigkeit aus. Die Paddelbewegung beim Rennkajakfahren oder Ruderbewegungen in einem Ruderboot lassen einen Rhythmus erkennen. An die Rhythmisierungsfähigkeit der Sportler werden vor allem bei 4er-Kajak und beim Ruder-8er sehr hohe Anforderungen gestellt. Beim 110m- oder 100m-Hürden-Lauf laufen die Topathleten/innen z.B. einen Dreier-Rhythmus zwischen den Hürden vgl. *Meinel* und *Schnabel*: Bewegungslehre Sportmotorik, Meyer & Meyer Verlag, Aachen 2018, S. 54–60).

Unter Antizipation (Bewegungsvorausnahme) verstehen *Meinel* und *Schnabel*: Bedingt durch nur wenige Informationen über Beginn und Begleitbedingungen bestimmter Prozesse wird ihr weiterer Verlauf und das Resultat bereits im Voraus konstruiert, quasi vorausgenommen. Es handelt sich dabei um einen psychischen Vorgang.

Im Sport versteht man unter Antizipation die gedankliche Vorwegnahme eines Ereignisses, Ergebnisses oder einer Handlung.

Einem Stabhochspringer oder Hochspringer steht sein Handlungsziel, das Überqueren der Latte, bevor er losläuft, deutlich vor Augen und prägt den Ablauf aller Teilbewegungen. Das Bewegungsziel und damit das Resultat der Handlung wird antizipiert und bestimmt die Struktur des Bewegungsaktes. Im sportlichen Handeln gibt es nicht nur eine Zielantizipation, sondern auch eine Handlungsantizipation. Im Gerätturnen, im Freestyle-Skiing beim Springen von Figuren auf einer Sprungschanze (Aerials) oder auch Turmspringen kommt es bei den Sportlern zu einer Handlungsantizipation. Beide Antizipationsformen werden zu Bewegungskombinationen verbunden, indem in der Form der vorangegangenen Bewegung die folgende bereits erkannt werden kann. Weitere Praxisbeispiele wären das Annehmen eines Druckpasses im Basketball und sofortige

Weiterleitung an einen Mitspieler oder der Doppelpass im Fußball. Im Fußball ist dies auch der Pass in den „freien Raum" bei dem Passgeber und der den Pass aufnehmende Spieler dies jeweils antizipieren. Der Alley oop im Basketball sowie der Kempa-Trick im Handball sind ebenfalls Beispiele für Antizipationsleistungen (auch für Differenzierungsfähigkeit und Timing) im Sport. Diese Aktionen erfordern sowohl vom Passgeber als auch vom Passaufnehmer eine hohe Qualität der Antizipation.

Bei Täuschbewegungen, also Finten, versucht man den Gegner (Karate, Boxen, Judo) oder Gegenspieler (Handball, Fußball, Basketball) zu einer Reaktion zu veranlassen, die ihm die Möglichkeit zu einer erfolgreichen Abwehr nimmt. Im Fußball täuscht man z. B. eine Flanke an, bricht die Bewegung kurz bevor man den Ball trifft jedoch ab. Der Abwehrspieler rutscht mit seinem Blockversuch ins Leere und man versucht, mit einem Dribbling am ihm vorbeizukommen. Es wird hier mit dem Unterschenkel eine Ausholbewegung ausgeführt, die nicht zur darauffolgenden beabsichtigten Hauptbewegung gehört, der Abwehrspieler soll zur falschen Antizipation und Reaktion veranlasst werden. Vor allem erfahrene Abwehrspieler fallen aber auf diese Finte nicht so leicht herein wie unerfahrene. Beim No-Look-Pass im Basketball spielt der ballführende Spieler den Ball bewusst nicht in die Richtung, in der er mit seinem Kopf demonstrativ hinschaut. Das Antizipationstraining muss trainingsmethodisch sportartspezifisch erfolgen (vgl. *Meinel* und *Schnabel*: Bewegungslehre Sportmotorik, Meyer & Meyer Verlag, Aachen 2018, S. 54–60). Falsche Antizipation kann zeitlich gesehen bis zu einem gewissen Punkt von der Reaktionsfähigkeit ausgeglichen werden.

> **Frage 4:**
> Beschreiben Sie die empirische Betrachtungsweise der sportlichen Bewegungen.

Das wesentliche Merkmal der analytischen Betrachtungsweise besteht darin, dass der Leistungsstand bzw. Ausprägungsgrad interner motorischer Prozesse und Funktionen über Fähigkeiten, Eigenschaften, Dispositionen, Persönlichkeitsdimensionen oder Fertigkeiten beschrieben wird. Es geht dabei z. B. um die Koordination, Beweglichkeit, Kraft, Ausdauer und Schnelligkeit. Diese konditionellen Fähigkeiten können bekanntlich weiter unterteilt werden, ebenso die koordinativen Fähigkeiten. Die sportlichen Leistungen werden im Allgemeinen von einem ganzen Gefüge interner Faktoren beeinflusst. Die Art und Gewichtung der einzelnen notwendigen Fähigkeiten und Fertigkeiten variiert dabei von Sportart zu Sportart und von Disziplin zu Disziplin sehr stark. Jede sportliche Bewegung stellt andere Anforderungen an den Körper, die Psyche und den Intellekt des Sportlers (vgl. *Willimczik* und *Roth*: Bewegungslehre, Rowohlt-Verlag 1983, S. 53–78).

Diese Ableitungen und Schlussfolgerungen durch Beobachtungen von Trainern oder Sportlehrern sind nicht ganz unproblematisch, da sie in der Regel subjektiver und nicht objektiver Natur sind. Um solche subjektiv gefärbten Beurteilungen zu vermeiden bedient man sich sportmotorischer Tests (vgl. *Willimczik* und *Roth*: Bewegungslehre, Rowohlt-Verlag 1983, S. 82–83).

> **Frage 5:**
> Beschreiben Sie die biomechanische Betrachtungsweise der sportlichen Bewegungen.

Bei der biomechanischen Betrachtungsweise ist der Ausgangspunkt die sportliche Bewegung als ein in Raum und Zeit in Erscheinung tretendes Phänomen. Der Tischtennisspieler, der Baseballspieler oder auch die Turnerin, alle verändern ihre Position und/oder die eines Sportgerätes (Ball, Kugel, Speer usw.) z. T. auch mit Hilfe eines „Instruments" (TT-Schläger, Golfschläger etc.). Gleichzeitig vergeht während dieser Ortsveränderung Zeit. Es geht bei sportlichen Bewegungen um Translationen oder Rotationen sowie um Dynamik, Kinematik und Elektromyographie. Die Elektromyographie stellt das Verfahren zur Aufzeichnung der elektrischen Vorgänge am Muskel dar (*Sportwiss. Lexikon*, 2003, S 160). Unter Kinematik versteht man die Gesamtheit der Verfahren zur Messung sog. kinematischer Größen (mechanische, elektronische und optische Verfahren), Winkelmessung, Beschleunigungsmessung, Geschwindigkeitsmessung und Zeitmessung (vgl. *Sportwiss. Lexikon*, 2003, Hofmann Verlag, S. 292f.). Die Dynamometrie stellt in der Physik die Gesamtheit der Verfahren zur Kraftmessung dar.

> **Frage 6:**
> Beschreiben Sie die funktionale Betrachtungsweise der sportlichen Bewegungen.

Nach der funktionalen Betrachtungsweise sind sportliche Bewegungen nur dann angemessen zu verstehen, wenn man sie als zielgerichtete und auf eine Aufgabe bezogene Aktivitäten begreift. Es gilt dabei zu berücksichtigen, dass sich z. B. Techniken im Sport nicht unabhängig von den vorgegebenen Aufgabenstellungen entwickelt haben. Die Struktur der Bewegungen ist durch die jeweils zu erreichenden Ziele und die dabei einzuhaltenden Rahmenbedingungen in bestimmtem Maße festgelegt. Nur wenn man die sporttypischen Problemstellungen genauer analysiert, lässt sich beurteilen, welche Technikbestandteile in welchen Bewegungssituationen welche Funktion zukommt (vgl. *Handlexikon. Sportwissenschaft*, rororo, 1987, S. 66–67).

Man begreift in der funktionalen Bewegungsanalyse nach *Göhner* (1979) die einzelnen Aktivitäten, aus denen sich eine sportliche Bewegung wie z. B. ein Spannstoß im Fußball zusammensetzt als Funktionen, quasi als Zielgerichtete und aufgabengeprägte Bewegungen. Die sportlichen Techniken und Technikbestandteile dienen der Bewältigung von Aufgabenstellungen im Sport. Entsprechend soll nach der funktionalen Betrachtungsweise für möglichst alle einzelnen Bestandteile einer sportlichen Technik beantwortet werden können, wozu diese im Hinblick auf die lösende Bewegungsaufgabe dienen (*Willimczik* und *Roth*: Bewegungslehre, Rowohlt-Verlag 1983, S. 90–140).

> **Frage 7:**
> Was versteht man unter dem Phasenmodell von *Meinel/Schnabel*?

Sportliche Bewegungen werden in dieser Bewegungsanalyse in einzelne Komponenten zerlegt und deren Beziehungen zueinander systematisch untersucht. Durch die Analyse einer sportlichen Bewegung kann man Informationen über deren Struktur erhalten.

In ihrer Phasenanalyse strukturieren *Meinel* und *Schnabel* die sportlichen Bewegungen nach ihren Ablaufphasen. Dabei gehen sie von einer Dreigliederung von sportlichen Bewegungen aus:

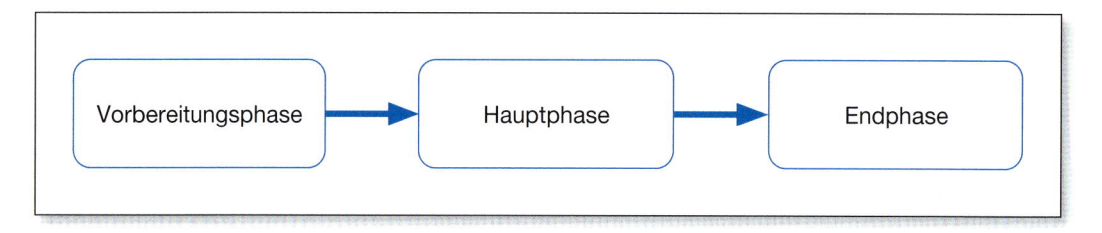

```
Vorbereitungsphase  →  Hauptphase  →  Endphase
```

Diese Reihenfolge ist nicht umkehrbar, die Phasen sind nicht austauschbar oder verzichtbar.

1. Die Vorbereitungsphase hat die Aufgabe, die Hauptphase optimal vorzubereiten. Sie dient zur Schaffung optimaler Voraussetzungen für eine erfolgreiche und möglichst effiziente Ausführung der auf sie folgenden Hauptphase (vgl. *Willimczik* und *Roth*: Bewegungslehre, Rowohlt-Verlag 1983, S.106f.).

Bei einem Tischtennis-oder Tennisschlag findet zum Beispiel eine Ausholbewegung statt, welche normalerweise in Gegenrichtung zur Hauptbewegung ausgeführt wird. Ausholbewegungen kann man ebenfalls beim Schlagwurf im Handball, beim Spannstoß im Fußball oder Schmetterschlag im Volleyball. Eine Vorbereitungsphase stellen aber auch der Anlauf im Weitsprung, Hochsprung oder Stabhochsprung dar.

2. In der Hauptphase kommt es zur Lösung der eigentlichen Aufgabe der sportlichen Bewegung. Dabei gibt es zwei Möglichkeiten: Die Aufgabe kann darin bestehen, dem ganzen Körper einen Impuls zu erteilen und diesen rationell auszunutzen (wie beim Laufen, Springen oder Schwimmen) oder wenn ein Endglied der Gliederkette des Körpers durch einen Kraftimpuls aus dem gesamten Körper beschleunigt und dadurch einem Gerät oder Gegner ein Bewegungspuls erteilt wird. Dies wäre z.B. der Fall beim Schlagen eines Golfballes, TT-Balls, Baseballs durch den Batter, Kugel im Kugelstoßen Schuss im Fußball oder Wurf im Basketball. (vgl. *Willimczik* und *Roth*: Bewegungslehre, Rowohlt-Verlag 1983, S.107).

> 3. **Die Funktion der Endphase ergibt sich daraus, dass die Hauptphase meist zu einem Zeitpunkt beendet ist, bei dem sich der Körper des Sportlers noch in intensiver Bewegung oder in einem labilen Gleichgewichtszustand befindet.** Nach einem Hochsprung landet der Springer in einem statischen Zustand auf der Matte, der Weitspringer im Sand oder der Turmspringer unter Wasser. Im Tischtennis oder Tennis stellt die Endphase nach den Schlägen häufig nur ein Übergangsstadium dar, weil unter Umständen weitere Schläge notwendig sein können, um den Ballwechsel erfolgreich (oder auch nicht) zu Ende zu bringen (vgl. *Willimczik* und *Roth*: Bewegungslehre, Rowohlt-Verlag 1983, S.107).

Die Dreigliederung einer sportlichen Bewegung und ihre Unumkehrbarkeit trifft nur auf sog. azyklische Bewegungen zu. Darunter versteht man Bewegungen, mit deren einmaliger Ausführung die gestellte Bewegungsaufgabe (das Ziel) erreicht wird, wie beispielsweise bei einem Weitsprung, Hochsprung oder Stabhochsprung. Auch der Spannstoß im Fußball, der Schlagwurf im Handball oder die Tischtennis- bzw. Tennisschläge sind azyklische Bewegungen. Bei einem TT-Schlag ist z.B. ein wichtiger Bewegungsbestandteil das Abbremsen der Ausholbewegung und der flüssige, nahtlose Übergang, die Bewegungsumkehr zum Beginn der Hauptphase. Das Abbremsen der Ausholbewegung geht so in die Beschleunigung der Hauptphase des Schlages über. (vgl. *Grosser*, *Hermann*, *Tusker*, *Zintl*: Die sportliche Bewegung, blv-Verlag, S. 23).

Bei zyklischen Bewegungen, bei deren Bewegungsablauf sich gleichartige Phasen ständig wiederholen, kann man eine Zweigliederung feststellen. Es kommt bei einer optimalen Ausführung zu einer Phasenverschmelzung. Beispiele aus der Sportpraxis sind der Kraularmzug im Freistilschwimmen, Rudern, Kajak, Laufen oder Radfahren (Pedalbewegung). Bei diesen Sportarten verschmelzen die Vorbereitungsphase und Endphase zu einer Einheit, welche als Zwischenphase bezeichnet wird.

Die Grundstruktur zyklischer Bewegungen ist zweiphasig:

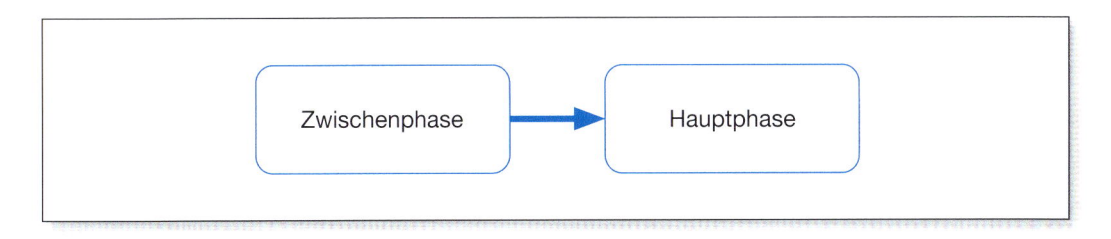

Zwischenphase → Hauptphase

Frage 8:
Was versteht man unter ablaufrelevanten Bezugsgrundlagen?

Wesentlichen Einfluss auf die Durchführung einer sportlichen Bewegung haben nach *Göhner* die ablaufrelevanten Bezugsgrundlagen. Unter ablaufrelevanten Bezugsgrundlagen versteht *Göhner* Rahmenbedingungen, welche die Aktionen und Aktionsmodalitäten der sportlichen Bewegung beeinflussen, wie die Bewegungsziele, die Regeln, die Movendumattribute, Bewegattribute (Hilfsmittel des Bewegers), Umgebungsbedingungen (Bedingungen der Sportstätte).

Die folgende Grafik zeigt die elementaren situationsspezifischen Bewegungsziele im Sport (mod. nach *Olivier*, *Rockmann*, *Krause*: Grundlagen der Bewegungswissenschaft und -lehre (Hofmann, Schorndorf, 2013):

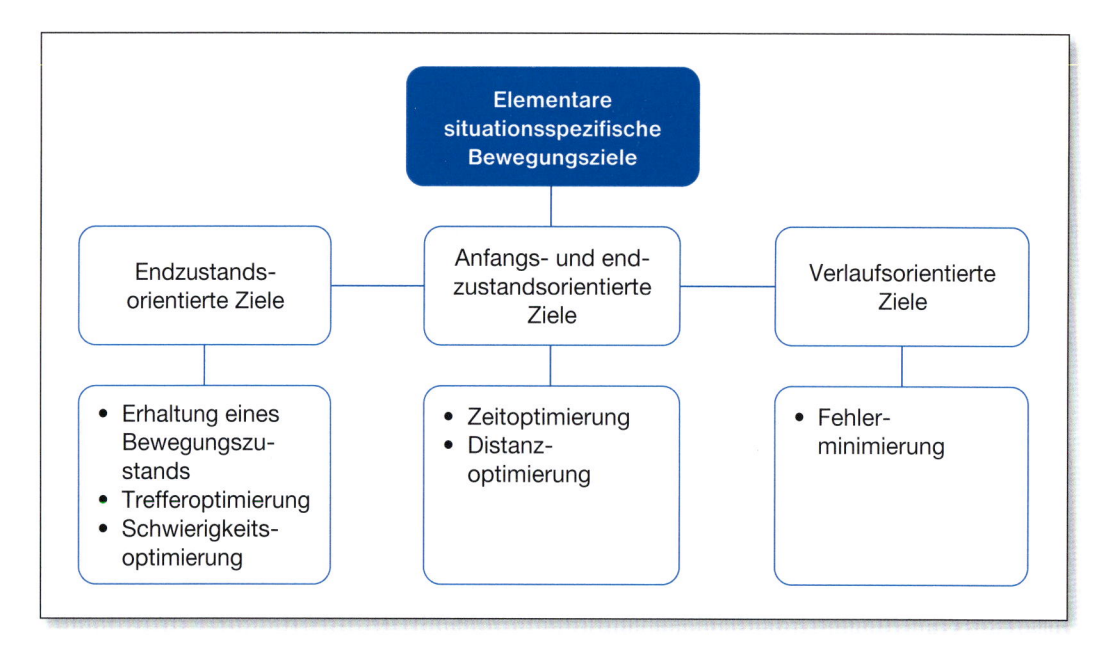

```
                    Elementare
              situationsspezifische
                  Bewegungsziele
         ┌──────────────┼──────────────┐
  Endzustands-    Anfangs- und end-   Verlaufsorientierte
  orientierte     zustandsorientierte       Ziele
     Ziele             Ziele
         │              │              │
  • Erhaltung eines  • Zeitoptimierung  • Fehler-
    Bewegungszu-    • Distanz-           minimierung
    stands            optimierung
  • Trefferoptimierung
  • Schwierigkeits-
    optimierung
```

Erläuterungen / Beispiele:

- **Endzustandsorientierung**: der Handstand im Turnen (Gleichgewicht stabilisieren)
- **Trefferorientierung**: das TT-Spiel, Tennis, Squash, Badminton (Punkte erzielen), Fußball, Handball, Basketball, Hockey, Eishockey (möglichst viele Tore erzielen)
- **Schwierigkeitsoptimierung:** der Stabhochsprung, Hochsprung (die Schwierigkeit wird durch Höherlegen der Latte erhöht)
- **Zeitoptimierung** bei allen leichtathletischen Läufen oder Schwimmdistanzen, Zeitfahren im Radrennsport, Skilanglauf, alpiner Ski-Rennlauf, Bobsport
- **Distanzoptimierung** bei Kugel, Speerwuf, Diskuswurf, Hammerwurf
- **Verlaufsorientierte** Sportarten: Turmspringen, Tanzsport, Eiskunstlauf

Movendumattribute bezeichnen die Eigenschaften des zu bewegenden Objekts. Göhner unterscheidet drei Typen: **passiv-reaktiv** (Fußball, Diskus, Tennisball), **aktiv-reaktiv** (Gegner im Judo, Boxen, Karate), aktiv **sich selbst bewegender Movendum-Typ** (Schwimmer, Läufer).

Unter **Bewegerattribute** versteht man die Eigenschaften desjenigen Systems, welche das Movendum bewegt. **Instrumentell-unterstützte** Beweger sind ein TT-, Tennis oder Hockey-Schläger oder die Flossen im Flossenschwimmen, partnerunterstütze Ruderer, Basketballspieler, gegnerbehinderte Beweger Judoka, Karateka aber auch Fußballer und Handballer.

Umgebungsbedingungen beim Skilauf oder Eisschnelllauf beeinflussen die Beschaffenheit der Schneeunterlage und des Eises durch ihre Eigenschaften die Bewegungsausführungen. Auf Rasen müssen Fußballer z. B. technisch und taktisch anders spielen als auf Kunstrasen, im Tennis auf Rasen technisch und taktisch anders als auf Sand.

Bei den Regelbedingungen unterscheidet *Göhner* vier Gruppen von Regeln: die erste Gruppe legt die zu erreichenden Bewegungsziele fest und klärt die Rangfolge im Wettbewerb. (Beispiel: Hammerwurf). Eine zweite und dritte Gruppe legen Movendumbedingungen (Gewicht und Umfang eines TT-Balles) und Bedingungen des Bewegersystems (Körpergewicht eines Judokas, Belagsdicke eines TT-Schlägers fest, Die vierte Gruppe bestimmt die Verlaufsmerkmale der sportlichen Bewegung. Beim Hürdenlauf muss man über die Hürde springen und darf nicht darunter durch oder (auf den Außenbahnen) daran vorbeilaufen (vgl. Olivier, Rockmann, Krause: Grundlagen der Bewegungswissenschaft und -lehre, Hofmann-Verlag, Schorndorf, 2013).

Frage 8:
Erstellen Sie für eine Ihnen bekannte sportliche Bewegung eine Aktionsskizze.

Hinweise für das Erstellen einer Aktionsskizze befinden sich auf den Seiten 499 f. des Lehrbuchs „Optimales Sportwissen", 5. Aufl.

Frage 9:
Stellen Sie für eine Ihnen bekannte sportliche Bewegung eine aktionsorientierte Funktionsphasenanalyse.

Ein Beispiel finden Sie auf den Seiten 506 f. des Lehrbuchs „Optimales Sportwissen", 5. Aufl.

Frage 10:
Was versteht man unter Translation, was unter Rotation in der Biomechanik?

Bewegungsformen: Translation und Rotation

Bei sportlichen Bewegungen erkennen wir sehr häufig Ortsveränderungen von Körperteilen oder des gesamten Körpers. Bei einem 100m-Sprinter bewegt sich der Körperschwerpunkt (KSP) annähernd geradlinig horizontal vom Start bis ins Ziel. Diese Bewegung wird als Translation bezeichnet.

Bei einem Riesenfelgumschwung bewegen sich der Kopf und alle anderen Körperteile nach Aushol- und Anschwungbewegung auf nahezu konzentrischen Kreisen um die Reckstange. Man bezeichnet diese Drehbewegungen als Rotationen (vgl. *Wick*, S. 46).

Bei einer Rolle vorwärts am Boden liegt eine Kombination oder Überlagerung von Rotation und Translation vor. Der Körper des Turners legt einen horizontalen Weg vom Beginn bis zum Ende der der Bewegung zurück und dreht sich gleichzeitig um seine Querachse. Die Kinematik als die Lehre von möglichen Bewegungen erfasst diese auf beschreibende Art und Weise. Sie formuliert den Verlauf der Bewegung in Raum und Zeit mathematisch als Geometrie.

> Als Translation wird die fortschreitende Bewegung aller Punkte eines Körpers um dieselbe Streckenlänge (Parallelverschiebung), wie z. B. beim Seitrutschen im Skilauf bezeichnet. Sie kann sich auf einer geraden oder gekrümmten Bahn vollziehen. (vgl. *Baumann* und *Reim*, Diesterweg/Sauerländer Verlag, S. 35)

> Unter Rotation versteht man eine Drehbewegung um eine Drehachse (bzw. einen Drehpunkt) innerhalb (wie bei einer Pirouette im Eiskunstlauf) oder außerhalb des Körpers (wie bei einer Riesenfelge am Reck (vgl. ebd.)

Sehr häufig sind Ganzkörperbewegungen im Sport aber eine Mischung aus Rotation und Translation. Die Bewegungsmöglichkeiten von Armen, Beinen oder des Kopfes sind stark abhängig von den Gelenkformen des menschlichen Körpers, und diese sind überwiegend rotatorisch angelegt.

> **Frage 11:**
> Beschreiben Sie die drei *Newtonschen* Axiome mit Praxisbeispielen.

Die Bewegungsgesetze nach Newton

Die drei Newtonschen Gesetze sind für Kraft- und Bewegungsanalysen von grundlegender Bedeutung und stellen eine Verknüpfung von Kinematik und Dynamik her.

1. Das Trägheitsgesetz (1. Newtonsches Gesetz)

> „Ein Körper verharrt im Zustand der Ruhe oder der gleichförmigen geradlinigen Bewegung, sofern er nicht durch einwirkende Kräfte zur Änderung seines Zustandes gezwungen wird" (vgl. *Güllich* und *Krüger*, Springer-Verlag 2013, S. 131).

Das Bestreben eines Körpers, seinen Bewegungszustand beizubehalten, wird als Trägheit (Beharrungsvermögen) bezeichnet. Der Körper übt einen Widerstand gegenüber Änderungen seines Bewegungszustandes aus. Wenn der Bewegungszustand eines Körpers verändert werden soll, müssen Kräfte auf ihn einwirken.

Beispiele: Die Startposition im 100-m-Lauf, Startaktionen im Schwimmen, Ballerwartungshaltung im Volleyball oder Tennis bzw. Tischtennis.

2. Das Beschleunigungsgesetz (2. Newtonsches Gesetz)

„Die Änderung der Bewegung einer Masse ist der Einwirkung der bewegenden Kraft proportional und geschieht längs der Wirkungsrichtung auf diese Kraft" (vgl. ebd.)

Die Kraft und die Beschleunigung sind proportional, wobei die Masse des Körpers dem Proportionalitätsfaktor entspricht. Bei einer Beschleunigung handelt es sich um eine kinematische Größe, bei der Kraft handelt es sich um eine Größe. Das Grundgesetz der Dynamik lautet: $F = m \times a$, Kraft ist Masse mal Beschleunigung. Diese Formel liefert die Erklärung für einen der wichtigsten Bereiche des sportlichen Trainings, nämlich das der konditionellen Fähigkeiten. Viele Disziplinen und Sportarten sind mit dem Faktor hohe Beschleunigung verbunden, welche wiederum von der sie verursachenden Kraft abhängig sind. In den allermeisten Sportarten und Disziplinen ist die Muskelkraft für diese Beschleunigung verantwortlich. Aus diesem Grund wird bezüglich des Trainingsumfangs sehr viel Zeit in die Entwicklung spezifischer Erscheinungsformen wie Maximalkraft, Schusskraft, Sprungkraft, Wurfkraft, Reaktivkraft oder Kraftausdauer gelegt. In vielen Sportarten und Disziplinen sind diese Kraftarten leistungsbestimmende Faktoren. Dennoch kann die Masse der Athleten (d. h. ihr Gewicht) die Leistung auch limitieren, denn eine kleinere Masse beeinflusst die Leistung positiv (vgl. *Wick*. Biomechanik, Spitta 2013, S. 48)

Es werden in der Ursache-Wirkungs-Beziehung zwei grundlegende Wirkungen der Kraft unterschieden: 1. die beschleunigende Wirkung und 2. die verformende Wirkung. Kraft kann neben der Beschleunigung auch Verformung bewirken, was man beim Krafttraining beim Expandertraining oder dem Training mit dem Thera-Band erkennen kann. Durch die Muskelkraft werden die Federn oder das Gummiband verlängert (vgl. *Wick*. Biomechanik, Spitta 2013, S. 54). Diese Verformung macht man sich z. B. im Stabhochsprung zu nutzen, die Verformung des Stabes lässt sich dabei sehr gut erkennen.

Impulsgesetz

Das Produkt aus Kraft und Zeit wird als Kraftstoß und das Produkt aus Masse(m) und und Geschwindigkeitsänderung (v1–v2) als Bewegungsimpuls bezeichnet. Auch der Impuls ist eine vektorielle Größe.

Der Kraftstoß ist die entscheidende Ursache für die mechanische Leistung. Da sich der Kraftstoß aus zwei mechanischen Größen zusammensetzt, kann es grafisch als Fläche unter dem Funktionsverlauf bestimmt werden. Je größer die Fläche, desto größer auch die Geschwindigkeit.

3. Reaktionsgesetz (3. Newtonsches Gesetz)

„Kräfte treten immer paarweise auf. Übt ein Körper A auf einen anderen Körper B eine Kraft aus (actio), so wirkt eine gleich große, aber entgegengerichtete Kraft von Körper B auf Körper A (reactio)" (vgl. *Güllich* und *Krüger*, Springer-Verlag 2013, S. 133)

Wenn ein Körper bewegt werden soll, ist dazu ein zweiter Körper notwendig. Beispiel: Bei der Vernachlässigung des Luftwiderstandes und der Schwerkraft wirkt auf einen fliegenden Ball keine Kraft, und der Ball selbst übt auch keine Kraft aus. Kraftwirkungen zeigen sich erst bei Kontakt mit einem anderen Körper (z. B. TT-Ball auf TT-Tisch oder Schläger), in Form von Geschwindigkeitsänderungen und Verformung der Körper (TT-Ball und TT-Schläger-Belag). Bei dem TT-Beispiel übt der Ball beim Kontakt mit dem Schläger und der Tischoberfläche jeweils eine Kraft auf diese aus, andererseits wirkt die Reaktionskraft vom Schläger und vom TT-Tisch auf den Ball zurück.

> **Frage 12:**
> Was versteht man unter dem Körperschwerpunkt? Welche Bedeutung kommt ihm bei sportlichen Bewegungen zu?

Der Körperschwerpunkt (KSP) des Menschen wird als fiktiver Massenmittelpunkt bei einer bestimmten Körperhaltung definiert. Im KSP halten sich die Schwerkraftmomente aller Masseteile die Waage. Der KSP ist ein fiktiver Punkt, in dem die Masse des gesamten Körpers gedacht werden kann. Der KSP bildet den Angriffspunkt für Gewichts- und Schwerkraft. Er kann auch außerhalb des menschlichen Körpers liegen. Der Schwerkraftvektor wirkt also senkrecht vom KSP zum Erdmittelpunkt. Seine Position kann sich bei jeder Bewegung des Menschen mehr oder weniger verändern. Der KSP ist abhängig von der Körperposition und der Masseverteilung im Körper (vgl. *Wick:* Biomechanik, Spitta 2009, S. 147)

> Als Körperschwerpunkt wird der Punkt bezeichnet, der sich nach den Gesetzen der Mechanik so bewegt, als wäre die Gesamtmasse des betrachteten Körpers in ihm vereinigt und als würden alle auf diesen Körper einwirkenden Kräfte an ihm angreifen, insbesondere die Schwerkraft (vgl. *Baumann* und *Reim*: Bewegungslehre: Diesterweg/Sauerländer 1994, S. 40).

Die Bedeutung über die Kenntnis der KSP-Lage bei einer bestimmten Körperhaltung bzw. Lageänderung des KSP bei sportlichen Bewegungen ergibt sich aus folgenden Überlegungen:

1. In den Flugphasen von Weit- und Hochsprung, Pferdsprung, Sprüngen beim Bodenturnen oder beim Eiskunstlauf durchläuft der KSP bei allen schrägen Absprüngen unter Vernachlässigung der Luftreibung eine Wurfparabel.
2. Für viele äußere Kräfte, wie die Gewichtskraft, die der Bewegung entgegengerichtete Trägheitskraft der Translation und die Fliehkraft bei Drehbewegungen bildet der KSP den Angriffspunkt

Die analytischen Methoden zur KSP-Bestimmung erlauben die Berechnung der 3-D-KSP-Koordinaten eines sich bewegenden Sportlers und sind Standard für biomechanische Analysen. Hier kommen vor allem die kinematischen Objektivierungsmethoden (Film oder Video) zum Einsatz (vgl. *Wick*: Biomechanik im Sport, Spitta, 2009, S. 148).

> **Frage 13:**
> Erläutern Sie die biomechanischen Prinzipien nach *Hochmuth*.

„Unter **biomechanischen Prinzipien** im Sport versteht man die allgemeinen Erkenntnisse über das rationale Ausnutzen mechanischer Gesetze bei sportlichen Bewegungen. Sie stellen die auf die Bewegung des Menschen angewandten mechanischen Gesetze unter einer bestimmten Zielstellung dar." (vgl. *Baumann* und *Reim*: Bewegungslehre: Diesterweg/Sauerländer, 1994, S. 39,)

Man kann durch die biomechanischen Prinzipien nach *Hochmuth* (vgl. ebd., S. 127) die biomechanische Zweckmäßigkeit von sportlichen Bewegungen (Techniken) begründen. Als Zielstellungen für die Anwendung und Nutzung der biomechanischen Prinzipien nach *Hochmuth* werden genannt:

Gruppen mit strukturverwandten Bewegungsabläufen und gleicher oder ähnlicher Zielsetzung	Beispielsportarten, Disziplinen
Maximierung der Endgeschwindigkeit	Sprünge, Würfe, Stöße, Schläge, Absprünge vom starren und elastischen Widerlager.
Maximierung der Kraft	Maximale Kräfte zu Beginn einer sportlichen Bewegung, um Trägheit und Schwerkraft zu überwinden wie z. B. im Judo, Gewichtheben und Ringen
Maximierung der Zeitdauer	Überwinden einer kurzen Strecke, um den Gegner zu überraschen, wie im Judo, Fechten, Karate
Optimierung der zeitlichen Veränderung der Massenträgheitsmomente	Drehungen im freien Flug
Optimale Körperhaltung während oder am Ende einer Flugphase	Flugphasen bei Sprüngen, Weit- Hochsprung, Skispringen
Optimale Energiezuführung und -umwandlung	Drehungen um feste und elastische Achsen in Ebenen, in denen die Schwerkraftwirkung vorhanden ist
Maximaler Wirkungsgrad der Vortriebsleistung bei minimaler Start-Ziel-Zeit	Abstoß vom Wasser bei zyklischen Bewegungen, Vorder- und Hinterstütz mit abschließender Flug- oder Gleitphase bei zyklischen Bewegungen, kontinuierlicher Antrieb beim Pedaltreten

Vgl. *Wick*: Biomechanik im Sport, Spitta, 2009, S. 127

Frage 14:
Was versteht man unter dem Prinzip der Anfangskraft?

Bei den Beuge- und Streckbewegungen mit sofortiger, flüssiger Bewegungsumkehr ist durch das Abbremsen der Beugebewegung zu Beginn der Streckbewegung eine positive Anfangskraft für die Beschleunigung vorhanden. Der Beschleunigungskraftstoß kann dadurch vergrößert werden Aufgrund eines häufig begrenzten Beschleunigungswegs ist es notwendig, auf Wurfgeräte bzw. den Gesamtkörper zu Beginn des Beschleunigungsvorgangs eine möglichst große Kraft einwirken zu lassen, um eine möglichst große Endgeschwindigkeit zu erzielen. Dazu dienen Ausholbewegungen, da durch sie der Beschleunigungsweg verlängert und die Anfangskraft vergrößert werden kann. (vgl. *Baumann* und *Reim*: Bewegungslehre, Diesterweg/Sauerländer, 1994, S. 43)

Frage 15:
Was versteht man unter dem Prinzip des optimalen Beschleunigungswegs?

Eine optimale Länge des Beschleunigungswegs wird durch den Augenblick der Realisierung der maximalen Beschleunigungsleistung bestimmt, die von der Winkelstellung der Gelenke der Körperteile und den zeitlichen Bedingungen der jeweiligen sportlichen Bewegung abhängt. Der geometrische Verlauf sollte geradlinig oder stetig gekrümmt sein (vgl. *Wick*: Biomechanik im Sport, Spitta 2013, S. 129)

> Eine konstante Kraft gibt einer Masse eine Endgeschwindigkeit, die umso größer ist, je länger die Kraft auf die Masse einwirkt (vgl. *Baumann* und *Reim*: Bewegungslehre, Diesterweg/Sauerländer, 1994, S. 44)

Insbesondere für Sportarten, bei denen es auf eine möglichst große Wurf-, Stoß- und Sprungweite ankommt oder eine große Sprunghöhe erzielt werden soll, ist dieses mechanische Gesetz von Bedeutung. Für sie ist die Länge des Beschleunigungswegs ein entscheidendes Kriterium. Wichtig ist darüber hinaus noch die Form des Beschleunigungswegs. Ein geradlinig verlaufender Beschleunigungsweg ist am zweckmäßigsten. Da die menschlichen Extremitäten überwiegend rotatorisch in ihren Bewegungen angelegt sind, ist dies nur unter Aufbietung bestimmter Techniken möglich.

Bei gekrümmten Beschleunigungswegen geht ein Teil der zur Verfügung stehenden Kraft verloren, um der Fliehkraft entgegenzuwirken. Über kreisförmige Beschleunigungswege ist es möglich, sehr lange auf das Wurfgerät einzuwirken. Dadurch kann eine große Wurfweite erreicht werden. Geradliniger Beschleunigungsweg: O'Brien-Technik im Kugelstoß, Speerwurf. Gekrümmter Beschleunigungsweg: Hammerwurf, Drehstoßtechnik im Kugelstoßen, Diskuswurf.

Wenn bei sportlichen Bewegungen der Beschleunigungsweg zum einen durch anatomische Gegebenheiten (z. B. Länge des Wurfarms) und zum anderen aufgrund von Regelbestimmungen

(Wurfkreisdurchmesser beim Kugelstoßen und Hammerwurf) begrenzt wird, muss der Athlet versuchen, über eine möglichst große Kraft dem Körper bzw. dem Wurfgerät eine große Geschwindigkeit zu verleihen.

Die beiden biomechanischen Prinzipien der Anfangskraft und des optimalen Beschleunigungswegs stehen in einem engen Zusammenhang mit dem Gesetz vom vorgedehnten Muskel. Entsprechend sind es auch physiologische Gründe, welche den Beschleunigungsweg und die maximale Anfangskraft einschränken können. Eine extreme Vorspannung wirkt kontraproduktiv.

> **Frage 16:**
> Was versteht man unter dem Go- and-Stop-Prinzip bei sportlichen Bewegungen?

Das Go-and-Stop-Prinzip

Durch das zeitliche Verknüpfen von zwei Kraftwirkungen, z. B. einer Steckbewegung gegen ein Widerlager und einer Sprungbewegung, wird der Beschleunigungsweg des KSP verlängert und damit die kinetische Energie der Gesamtbewegung vergrößert (vgl. *Wick*: Biomechanik im Sport, Spitta 2013, S. 139). Gleichzeitig sollten die durch die verschiedenen Teilbewegungen produzierten Beschleunigungskraftstöße einer sportlichen Bewegung optimal zeitlich aufeinander abgestimmt sein (vgl. *Olivier, Rockmann, Krause*, Hofmann Verlag, S. 54). *Göhner* (vgl. 2008, S. 76) erweitert das Prinzip der zeitlichen Koordination von Teilimpulsen und spricht vom Go-and-Stop-Prinzip. *„Hat ein Sportler einem Objekt durch seine Extremitäten eine hohe Endgeschwindigkeit zu erteilen, dann sind die zur Beschleunigung eingesetzten Körperteile stets so zu bewegen, dass zum Objekt hin ein sukzessives Beschleunigen und Abstoppen stattfindet. Objektfernere Körperteile werden also nacheinander in der gewünschten Bewegungsrichtung auf hohe Geschwindigkeit gebracht und ebenso nacheinander beim Erreichen der hohen Geschwindigkeit abgestoppt"* (vgl. *Göhner*, 2008, S. 76).

Für die Koordination von Teilimpulsen sind zeitliche und räumliche Komponenten maßgebend (*Baumann* und *Reim*, 2017, S. 47).

> Bei einem VH-Topspin im Tischtennis kann man folgende Beschreibung nach dem Go-and-Stop-Prinzip vornehmen:
> - zuerst drehen sich die Knie nach vorne, während die Hüfte, die Schlagarmschulter, der Ellbogen und die Hand des Schlagarmes mit dem Schläger noch hinten bleiben
> - wenn die Knie stoppen, dreht sich die Hüfte schnell nach vorne, der Ellbogen und die Hand des Schlagarmes mit dem Schläger noch hinten bleiben
> - mit dem Stoppen der Hüfte dreht sich der Oberkörper sehr schnell nach vorne, die Schlagarmschulterbeschleunigt wenn der Oberkörper angehalten wird stark nach vorne (Auflösen des Verdrillens)

- mit dem Abstoppen der Schlagarmschulter wird der Oberarm schnellkräftig nach vorne gebracht, Unterarm und Schlaghand bleiben noch dahinter zurück
- nach Abstoppen des Oberarms beschleunigt der Unterarm mit dem Ellbogen als Drehachse die Hand mit dem Schläger stark nach vorne gegen den Ball (Hauptfunktionsphase des Schlages)

Eine Impulsübertragung ist beim Hochsprung nur dann optimal, wenn beim Maximum der senkrechten Beschleunigung der Schwerpunkt von Schwungbein und Armen dann erreicht wird, wenn die beschleunigende Wirkung der Strecker des Schwungbeins gerade beendet ist.

Wolfgang Friedrich

Optimales Sportwissen

Grundlagen der Sporttheorie und Sportpraxis

Das verständliche und kompakte Lehr- und Lernbuch für Schüler*innen der gymnasialen Oberstufe, Sport-Studierende im Grundstudium und Sporttreibende vermittelt mit didaktisch hochwertiger Gestaltung aktuelles Sportwissen.

- für Schüler*innen des Neigungsfachs Sport in der gymnasialen Oberstufe basierend auf dem aktuellen Bildungsplan
- vermittelt verständlich und kompakt die aktuellen wissenschaftlichen Erkenntnisse aus den Bereichen Sportbiologie, Trainingslehre und Sportmedizin
- didaktisch motivierende Gestaltung mit hervorgehobenen Definitionen, Merksätzen und Schlagwörtern

5., überarbeitete und erweiterte Auflage 2022
Broschur 552 S.
148 farb. Abb., 112 farb. Tab.
ISBN 978-3-947683-88-8
€ 36,80 [D] / € 37,90 [A]
CHF 38,00 UVP

Mit der 5. Auflage wurden neue Trainingsmethoden und Praxisbeispiele zu allen relevanten Schulsportarten aufgenommen. Weiterhin sind umfassende Ergänzungen zu den Themen Sport und Gesellschaft, Gesundheitssport, soziologische und psychologische Erkenntnissen des Sporttreibens sowie die Bewegungslehre des Sports vorgenommen worden.

Mehr Informationen und Leseproben finden Sie im Internet unter
www.spitta-medizin.de/optimales-sportwissen